भारत में स्वैच्छिक संगठन एवं सेवादर्शन

भारत में स्वैच्छिक संगठन एवं सेवादर्शन

डॉ. रश्मि सोमवंशी

अरावली प्रकाशन

Available on **Amazon. in**

भारत में स्वैच्छिक संगठन एवं सेवादर्शन

डॉ. रश्मि सोमवंशी

प्रकाशक

अरावली प्रकाशन

सी-37, बर्फखाना, राजापार्क, जयपुर
Mob.: Mob. 9468943311
☎ : 0141-4022382, 2322382, 2310785, 3255629
e-mail: arawaliprakashan@gmail.com
website : sahityagar.com
webmail : mail@sahityagar.com

लेजर टाइपसैटिंग : साहित्यागार कम्प्यूटर्स — **संस्करण** : 2018
मुद्रक : शीतल ऑफसैट जयपुर — **ISBN : 978-93-80827-48-3**

₹ 425/-

प्राक्कथन

आज 'जन सहभागिता' एक मुहावरे की तरह प्रचलित होती जा रही है लेकिन सही अर्थों में उसका प्रयोग हम कहीं नहीं कर पा रहे हैं। 'जनता की भागीदारी' का अर्थ है कि समुदाय अपने भविष्य के विषय में निर्णय स्वयं ले सके। इस प्रक्रिया में व्यक्ति महत्त्वपूर्ण नहीं होता बल्कि पूरा समुदाय शामिल होता है। यह एक सतत प्रक्रिया है जिसका प्रमुख उद्देश्य है जन-साधारण में आत्मविश्वास पैदा करना, उनमें आत्म-निर्भरता का विकास करना, स्वयं की समस्याओं को पहचान पाने की क्षमता उजागर करना तथा समस्याओं के हल की सामर्थ्य पैदा करना।

यह प्रक्रिया तभी शुरू हो सकती है जब साझेदारी केवल सभा या बातचीत तक सीमित न रहकर एक साथ काम करने की भावना में परिवर्तित हो। लेकिन देश के बहुसंख्यक नियोजक एवं कार्यक्रम-संचालक जनता की भागीदारी को इसके सही अर्थों में चिह्नित करने का प्रयास नहीं करते। जन-प्रतिनिधियों से बात कर लेना, गुप्तदान करना या चंदा एकत्रित कर लेना ही इनके लिए जनसहभागिता होती है। तकनीकी एवं विशेषज्ञ दक्षता एवं कुशलता के नाम पर मात्र कुछ जन-प्रतिनिधियों की राजनीतिक वार्ता को ही जन-सहभागिता समझा जाने लगा है लेकिन जनता की भागीदारी का यह अभिप्राय नहीं है।

जन-सहभागिता का मर्म राजनीतिक, सामाजिक व आर्थिक प्रक्रिया से सम्बद्ध जन सामान्य द्वारा प्रक्रिया के विभिन्न चरणों में भागीदारी तथा निर्णय-निर्माण को प्रभावित कर सकने की क्षमता में समाविष्ट होता है। इस सहभागिता के विभिन्न स्तर सम्बन्धित संवर्ग द्वारा सामाजिक, राजनैतिक व आर्थिक संव्यवहारों में अनायास भौतिक सम्बद्धता के क्रम में नहीं अपितु उसकी ऐसे संव्यवहारों में सचेतन सक्रियता तथा इन संव्यवहारों के स्वरूप को परिवर्तित व प्रभावित कर सकने की प्रभावशीलता में अभिव्यक्त होते हैं।

उक्त पुस्तक 'भारत में स्वैच्छिक संगठन एवं सेवादर्शन' में शोधार्थी उक्त विषयों का अध्ययन कर लोक सहभागिता सम्बन्धी जानेंगे, जिनमें-प्रथम चरण में पुस्तक की पृष्ठभूमि के रूप में 'परिचयात्मक' का ब्यौरा पेश किया गया है। तत्पश्चात 'अवधारणा एवं सन्दर्भ', 'भारत में स्वैच्छिक संगठन एवं सेवादर्शन : एक ऐतिहासिक सर्वेक्षण', 'राजस्थान के सन्दर्भ में स्वैच्छिक संगठनों की ऐतिहासिक भूमिका', 'अनुभवमूलक अध्ययन' के पश्चात् उपसंहार व सन्दर्भ ग्रन्थ सूची का विवरण प्रस्तुत किया गया है।

डॉ. रश्मि सोमवंशी

अनुक्रम

अध्याय एक

परिचयात्मक

समाज की कुरीतियों के विरुद्ध, समाज की समस्याओं के समाधान के लिए और समाज के विकास हेतु स्वैच्छिक संगठनों की स्थापना होती है। आजादी के 69 वर्ष बाद भी करोड़ों लोग गरीबी रेखा से नीचे जीवनयापन कर रहे हैं। भूख, शोषण, अत्याचार, अपराध जैसी समस्यायें कम नहीं हुई हैं। सरकार विकास के अपेक्षित लक्ष्य को पाने में असफल रही है। राजनीति अपराधीकरण और भ्रष्टाचार की शिकार हो गई है। न्यायालय में एक आम आदमी के लिए न्याय पाना आसान नहीं है। मानव-मानव के बीच जात-पाँत को लेकर दूरी भी बढ़ी है। ये सारे तथ्य समाज में स्वैच्छिक संगठनों के जन्म की आवश्यकता दर्शाते हैं।

समाज में स्वैच्छिक संगठनों की भूमिका

1. समाज को संगठित करना
2. समाज को जागरूक करना
3. समाज को शिक्षित करना
4. समाज को सुविधा प्रदान करना
5. समाज की आवश्यकताओं की पूर्ति करना
6. समाज को उत्प्रेरित करना
7. समाज का मार्गदर्शन करना
8. समाज को प्रशिक्षित करना
9. समाज में एक समान उद्देश्य व समान विचारधारा उत्पन्न करना[1]

गैरसरकारी संगठन प्रारंभ से अब तक

जब अंग्रेजी शासन देश में नींव मजबूत कर रहा था और 1857 की क्रान्ति भी हो चुकी थी, ये अंग्रेज उस समय लोगों के अधिकारों को कम करके जमीन, जंगल आदि छुड़वाने लगे। उसी समय महात्मा गाँधी के नेतृत्व में स्वतंत्रता आन्दोलन हुआ था। इसमें अनेक गाँधीवादी स्वैच्छिक विकास संगठन सरकार के साथ जुड़कर राष्ट्र-निर्माण के कार्य में संलग्न थे। 1960 के दशक से विकास के कार्यक्रमों और उसके ढाँचे से गरीबी, बेरोजगारी इत्यादि दूर होती नजर आयी। इसके बाद की शुरुआत आपातकाल की घोषणा से मानी जाती है, जिसके दौरान राजनीतिक आन्दोलन से जुड़े लोग सरकारी प्रताड़ना के शिकार हुए। आपातकाल के बाद गैर सरकारी स्वैच्छिक विकास से लोगों में जागरूकता आयी, जिसमें विकास के नये विषय स्वैच्छिक प्रयासों से ही उभर सके जैसे महिलाओं की स्थिति का गैर-सरकारी संस्थाओं व पर्यावरण का प्रश्न, जल-जमीन और जंगल का प्रश्न, मजदूर, भूमि, प्रदूषण, अधिकार, महिला, हरिजनों को लेकर शिक्षा-स्वास्थ्य के प्रश्न भी जुड़कर सामने आने लगे।[2]

संस्थाओं के आकार

स्वैच्छिक संगठनों को चार भागों में विभक्त किया गया है।

प्रथम श्रेणी–इसमें छोटे-छोटे संगठनों और समूह को ले सकते हैं, जिनकी संख्या हमारे देश में हजारों हैं।

दूसरी श्रेणी–उन मध्यम आकार की संस्थाओं की है जो किसी ब्लॉक, गाँव के एक समूह में काम करे और पाँच से दस तक लोग कार्यरत हों।

तीसरी श्रेणी–उन बड़ी संस्थाओं की है जिनमें पूरे समय 25 से 50 लोग काम करते हैं और 15-20 लाख रुपयों का वार्षिक आदान-प्रदान हो।

चतुर्थ श्रेप्रणी–इनमें उन व्यापक संस्थाओं को माना है जिनकी संख्या देश में कम है, जिसमें 100 से अधिक लोग पूरे समय काम करते हों और जिनका वार्षिक बजट 50-60 लाख रुपयों से अधिक हो।[3]

सम्पूर्ण राजस्थान में स्वैच्छिक संगठनों का जाल फैला हुआ है। ये संस्थाएँ अपने क्षेत्र की समस्याओं व आवश्यकताओं के अनुसार कार्य कर रही हैं। सौभाग्य से विगत छः दशक में राजस्थान के विभिन्न ग्राम्यांचलों में अनेक स्वैच्छिक संगठनों ने ग्रामीण विकास के क्षेत्र में महत्त्वपूर्ण भूमिका निभाई है।

शोध का उद्देश्य व औचित्य

आजकल समूची दुनिया में लोक सहभागिता एवं विकेन्द्रित विकास तथा मानव अधिकारों की स्थापना की दुहाई दी जा रही है और 'मानवीय संवेदना से युक्त विकास' पर बल दिया जा रहा है। आज पश्चिमी विचार जगत् में 'सकल राष्ट्रीय उत्पाद' की बजाय मानव विकास पर आधारित प्रतिमान (ह्यूमन डवलपमेन्ट इन्डेक्स) के लिए आग्रह किया जा रहा है। स्वामीनाथन एस. अंकलेश्वरैया जैसे अर्थशास्त्री (टाइम्स ऑफइण्डिया के स्तम्भलेखक) भी यह मानने लगे हैं कि शनैः-शनैः विश्व बैंक, अन्तर्राष्ट्रीय मुद्रा कोष तथा अन्तर्राष्ट्रीय विकास 'एजेन्सी' जैसी संस्थाओं के सोच में भी एक बुनियादी बदलाव आया है। स्मरणीय है कि इसके मूल में 'नोबेल पुरस्कार विजेता' अमर्त्य सेन जैसे अर्थशास्त्रियों का महत्त्वपूर्ण योगदान रहा है। जिन्होंने 'लोककल्याणकारी' राजनीतिक तथा आर्थिक व्यवस्था के विकास का वैकल्पिक प्रतिमान प्रस्तुत किया है। आचार्य सेन यह मानते हैं कि जब तक लोक सहभागिता द्वारा नीति निर्माण तथा कार्यान्वयन नहीं किया जाएगा और विशेषकर ग्रामीण लोक को जीवन की बुनियादी सुविधाओं से युक्त नहीं किया जाएगा, तब तक लोककल्याणकारी राज्य का सपना सपना ही बना रहेगा। अब यह प्रश्न उठता है कि यदि ग्राम्यांचलों तथा राष्ट्रीय राज्य सुविधाएँ पहुँचाना भी चाहें तो कैसे पहुँचाएँ, जबकि तथ्य यह है कि पूर्व प्रधानमंत्री राजीव गाँधी के अनुसार केन्द्र द्वारा भेजे गए 100 पैसे में से ग्रामीणजन तक 15 पैसे ही पहुँच पाते हैं।

निःसंदेह भारतवर्ष में आदिकाल से ही दान, पुण्य तथा सेवा की एक सुदीर्घ परम्परा रही है और अनेक राजाओं, महाराजाओं, नगर श्रेष्ठियों, साधु-संतों तथा समाज सुधारकों ने दीन, दुःखी तथा दरिद्र वर्ग की सहायता का प्रयास करुणाभाव से किया है। उन्होंने 'परपीड़ा' को हरने का अभियान चलाया है। उसके बावजूद आम जनता दुःख दारिद्रय में जीती रही। उत्तर स्वाधीनता काल में आचार्य विनोबा भावे, जयप्रकाश नारायण तथा सर्वोदयवादियों ने अनेकानेक स्थानों पर 'ग्राम-स्वराज्य' लाने की दिशा में प्रयास किए। भूमि-सुधार की दिशा में भी एक व्यापक 'भूदान' आन्दोलन चलाया गया। परन्तु नतीजा सकारात्मक नहीं रहा। दूसरी तरफ ग्राम्यांचलों में विद्यमान गरीबी, कुपोषण तथा बीमारी की वजह से 'नक्सलवादी आंदोलन' अपना सिर उठाने लगा। ऐसी स्थिति में जय प्रकाश नारायण जैसे शान्तिवादी भी हिंसक वर्ग संघर्ष तथा क्रान्ति की संभावनाएँ बतलाने लगे।

आजकल हमारे देश में सर्वत्र हिंसक आंदोलन चलने लगे हैं चाहे उनके स्वरूप धार्मिक हों या आर्थिक। इस प्रसंग में पूर्व सामाजिक न्यायमंत्री मेनका गाँधी का

कहना है कि ये सारे आन्दोलन मूलतः जल, जमीन तथा जंगल के गलत बँटवारे को लेकर हो रहे हैं। परिणामस्वरूप अनेक आन्दोलन उठ खड़े हुए हैं, क्योंकि युवाओं में निरन्तर आक्रोश पैदा होता चला जा रहा है। वास्तव में वे बुनियादी आर्थिक सुविधाएँ हासिल करना चाहते हैं और वह भी तत्काल। क्या भारतीय राज्य व्यवस्था असंतुष्ट युवा वर्ग की आशाओं तथा आकांक्षाओं की पूर्ति में समर्थ है?

सौभाग्य से विगत छः दशक में स्वतंत्र भारत के विभिन्न ग्राम्यांचलों में अनेक गैर-सरकारी या स्वैच्छिक संगठनों ने ग्रामीण विकास के क्षेत्र में महती भूमिका निभाई है, जिसकी गंभीरता को वरिष्ठ राजनीति शास्त्री तथा 'लोकायन' संस्था संयोजक आचार्य रजनी कोठारी ने अपने आलेखों में स्वीकार किया है।[4] दिल्ली विश्वविद्यालय की आचार्य डॉ. नूरजहाँ बावा ने 'विकास में गैर-सरकारी स्वैच्छिक संगठनों की भूमिका : सिद्धान्त तथा व्यवहार' पर एक दिशाबोधक कृति को सम्पादित किया है। इसमें अनेक राजनीति शास्त्रियों, लोक प्रशासन विशेषज्ञों, समाज-शास्त्रियों, विधिशास्त्रियों तथा सामाजिक कार्यकर्त्ताओं ने योगदान दिया है। प्रायः सभी ग्रामीण विकास में लोकसहभागिता की भूमिका को स्वीकार करते हैं। स्वैच्छिक संगठन ही वांछित दिशा निर्देश दे सकते हैं। आजकल भारत में सुन्दरलाल बहुगुणा, चंडीदास भट्ट, मेघा पाटकर, अन्ना हजारे, वन्दना शिवा, अनिल अग्रवाल तथा बंकर राय के योगदान को कौन नहीं जानता है।

जहाँ तक राजस्थान का प्रश्न है यहाँ भी बंकर राय के नेतृत्व में 'तिलोनिया' (अजमेर) में किए गए ग्रामीण विकास के प्रयोग देश तथा विदेश में चर्चित हो चुके हैं। इसी तरह डॉ. मोहन सिंह मेहता तथा किशोर संत द्वारा 'सेवा-मन्दिर' के प्रयास प्रशंसित रहे हैं। विगत दिनों में राजेन्द्र सिंह द्वारा संचालित तरुण भारत संघ (अलवर) ने भी थानागाजी क्षेत्र में लोकसहभागिता के माध्यम से ग्रामीणों द्वारा बाँध बनाने तक के कदम सफलतापूर्वक उठाए गए हैं।

प्रस्तुत शोध प्रबंध 'विकेन्द्रित ग्रामीण विकास, लोक-सहभागिता एवं स्वैच्छिक संगठनों की भूमिकाः राजस्थान के विशिष्ट संदर्भ में एक गहन अध्ययन' को चुने जाने का उद्देश्य है–

(1) स्वैच्छिक संगठनों के बारे में उपलब्ध साहित्य की समीक्षा करना।

(2) ग्राम-विकास, विकेन्द्रीकरण, जन-सहभागिता इन तीनों के पारस्परिक संबंधों को व्यक्त करना।

(3) भारत में स्वैच्छिक संगठन एवं सेवादर्शन का ऐतिहासिक सर्वेक्षण प्रस्तुत करना।

(4) राजस्थान के कतिपय महत्त्वपूर्ण स्वैच्छिक संगठनों की ऐतिहासिक भूमिका प्रस्तुत करना।

(5) राजस्थान के प्रमुख स्वैच्छिक संगठनों का अनुभवमूलक अध्ययन प्रस्तुत करना।

(6) स्वैच्छिक संगठन अपने कार्य के दौरान किन समस्याओं का सामना करते हैं उनकी जानकारी प्राप्त करना, सुझाव देना और सरकार से संगठन की अपेक्षाओं का अध्ययन करना।

अध्ययन की पद्धति

प्रस्तुत अध्ययन मुख्यतः प्रश्नावलियों, संगठनों के कार्य-स्थल पर जाकर उनके कार्य का अवलोकन, ग्रामीणों से स्वैच्छिक संगठनों के प्रभाव से उनके जीवन पर सकारात्मक प्रभावों का अध्ययन, उनसे व्यक्तिगत रूप से प्रश्न पूछना, संगठनों का तुलनात्मक अध्ययन, स्वैच्छिक संगठनों की प्रगति रिपोर्ट, फोल्डर, कार्यक्रमों की रिपोर्ट व विभिन्न स्वैच्छिक संगठनों के साहित्य का अध्ययन किया तथा उपलब्ध साहित्य की समीक्षा के लिए पुस्तकालय का प्रयोग किया गया है।

इस अध्ययन के समय गाँव के लोगों से मिलकर उनसे गाँव विकास के लिए स्वैच्छिक संगठन द्वारा किए गए प्रयासों की जानकारी ली गयी है। संगठन द्वारा किए गए कार्यों से उनके जीवन में आए बदलाव की जानकारी प्राप्त की गई।

स्वैच्छिक संगठनों में जाकर उनके कार्य करने के तरीकों को देखा है। संस्थान के प्रमुख अधिकारी निदेशक या सचिव से साक्षात्कार लिया गया है जिसमें यह जानने का प्रयास किया गया है कि उन्होंने स्वैच्छिक कार्य के दौरान आने वाली कठिनाइयों व सरकार से उनकी अपेक्षाओं व उनकी भविष्य की योजनाओं को ज्ञात किया।

सारतः हमारा शोध अध्ययन अनुभवमूलक अध्ययन को उजागर करने वाला है- जिसमें ऐतिहासिक, विश्लेषणात्मक, अनुभवजन्य, व्यवहारगत शोध-प्रविधि का प्रयोग किया है। चुने गये अध्ययन क्षेत्रों के विषय में सामान्य सूचनाओं, सामान्य परिस्थितियों व प्रवृत्तियों के आकलन के लिए अध्ययनकर्ता ने स्वयं के पर्यवेक्षण का भी आश्रय लिया है।

निष्कर्ष तथ्यों, सूचनाओं व प्रवृत्तियों के तार्किक, वस्तुनिष्ठ व पूर्वाग्रह मुक्त अर्थान्वयन पर आधारित है।

उपलब्ध साहित्य की समीक्षा

स्वैच्छिक संगठनों से सम्बन्धित साहित्य हमारे पास अपर्याप्त है फिर भी इस विषय से सम्बन्धित जो पुस्तकें हमें उपलब्ध हुईं, उनकी यहाँ समीक्षा की गई हैं जो इस प्रकार है: 'नॉन गवर्नमेन्टल आर्गेनाइजेशन इन डेवलपमेन्ट: थ्योरी एण्ड प्रैक्टिस'

इस पुस्तक की सम्पादिका प्रो. नूरजहाँ बावा दिल्ली विश्वविद्यालय में राजनीति-विज्ञान के प्रोफेसर हैं। जो लोक-प्रशासन और राजनीति-विज्ञान की जाने-माने विद्वान हैं। इनका शोध क्षेत्र में काफी योगदान है और इनकी अनेकों पुस्तकें प्रकाशित हो चुकी हैं।

पुस्तक में सम्पादक ने प्रोफेसर, शोध छात्र एवं रिसर्च असिस्टेंट के 17 निबन्धों का समायोजन किया है। पुस्तक को तीन खण्डों में बाँटा गया है। प्रथम खण्ड सिद्धान्त पर आधारित है और इसे सात अध्यायों में बाँटा है। खण्ड द्वितीय जो व्यवहार पर आधारित है, इसमें नौ निबन्ध हैं और तीसरा खण्ड समीक्षा पर आधारित है।

पुस्तक में गैर-स्वैच्छिक संगठनों का ऐतिहासिक सर्वेक्षण है। इसके अन्तर्गत स्वैच्छिक संगठन के कार्य और शब्द को उसके आन्तरिक ढाँचे, अनुशासन और उसके कार्य करने की पद्धति को अच्छी तरह बताया गया है।

प्रोफेसर नूरजहाँ बावा ने अपने प्रथम लेख में राज्य और नागरिक समाज, राज्य और स्वैच्छिक संस्थाओं, राज्य और बाजार के परस्पर संबधों को स्पष्ट किया है। उन्होंने दो विषयों पर विशेष बल दिया। पहला राष्ट्रीय सुरक्षा-बावा के अनुसार स्वैच्छिक संगठन अपने संसाधनों की पूर्ति विदेशी दानदाताओं द्वारा करते हैं। इसमें इस बात पर भी प्रकाश डाला है कि कहीं ऐसा न हो कि हम विदेशी दानदाताओं के हाथ की कठपुतली बन जाएँ और राष्ट्रीय सुरक्षा को खतरा पैदा हो जाए। दूसरा क्या स्वैच्छिक संगठन सामाजिक परिवर्तन का कारण है? इस संदर्भ में पक्ष-विपक्ष दोनों प्रकार के विचार सामने आये हैं।

दूसरे अध्याय में जिसमें अनार्थिक बाजार में स्वैच्छिक संगठन की सहभागिता को बताया है, स्वैच्छिक संगठनों ने गरीबों व श्रमिकों के जीवन-स्तर को ऊँचा उठाने के लिए अनेक प्रयास किए हैं और तीसरी दुनिया के राष्ट्रों ने लघु उद्योगों

और कुटीर उद्योगों को स्वैच्छिक संगठनों द्वारा बढ़ावा दिया है। तीसरे अध्याय में यह बताया गया है कि स्वैच्छिक संगठन सरकार के नियमों के अनुकूल कार्य कर रहे हैं और वर्तमान में स्वैच्छिक संगठनों की भूमिका सहभागिता की है। चतुर्थ अध्याय में स्वैच्छिकवाद और सेवा, हिंसा व अहिंसा पर प्रकाश डाला है। पंचम अध्याय जिसमें स्वैच्छिक संगठनों के विकास के संदर्भ में निम्न बातों पर प्रकाश डाला है। वे स्वैच्छिक संगठन जो महिलाओं के विकास की बातें करते हैं, स्वैच्छिक संगठन की गाँधीवादी विचारधारा पर प्रकाश डाला है और बहुत कम ऐसी संस्थाएँ हैं जो जिन उद्देश्यों को लेकर चली थीं उन पर आज तक कायम है। छठा अध्याय जिसमें स्वैच्छिक संगठन एवं उनके कार्यों पर प्रकाश डाला गया हैं जिसमें स्वैच्छिक संगठन एवं उनके कार्यो पर प्रकाश डाला गया है तथा विशेषकर महिलाओं के विकास के संदर्भ में सफलता का आकलन किया गया है। सातवाँ अध्याय में यह बताया गया है कि स्वैच्छिक संगठन अपने उद्देश्यों को पूरा करना चाहते हैं तो सामूहिकता और स्वैच्छिक कार्य पर ध्यान देना होगा।

दूसरा खण्ड-जो व्यवहार पर आधारित है और इसके सोलह अध्याय हैं। आठवाँ अध्याय जिसमें स्वैच्छिक संगठन के विकास के संदर्भ में दो मॉडल बताये हैं-गाँधीवादी और अगाँधीवादी। नवाँ अध्याय जिसमें भारत में स्वैच्छिक संगठनों की भूमिका, प्रभाव व समस्याओं पर प्रकाश डाला है। दसवें अध्याय में ग्रामीण विकास में स्वैच्छिक संगठनों की भूमिका को बताया तथा संगठनों के विकास के संदर्भ में कुछ बातों को उठाया है। ग्यारहवें अध्याय में स्वैच्छिक संगठन के विकास के संदर्भ में कुछ बातों को उठाया है। बारहवें और तेरहवें अध्याय में स्वैच्छिक संगठनों की पर्यावरण में भूमिका है और इनकी कार्यक्षमता को बढ़ाने के सुझाव दिए हैं। चौदहवें अध्याय में स्वैच्छिक संगठनों ने कृषि क्षेत्र में महिलाओं की भूमिका को इंगित किया है। पंद्रहवें अध्याय में स्वैच्छिक संगठनों की विकास में भूमिका को इंगित किया है। सोलहवें अध्याय में स्वैच्छिक संगठनों की केरल के विकास में क्या भूमिका रही है, इसका विस्तृत विवरण है।

तीसरा खण्ड जिसमें नूरजहाँ बावा ने इसे समीक्षा का नाम दिया, उसमें विकास मॉडल, जनसहभागिता क्या, क्यों, कैसे और इसके प्रकार के बारे में बताया गया है। नूरजहाँ द्वारा सम्पादित यह पुस्तक स्वैच्छिक संगठनों के संदर्भ में एक व्यापक जानकारी देती है। वर्तमान में यह पुस्तक स्वैच्छिक संगठनों और इस क्षेत्र के शोधार्थी के लिए महत्त्वपूर्ण है।

वॉलण्टरी ऑर्गेनाइजेशन एण्ड रूरल डवलपमेन्ट इन इण्डिया

इस पुस्तक के लेखक ई.ए. नारायन नागार्जुन विश्वविद्यालय में राजनीति विज्ञान व लोक प्रशासन विभाग में लेक्चरर हैं। वर्तमान में आपने कई कान्फ्रेंस व सेमिनार में स्वैच्छिक कार्य, ग्रामीण विकास, स्थानीय सरकार, भारत में शिक्षा व राजनीति पर शोध पत्र प्रस्तुत किए हैं।

इस पुस्तक में स्वैच्छिक संगठनों के बारे में गहराई से बताया गया है। पुस्तक में नौ अध्याय हैं जिसमें स्वैच्छिक संगठन से जुड़े हुए विभिन्न पक्षों पर प्रकाश डाला गया है ,जैसे-स्वैच्छिक संगठनों का परिचय, रिसर्च मेथेडोलॉजी, इतिहास, कार्यक्रम, संरचना, स्टाफ का प्रतिरूप, कार्यकर्त्ता वर्ग की रूपरेखा, गैर-सरकारी संगठन की नौकरशाही विशेषताएँ, आंतरिक व बाहरी पर्यावरण और अन्त में संक्षेपण व निष्कर्ष दिया है।

प्रथम अध्याय में विस्तार से स्वैच्छिक संगठनों के विकास व उत्पत्ति के बारे में बताया गया है तथा स्वैच्छिक संगठनों की परिभाषा व उसके कार्यों के बारे में भी विस्तार से बताया है। मैक्स-वेबर के नौकरशाही मॉडल की समीक्षा व अध्ययन को प्रस्तुत किया है और इस मॉडल की स्वैच्छिक संगठनों के साथ कितनी तारतम्यता है इसको प्रस्तुत किया है।

दूसरे अध्याय में रिसर्च मेथेडोलॉजी का विवरण दिया गया है। तीसरे अध्याय में गैर-सरकारी संगठनों के इतिहास के बारे में बताया है जिसमें उत्पत्ति व विकास पर प्रकाश डाला है। चतुर्थ अध्याय में गैर-सरकारी संगठनों के कार्यक्रमों के बारे में बताया है। जिसमें इस बात का उल्लेख है कि ग्रामीण क्षेत्र के विकास के लिए गैर-सरकारी संगठनों द्वारा अनेक कार्यक्रम चलाए जा रहे हैं जैसे अनेक कार्यक्रम किसानों के लाभ के लिए चलाए जा रहे हैं। इनकी अवधि कुछ महीने या एक वर्ष है ये सरकार के उद्देश्य की पूर्ति में सहायता करते हैं। यद्यपि एक संस्था व दूसरी संस्था में विशेष अन्तर नहीं है फिर यह इस बात पर निर्भर करता है कि उसके क्षेत्र में क्या गतिविधियाँ हैं?

पंचम अध्याय में स्वैच्छिक संगठन की संरचना और स्टाफ का प्रतिरूप प्रस्तुत किया है। संरचना के अन्तर्गत गैर-सरकारी संगठन में निर्णय-निर्माण संरचना, एक्जीक्यूटिव कमेटी का पद बने रहने का समय, प्रबन्ध समिति के सदस्यों की संख्या, उम्र के आधार पर प्रबन्ध कमेटी, प्रबन्ध कमेटी के शिक्षा का स्तर, प्रबन्ध कमेटी के सदस्यों की व्यावसायिक पृष्ठभूमि आदि पर प्रकाश डाला गया है।

स्वैच्छिक संगठन में स्टॉफ को प्रशासन का आधार माना है और कहा है कि उच्च आदर्शों व विचारों के क्रियान्वयन में पूरे समय के लिए दक्ष कार्यकर्त्ताओं की भर्ती की जाती है इसमें कार्यकर्त्ताओं की संख्या, प्रकार व उनकी स्थितियों को बताया गया है।

षष्ठ अध्याय में स्वैच्छिक संगठनों के कार्यकर्ताओं की विभिन्न आधार पर रूपरेखा प्रस्तुत की है जैसे संगठन के कार्यकर्त्ता का संगठन में स्थिति के आधार पर वर्गीकरण, कार्यकर्त्ताओं का उम्र के आधार पर वर्गीकरण, कार्यकर्त्ताओं का ग्रामीण व शहरी पृष्ठभूमि के आधार पर वर्गीकरण, शिक्षा के स्तर के आधार पर, कार्यकर्त्ता के पिता के व्यवसाय के आधार पर वर्गीकरण, भर्ती के तरीके के आधार पर, सर्विस की अवधि के आधार पर, पदोन्नति के प्रतिशत के आधार पर, वेतन श्रृंखला के आधार पर और सेवा में प्रशिक्षण की अवधि के आधार पर वर्गीकरण किया गया है।

सप्तम अध्याय में गैर-सरकारी संगठन में नौकरशाही की विशेषताओं पर चौधरी व पणिक्कर ने अपने अध्ययन का आधार मेक्स वेबर के नौकरशाही मॉडल को माना है जिसमें मैक्स वेबर ने नौकरशाही की जो विशेषताएँ बताई हैं उनको पणिक्कर व चौधरी मानते हैं कि वे गैर-सरकारी संगठनों में भी पायी जाती हैं जैसे पद-सोपान, श्रम-विभाजन व्यवस्था, जीविकोपार्जन व्यवस्था, बुद्धि सम्पन्नता व पूर्व नियोजित नियम आदि।

अष्टम अध्याय में गैर-सरकारी संगठनों के बाहरी व आन्तरिक परिवेश से संबंधित समस्याओं के बारे में बताया है जो इस प्रकार है-आर्थिक व कार्यकर्त्ता वर्ग, आर्थिक और सरकार से संबंधित कार्यकर्त्ता वर्ग और सरकार से संबंध, राजनीतिक, आर्थिक, कार्यकर्त्ता वर्ग और सरकार से संबंध आदि और इस बात पर प्रकाश डाला है कि गैर-सरकारी संगठन स्थानीय लोगों को साथ लेकर जनसहभागिता द्वारा विकास के कठिन कार्यों को करते हैं।

नवें अध्याय में पुस्तक का सार व निष्कर्ष बताया गया है, जिसमें लिखा है कि स्वैच्छिक संगठन की भूमिका और संगठन दोनों सन्तोषजनक हैं। स्वैच्छिक संगठनों को लोकतान्त्रिक प्रक्रिया का सूचक बताया है। विकासशील देशों में स्वैच्छिक संगठनों और अन्य संगठनों में क्या अन्तर है, इसके परीक्षण की आवश्यकता है। गैर-सरकारी संगठन की सेवा को व्यवस्थित व उपयोगी नहीं बनाया गया तो वे ग्रामीण विकास को उन्नत नहीं कर पाएँगे। सातवीं व आठवीं पंचवर्षीय योजनाओं

में स्वैच्छिक संस्थाओं के योगदान के महत्त्व को मानते हुए अत्यंत सकारात्मक दृष्टिकोण व्यक्त किया गया है।

रूरल डवलपमेन्ट थ्रू एनजीओज

इस पुस्तक के लेखक अनूप कुमार व धर्मवीर सिंह हैं। अनूप कुमार दिल्ली विश्वविद्यालय में मानवशास्त्र के रीडर रह चुके हैं। आपकी अनेकों पुस्तकें, रिसर्च आर्टिकल राष्ट्रीय-अन्तर्राष्ट्रीय शोध पत्रिकाओं में प्रकाशित हो चुके हैं। धर्मवीर सिंह अठारह वर्षों से ग्रामीण विकास क्षेत्र से जुड़े हुए हैं।

प्रस्तुत पुस्तक हिमाचल-प्रदेश में स्वैच्छिक संगठनों के वृत्तान्त को बताती है। वहाँ बहुत से स्वैच्छिक संगठन विकास के मुद्दों से जुड़े हुए हैं जिसमें समाज-कल्याण से संबंधित विषय भी सम्मिलित हैं। इनकी संरचना में लोग जुड़े हुए हैं, इसमें आर्थिक सहायता देने वाली एजेन्सीज शामिल हैं, स्वैच्छिक संगठन कुछ वर्षों में नेटवर्क के तुल्य बन गये हैं। आज इसमें जुड़े हैं-सामाजिक वैज्ञानिक, वैध कार्यकर्त्ता, ग्रामीण-विशेषज्ञ, नीति-निर्माता आदि। इन सब के अध्ययन का केन्द्र विकास, अध्ययन व पर्यावरण से संबंधित मुद्दे हैं।

प्रस्तुत पुस्तक में छः अध्याय हैं। प्रथम अध्याय परिचयात्मक है जिसमें स्वैच्छिक संगठनों की भूमिका से शुरुआत की है, स्वैच्छिक संगठनों के इतिहास के बारे में बताया गया है, जिसकी शुरुआत प्राचीनकाल, मध्यकाल, स्वतंत्रता के दौरान, स्वतंत्रता के बाद स्वैच्छिक संगठनों की स्थिति को बताया गया है। सरकार व स्वैच्छिक संगठनों के संबंध पर प्रकाश डाला गया है जिसमें (कपार्ट) कौन्सिल फोर एडवांसमेन्ट ऑफ पीपुल्स एक्शन फॉर रूरल टेक्नोलॉजी की इस संदर्भ में क्या भूमिका है उसको भी दर्शाया गया है और ग्रामीण विकास में स्वैच्छिक संगठन कौन से कार्य करते हैं इस पर प्रकाश डाला है।

द्वितीय अध्याय में हिमाचल-प्रदेश की भौगोलिक स्थिति व प्रशासनिक ढाँचे को बताया है। इस अध्याय में प्रमुख रूप से हिमाचल प्रदेश के स्वैच्छिक संगठनों के इतिहास को बताया है। तृतीय अध्याय में यह व्यक्त किया गया है कि हिमाचल -प्रदेश में अनेक समस्याएँ व्याप्त हैं, जैसे-महिलाओं से संबंधित, खेती से संबंधित, पीने के पानी व सिंचाई आदि। इन समस्याओं के हल के लिए हिमाचल-प्रदेश सरकार कार्यरत है परन्तु सरकार इन कार्यों में सफल नहीं हुई है अतः इसमें स्वैच्छिक संगठनों की भागीदारी हो गई है और वे इन समस्याओं के निदान के लिए प्रयासरत हैं।

चतुर्थ अध्याय में यह बताया गया है कि राज्य सरकार व भारत सरकार द्वारा वहाँ ग्रामीण विकास के अनेक कार्यक्रम चलाए जा रहे हैं जिसमें समाज कल्याण विभाग अपनी अहम भूमिका निभा रहा है। हिमाचल -प्रदेश में अनेक स्वैच्छिक संगठन ग्रामीण विकास के लिए कार्य कर रहे हैं।

पंचम अध्याय में स्वैच्छिक संगठनों की हिमाचल-प्रदेश में स्थिति को बताया गया है जिसमें हिमाचल-प्रदेश में स्वैच्छिक संगठनों की उत्पत्ति व विकास, प्रत्येक जिले में स्वैच्छिक संगठनों की संख्या, उनका आर्थिक आधार पर वर्गीकरण, स्वैच्छिक संगठन के आर्थिक सहायता प्राप्त करने के साधन, उद्देश्य, कार्यक्षेत्र, स्वैच्छिक संगठनों का सेक्टर के अनुसार वर्गीकरण, लोगों की स्वैच्छिक संगठनों के संदर्भ में सोच व उनके गुण-दोष को व्यक्त किया गया है।

छठे अध्याय में लेखक ने स्वैच्छिक संगठनों के संदर्भ में सुझाव दिए हैं जिसके पीछे यह सोच है कि यदि इन बातों पर हिमाचल-प्रदेश के स्वैच्छिक संगठन ध्यान दें तो उनकी स्थिति अधिक अच्छी बन सकती है।

नॉन गवर्नमेन्टल ऑरगेनाइजेशनस

इस पुस्तक के लेखक सेन हेलएटा चन्द्रा ने पुस्तक को पाँच अध्यायों में बाँटा है। प्रथम अध्याय में सिविल सेवाएँ व भूमण्डलीकरण जैसे विषयों पर स्वैच्छिक संगठनों की स्थिति को बताया है। दूसरे अध्याय में 21वीं शताब्दी में स्वैच्छिक संगठनों के समक्ष चुनौतियों पर प्रकाश डाला है। इसके लिए स्वैच्छिक संगठन के प्रयास, सरकार व स्वैच्छिक संगठन में संबंध और विभिन्न देशों में स्वैच्छिक संगठनों द्वारा समस्याओं के हल के तरीके बताए हैं। तीसरे अध्याय में विदेशी सहायता, स्वैच्छिक संगठनों की संरचना में होने वाला परिवर्तन और स्वैच्छिक संगठनों का प्राइवेट सेक्टर से संबंध आदि पर प्रकाश डाला है।

चतुर्थ अध्याय में स्वैच्छिक संगठन व सरकार के विकास के मुद्दों से सबंधित: सिद्धान्त व व्यवहार को बताया है-जिसमें स्वैच्छिक संगठनों की कार्य करने की परम्परा, स्वैच्छिक संगठनों का महत्त्व, स्वैच्छिक संगठनों व सरकार की अन्तः क्रिया, स्वैच्छिक संगठनों की सहभागिता, स्वैच्छिक संगठन नेटवर्क के रूप में, आर्थिक सहायता सरकार द्वारा, कपार्ट की भूमिका, विकास के मॉडल आदि पर प्रकाश डाला है।

पंचम अध्याय में स्वैच्छिक संगठनों के कार्यों की सराहना, स्वैच्छिक संगठनों के कार्य करने के तरीके, सरकार व स्वैच्छिक संगठनों के संबंध आदि पर प्रकाश डाला है।

एनजीओज प्राइम मूवर्स : सेक्रेटेरियल एक्शन फॉर सोशल डेवलपमेन्ट

इस पुस्तक की लेखिका शिवानी धर्मराजन को ग्रामीण विकास में विशेषज्ञता प्राप्त है। आपने कटक व हैदराबाद विश्वविद्यालय में अध्यापन कार्य किया।

प्रस्तुत पुस्तक छः अध्यायों में विभाजित है। प्रथम अध्याय में स्वैच्छिक संगठनों को साामाजिक विकास का सूचक माना है जिसमें स्वैच्छिक संगठनों के विभिन्न पक्षों पर प्रकाश डाला है। इतिहास, सामाजिक-विकास, नागरिक-समाज, आर्थिक-सामाजिक-सांस्कृतिक अधिकारों, स्थानीय विकास, कार्य-क्षेत्र व सरकार से संबंध आदि।

दूसरे अध्याय में स्वैच्छिक संगठनों की गरीबी दूर करने की नीति, कार्यक्रम, प्रभाव, आर्थिक-सहायता आदि की चर्चा की गई है। भारत का उदाहरण दिया है कि स्वैच्छिक संगठन गरीबी दूर करने में क्या योगदान देते हैं। तीसरे अध्याय में स्वास्थ्य सुधार में स्वैच्छिक संगठनों की भूमिका को स्वीकारा है, भारत में स्वास्थ्य की स्थिति को बताया है और एड्स की रोकथाम में स्वैच्छिक संगठनों की भूमिका को स्वीकारा है।

चतुर्थ अध्याय में स्वैच्छिक संगठनों की पर्यावरण सुधार में भूमिका को स्वीकारा है, जिसमें इस संदर्भ में कार्य-प्रतिरूप व स्वैच्छिक कार्य को स्वीकारा है। पंचम अध्याय में मानव-अधिकारों की सुरक्षा की बात कही है। छठे अध्याय में पुस्तक का सारांश है।

रोल ऑफ वोलण्टरी ऑरगेनाइजेषन इन सोशल डेवलपमेन्ट

इस पुस्तक के सम्पादक 'वी.चन्द्रा मोवाली' हैं। आप इण्डियन एडमिनिस्ट्रेटिव सर्विस के फाउण्डर व मेम्बर सेक्रेटरी रह चुके हैं। आई.ए.एस. का पद ग्रहण करने से पूर्व आपने मद्रास विश्वविद्यालय में अर्थशास्त्र व इतिहास का अध्यापन कार्य किया ।

प्रस्तुत पुस्तक छः अध्यायों में लिखी गई है। प्रथम अध्याय में स्वैच्छिक संगठनों की नीति के बारे में बताया गया है। संयुक्त राष्ट्र संघ ने स्वैच्छिक संगठनों की भूमिका को स्वीकारा है, कपार्ट की स्वैच्छिक संगठनों के संदर्भ में भूमिका, सामाजिक-सांस्कृतिक विकास में स्वैच्छिक संगठनों की भूमिका तथा महात्मा गाँधी की स्वैच्छिक संगठन के निर्माण में भूमिका को स्वीकार किया गया है।

दूसरे अध्याय में स्वैच्छिक संगठनों के विभिन्न प्रकारों के बारे में बताया गया है, स्वैच्छिक संगठनों के लिए राष्ट्रीय नीति की आवश्यकता को स्वीकारा है व

सरकार की सहायता के लिए स्वैच्छिक संगठनों की भूमिका को स्वीकारा है। तीसरे अध्याय में जनजातीय कल्याण के विभिन्न पहलुओं पर प्रकाश डाला है। चतुर्थ अध्याय में ग्रामीण विकास में स्वैच्छिक संगठनों की भूमिका को स्वीकारा है।

पंचम अध्याय में सामाजिक-आर्थिक विकास में स्वैच्छिक संगठनों की महत्ता को स्वीकारा है, परन्तु स्वैच्छिक संगठनों को इसके लिए गहरे प्रयास करने होंगे। छठे अध्याय में पुस्तक का निष्कर्ष बताया है। स्वैच्छिक कार्य काफी सशक्त है। समाज के सामाजिक-आर्थिक उद्देश्यों के लिए नौकरशाही के सहयोग की महत्ता को स्वीकारा है और यह बताया है कि स्वैच्छिक संगठन अपने कार्यों को लोगों की सहायता से करते हैं।

वॉलेण्टरी एक्शन एण्ड डेवलपमेन्ट

इस पुस्तक के लेखक रूडोल्फ सी. हेरल्ड हैं। आप मुम्बई में सोशल साइंस सेन्टर के डायरेक्टर हैं।

प्रस्तुत पुस्तक चार अध्यायों में विभक्त है। प्रथम अध्याय परिचयात्मक है जिसमें स्वैच्छिक संगठनों को विकास के सूचक के रूप में बताया है, संगठनों के बारे में सामान्य जानकारी दी है। दूसरे अध्याय में स्वैच्छिक संगठनों के इतिहास के बारे में बताया गया है। तीसरे अध्याय में स्वैच्छिक संगठनों को सहभागी के रूप में स्वीकारा है। चतुर्थ अध्याय में पुस्तक का निष्कर्ष है। स्वैच्छिक संगठनों की विकास में भूमिका को गत्यात्मक रूप में, सामाजिक वातावरण व नेटवर्क के रूप में स्वीकारा है।

एनजीओज इन डेवलपमेन्ट

इस पुस्तक के लेखक बी.टी.लावन्ती हैं। आप गुलबर्ग विश्वविद्यालय में सोशल वर्क के लेक्चरर रह चुके हैं। आप अनेक स्वैच्छिक संस्थाओं से जुड़े रहे हैं। आपका मुख्य कार्यक्षेत्र सामाजिक कार्य, शिक्षा, शोध व स्वैच्छिक संगठन हैं।

प्रस्तुत पुस्तक आठ अध्यायों में विभाजित है। प्रथम अध्याय में स्वैच्छिक संगठन की अवधारणात्मक सामान्य जानकारी दी है जिसमें स्वैच्छिक संगठनों का अर्थ, वर्गीकरण व विशेषताएँ आदि, दूसरे अध्याय में भारत में स्वैच्छिक कार्य की प्रकृति व अवधारणा को बताया है, साथ ही भारत में 19 शताब्दी, ब्रिटिश काल, स्वाधीनता के बाद स्वैच्छिक संगठनों की स्थिति पर प्रकाश डाला है।

तृतीय अध्याय में महाराष्ट्र का सोलापुर जिला लिया है जिसमें स्वैच्छिक संगठनों के उद्देश्य, नीतियों, कार्यक्रम, स्टाफ का प्रतिरूप, आर्थिक संरचना और स्वैच्छिक संगठनों की समाज कल्याण व सामाजिक विकास में सोलापुर जिले में भूमिका की समीक्षा की गई है। चतुर्थ अध्याय में सोलापुर की ऐतिहासिक पृष्ठभूमि, भौगोलिक-स्थिति, जलवायु, सामाजिक-सांस्कृतिक इतिहास, राजनीतिक आंदोलन, सोलापुर में स्वैच्छिक संगठनों के बारे में बताया है।

पंचम अध्याय में यह बताया है कि स्वैच्छिक संगठनों की समाज-कल्याण में क्या भूमिका रही है। छठे अध्याय में स्वैच्छिकतावाद की प्रकृति, वालण्टरी का अर्थ, स्वैच्छिक कार्य के प्रकार आदि पर प्रकाश डाला है। सप्तम अध्याय में स्वैच्छिक संगठनों की समस्याओं व कठिनाइयों के बारे में बताया गया है। आठवें अध्याय में पुस्तक का सारांश है।

ऑर्गेनाइज़ेशनल एफीशियेन्सी ऑफ नॉन गवर्नमेन्टल ऑर्गेनाइजेशन

इस पुस्तक के लेखक डॉ. स्वप्न गर्रिन विश्व-भारती, शान्ति-निकेतन, टाटा सोशल साइंस इन्स्टीट्यूट, मुम्बई में शिक्षाविद् रह चुके हैं। आप हमेशा स्वैच्छिक संगठनों से संबंधित गतिविधियों से जुड़े रहे हैं।

प्रस्तुत पुस्तक को नौ अध्यायों में बाँटा गया है। प्रथम अध्याय में, जिसके अन्तर्गत स्वैच्छिक संगठन विकास में भागीदारी निभा रहे हैं परन्तु वह उतना विकास नहीं कर पा रहे हैं जितनी आवश्यकता है, इसलिए विकास में गैर-सरकारी संगठन इस दिशा में आगे बढ़े इस बात को स्वीकारा गया है। दूसरे अध्याय में स्वैच्छिक संगठनों के सकारात्मक प्रभाव को बताया है, कार्य की विशेषताएँ, संगठनात्मक समिति, कार्यस्थल के वातावरण व कार्य में सुधार पर प्रकाश डाला है।

तृतीय अध्याय में अध्ययन का आधार पश्चिमी बंगाल व महाराष्ट्र के 20 स्वैच्छिक संगठनों को बनाया गया है जिसमें राज्य का वर्णन, संगठनों का प्रारूप, प्रोग्राम, डेटा विश्लेषण प्लान व सांख्यिकीय विश्लेषण प्रस्तुत किया है। चतुर्थ अध्याय में स्वैच्छिक संगठनों पर पड़ने वाले संगठनात्मक प्रभाव, कार्य की विशेषताएँ, संगठनात्मक समिति आदि पर प्रकाश डाला है। पंचम अध्याय में जिसमें स्वैच्छिक संगठनों को विकास के परिप्रेक्ष्य में प्रस्तुत किया है, विकास की अवधारणा, स्वैच्छिक संगठनों की अवधारणा, उनकी उत्पत्ति, विशेषताएँ और सरकार व स्वैच्छिक संगठनों के संबंध पर प्रकाश डाला है। छठें अध्याय में स्वैच्छिक संगठनों में कार्य करने

वाले कार्यकर्त्ताओं की व्यक्तिगत व गैर-व्यक्तिगत विशेषताओं, राज्य व स्वैच्छिक संगठनों की स्थिति को बताया गया है।

सातवें अध्याय में संगठनात्मक समिति की व्यक्तिगत पृष्ठभूमि, अव्यक्तिगत तत्व, राज्य व स्वैच्छिक संगठनों का आकार, स्टाफ की श्रेणी व कार्य से जुड़े विभिन्न पहलुओं पर प्रकाश डाला गया है, जैसे-व्यक्तिगत विशेषताएँ, अव्यक्तिगत तत्व आदि पर प्रकाश डाला है। आठवें अध्याय में स्वैच्छिक संगठनों को प्रभावित करने वाले तत्वों पर प्रकाश डाला है, जैसे-पृष्ठभूमि के तत्व, कार्य की विशेषताएँ, संगठनात्मक कमेटी, कार्य की सहभागिता, स्वैच्छिक संगठन का आकार, श्रेणी व स्टाफ आदि। नवम् अध्याय में पुस्तक का निष्कर्ष बताया है कि भारत के संदर्भ में स्वैच्छिक संगठनों के व्यवहार को प्रभावित करने वाले तत्व इसमें विशेष रूप से स्वैच्छिक संगठनों को प्रभावित करने वाले सैद्धान्तिक व प्रयोगात्मक पक्षों पर प्रकाश डाला है।

उपर्युक्त सभी पुस्तकें स्वैच्छिक संगठनों और इस क्षेत्र के शोधार्थी के लिए अवश्य महत्त्वपूर्ण रहेंगी।

सन्दर्भ

1. चिरन्जी चन्देल, क्षेत्रीय अध्ययन प्रतिवेदन (सिकोन-डिकोन) 2003-2004, पृ. 1
2. उपर्युक्त पृ. 2
3. उपर्युक्त पृ. 3
4. रमेश के. अरोड़ा एवं राकेश हूजा सम्पादित कृति-रूरल डवलपमेन्टः एन आल्टरनेटिव पर्सपेक्टिव, जयपुर, 1996.

●●●

अध्याय दो

अवधारणा एवं सन्दर्भ

ग्रामीण विकास

ग्रामीण विकास की मान्यता का वैज्ञानिक विश्लेषण स्वतंत्रता के पश्चात् इस दिशा में किए गए प्रयत्नों के साथ प्रारम्भ होता है। स्वतंत्रता से पूर्व ब्रिटिश शासन काल में इस दिशा में कोई प्रयत्न ही नहीं किया गया। राष्ट्रीय आंदोलन के समय ग्रामीण समस्याओं तथा पुनर्निर्माण के बारे में समय-समय पर विचार व्यक्त किए गए। कुछ ऐसे प्रयास भी किए जिनका उद्देश्य ग्रामीण जनता की समाज सेवा करना था। ग्रामीण विकास के क्षेत्र में ये परीक्षण श्री निकेतन संस्था, गुड़गाँव परीक्षण एवं सेवा ग्राम संस्था थे। ग्रामीण विकास के इन परीक्षणों में 'समाज सेवा' की भावना प्रमुख थी। इस प्रकार ग्रामीण विकास की मान्यता लम्बे समय से प्रचलित थी। टी.एन.चतुर्वेदी के शब्दों में ग्रामीण विकास एक सैद्धान्तिक मान्यता, एक आदर्श एवं एक राजनैतिक नारे के रूप में हमारे साथ उस समय से जुड़ा हुआ है, जब आर्थिक विकास के सिद्धान्त, विकास मॉडल या योजना प्रणाली अस्तित्व में ही नहीं आई थी।

ग्रामीण विकास पर अनेक अध्ययन हुए हैं। विश्व बैंक विभाग ने ग्रामीण विकास की मान्यता बतलाते हुए लिखा है कि राष्ट्रीय स्तर पर ग्रामीण विकास में ग्रामीण कृषि विकास, नये रोजगार कार्यक्रम, स्वास्थ्य एवं शिक्षा सुधार, संचार व्यवस्था एवं आवास सुविधा सम्बन्धी कार्यक्रमों को सम्मिलित किया जाना चाहिए। ये समस्त कार्य एक व्यवस्थित सूची या संख्याक्रम में होने चाहिए तथा विकास के इन समस्त लक्ष्यों को पूरा करने के लिए समस्याओं का निराकरण एवं विकास के लिए सुझावों के पथ को प्रस्तुत करना है।

पिछले कुछ वर्षों से ग्रामीण विकास के लक्ष्यों की प्राथमिकताओं में परिवर्तन हुआ है। कृषि विकास के अन्तर्गत हरित क्रांति सामाजिक समस्याओं का निराकरण नहीं कर पायी। ग्रामीण जनता जो निर्धनता की सीमा रेखा से नीचे है, विकास की

अपेक्षा उनकी समस्याएँ निरन्तर बढ़ती गई हैं। ग्रामीण विकास कार्यक्रमों में न्यूनतम आवश्यकता आपूर्ति, अधिक उत्पादन, आर्थिक उन्नति सम्मिलित है। विश्व बैंक ग्रामीण विकास कार्यक्रमों में उत्पादन सुधार, रोजगार को बढ़ावा, निम्न स्तर के लोगों की आय में वृद्धि, भोजन, आवास, शिक्षा और स्वास्थ्य आवश्यकताओं को पूरा करता है।[1]

ग्रामीण विकास की प्रक्रिया में आर्थिक विकास पर अधिक बल दिया जाता है। उससे सीमित रूप से उत्पादन अवश्य बढ़ा है, परन्तु अनेक सामाजिक समस्याएँ उभरकर सामने आई हैं। अतः ग्रामीण विकास में ग्रामीण जनता के सामाजिक जीवन स्तर में सुधार व आर्थिक उत्थान सम्मिलित हैं।

भारत सरकार के अनुसार ग्रामीण विकास एक ऐसा व्यापक कार्यक्रम है, जिसमें ग्रामीण जनता के लिए कृषि विकास, आर्थिक तथा सामाजिक उन्नति के आधार की तैयारी, भूमिहीनों के लिए उचित मजदूरी, मकान बनाने के लिए भूमि, श्रम-नियोजन, जन स्वास्थ्य, शिक्षा, साक्षरता तथा संचार आदि कार्यक्रम सम्मिलित हैं।

ग्रामीण विकास का मूल आर्थिक विकास माना जाता रहा है। कृषि विकास ग्रामीण विकास का हृदय है, परन्तु समग्र ग्रामीण विकास नहीं। गाँधीजी ने अपने आदर्श गाँव की कल्पना के बारे में इंडियन पत्रिका में लिखा था कि ''ग्रामीण विकास में औद्योगिकीकरण की अपेक्षा ग्रामीण जनता की मूल आवश्यकताएँ, भोजन, वस्त्र व आवास की सुविधा पर अधिक महत्त्व दिया जाता है। इसके लिए यह जरूरी बताया गया कि ग्रामीण जनता के लिए रोजगार के साधन सुलभ करवाये जाएँ तथा जीवन स्तर ऊँचा उठाया जा सके। रोजगार के साधन कुटीर और लघु उद्योगों के विकास द्वारा बढ़ाए जा सकते हैं। अतः गाँधीजी के दर्शन में ग्रामीण विकास को, ग्रामीण साधनों के विस्तार एवं प्रोत्साहन पर जोर दिया गया है। ग्रामीण विकास का लक्ष्य ग्रामीण क्षेत्रों में रहने वाले अनेकानेक न्यून आय वर्ग के लोगों के जीवन स्तर में सुधार लाना और उनके विकास के क्रम को आत्मपोषित बनाना है। एस.एम.शाह ने ग्रामीण विकास पर अपने अध्ययन में लिखा है कि ''शहरी क्षेत्रों से बाहर रहने वाली जनता अर्थात् ग्रामीणों के जीवन स्तर में अच्छी तरह से सुधार लाना और उनके सामाजिक ढाँचे का विकास करना ही पूर्णरूपेण ग्रामीण विकास प्रक्रिया है।'' इस प्रकार भारतीय ग्रामीण विकास दर्शन में आर्थिक उन्नति के साथ-साथ सामाजिक न्याय पर भी विशेष जोर दिया गया है। यह मानना होगा कि ग्रामीण जनता की निर्धनता पर सीधा प्रहार तब तक जारी नहीं रखा जा सकता और न ही कोई वांछित लाभ मिल सकता है जब तक अर्थव्यवस्था के समग्र विकास की गति

धीमी हो तथा विकास के लाभ असमान रूप से वितरित हों। अर्थव्यवस्था की गति में तेजी एवं उत्पादन में वृद्धि के बिना ग्रामीण कार्यक्रमों को चलाने के लिए आवश्यक साधन एवं समताएँ उत्पन्न नहीं की जा सकतीं।

ग्रामीण विकास का दूसरा महत्त्वपूर्ण पहलू सामाजिक परिवर्तन है, जिसमें संरचनात्मक परिवर्तन, शैक्षिक विकास, जागरूकता में वृद्धि तथा दृष्टिकोण, अनुप्रेरणा और व्यवहार में परिवर्तन शामिल हैं, जिनके बिना ग्रामीण जनता का आर्थिक विकास संभव नहीं है। ग्रामीण सामाजिक ढाँचा ऐसा होना चाहिए जिसमें गरीब वर्ग अपनी पहल प्रदर्शित कर सके और उन्नति के लिए मजबूत आधार तैयार कर सके। साथ ही ऐसे ढाँचे में यह सुनिश्चित किया जा सके कि ग्रामीण विकास कार्यक्रमों का वास्तविक लाभ ग्रामीण जनता को ही मिल सके और अनेक प्रकार की कमियों से समय व्यर्थ में नहीं व्यतीत किया जाए।[2]

ग्रामीण विकास का सैद्धान्तिक पक्ष और अर्थ

तीसरी दुनिया के अनेक नव स्वतंत्रता प्राप्त देश अपने आर्थिक विकास के लिए निरन्तर प्रयत्नशील हैं। इन देशों द्वारा यह महसूस किया जा रहा है कि पिछली दो शताब्दियों में विकास के लिए अपनायी गई व्यूह रचना उनकी वास्तविक आवश्यकताओं के अनुरूप नहीं है। विकास के लिए आर्थिक विकास को ही आधार मानना पर्याप्त नहीं है। अनेक राजनीतिज्ञों, अर्थशास्त्रियों एवं समाजशास्त्रियों द्वारा विकास की वैकल्पिक व्यूह रचना का अनुसंधान करने का प्रयत्न किया गया है। इन अनुसंधानों में पश्चिमी मॉडल जिसमें उपभोक्ता समुदायों का निर्माण करना है, इन देशों के लिए न तो पर्याप्त है और न ही व्यावहारिक। अब विकासशील देशों के विकास प्रयत्नों का मुख्य केन्द्र सम्पूर्ण जनसंख्या की मूलभूत आवश्यकताओं की पूर्ति करना है। इन की पूर्ति के साथ अनेक राजनैतिक, सामाजिक एवं नैतिक समस्याएँ जुड़ी हुई हैं। विकास का आर्थिक क्षेत्र अन्य पूरक क्षेत्रों, जैसे–शिक्षा, स्वास्थ्य, सांस्कृतिक विकास, राजनीतिक भागीदारी, व्यक्ति की गरिमा एवं स्वतंत्रता इत्यादि से भी जुड़ा हुआ है। इन मूल एवं पूरक आवश्यकताओं को एक साथ कैसे पूरा किया जाए? यह एक महत्त्वपूर्ण प्रश्न है।

विकास मॉडल

विकास से संबंधित तीन मॉडल हमारे सामने हैं। प्रथम, जिसे पश्चिमी मॉडल या मुक्त व्यापार मॉडल कहा जा सकता है। इसमें साधनों के व्यक्तिगत स्वामित्व, अधिक उत्पादन, अधिक पूँजी निवेश, अधिक निर्यात तथा मूल्य स्थिरता रहती है।

इसमें अधिकाधिक रूप में व्यक्तिगत विकास के प्रेरक तत्व विद्यमान रहते हैं। यद्यपि विकास का यह मॉडल आर्थिक विकास के लिए संतोषप्रद रहा है परन्तु गरीबी उन्मूलन, आय का असमान वितरण, बेरोजगारी इत्यादि को समाप्त नहीं कर सका है। विश्व बैंक एवं विकास संस्थान के द्वारा किए गए एक अध्ययन के अनुसार-अब यह स्पष्ट हो गया है कि एक शताब्दी से ज्यादा अविकसित देशों में तेज गति से विकास प्रयत्नों के बावजूद उनकी जनसंख्या के तीसरे हिस्से को भी लाभान्वित नहीं किया जा सका। यद्यपि 1960 के पश्चात् तीसरी दुनिया के प्रति व्यक्ति आय में पचास प्रतिशत की वृद्धि हुई है परन्तु विकास का लाभ देशों के आन्तरिक क्षेत्रों तथा सामाजिक एवं आर्थिक समूहों में असमान रूप से वितरित रहा है। यह बहुत बड़ा विरोधाभास है कि विकास के प्रथम शताब्दी में विकास संबंधी नीतियाँ उम्मीदों से अधिक सफल रही हैं, परन्तु सामाजिक उद्देश्यों का समन्वित विकास का विचार एक प्रश्नचिह्न बना हुआ है।

विकास का दूसरा प्रतिमान समाजवादी मॉडल का है जिसमें अवसर की समानता तथा उत्पादन के साधनों पर सामूहिक अथवा राज्य का नियंत्रण रहता है। विकास के समाजवादी मॉडल अपनाने वाले देशों ने आर्थिक विकास के साथ-साथ समान वितरण तथा मूलभूत आवश्यकताओं की पूर्ति संतोषप्रद तरीके से की है, परन्तु व्यक्तिगत स्वतंत्रता, व्यवसाय, आवास एवं राजनैतिक स्वतंत्रताएँ प्रतिबंधित रहती हैं।

तीसरा प्रतिमान एक मिश्रित मॉडल के रूप में है, जहाँ व्यक्तिगत स्वामित्व के साथ पुनः वितरण, सामाजिक न्याय एवं कुछ क्षेत्रों पर राजकीय नियंत्रण की व्यवस्था रहती है। व्यवहार में इन मॉडलों का एक मिश्रित परिणाम पिछले वर्षों में सामने आया है, जिसमें कुछ अधिक सफल रहे हैं परन्तु ऐसा कोई मॉडल सामने नहीं आया है जिस पर बौद्धिक मतैक्य हो।[3]

भारतीय अर्थव्यवस्था का स्वरूप अन्य देशों की तुलना में भिन्न है। यहाँ गरीबी का स्वरूप एवं क्षेत्र भिन्न प्रकार का है। पिछले तीन दशकों में विकास के लिए अनेक प्रयत्न किए गए हैं परन्तु इनके कारण नीतियों में संघर्ष एवं विकास कार्यों की क्रियान्विति में कुछ उदासीनता रही है। भारत में विकास का एक प्रमुख क्षेत्र ग्रामीण विकास है। आर्थिक, सामाजिक एवं सांस्कृतिक विकास की दृष्टि से ग्राम एक महत्त्वपूर्ण इकाई है। अतः ग्रामीण विकास का सैद्धान्तिक विश्लेषण आवश्यक है। ग्रामीण विकास के विश्लेषण का महत्त्व अभिव्यक्त करते हुए इस क्षेत्र के विशेषज्ञ एस.के.शर्मा लिखते हैं कि ग्रामीण विकास के लक्ष्य इतने व्यापक एवं असीमित हैं

कि उनका मात्रात्मक एवं गुणात्मक विश्लेषण सरलता से संभव नहीं है। ग्रामीण विकास के लक्ष्यों को निश्चित एवं स्पष्ट परिभाषा के अभाव में इसकी समीक्षा का कार्य अत्यन्त ही कठिन है।[4]

भारतीय संविधान में ग्रामीण विकास की मान्यता

महात्मा गाँधी के प्रभाव एवं राष्ट्रीय आंदोलन के समय ग्रामीण क्षेत्रों की चिन्तनीय स्थिति के संदर्भ में भारतीय संविधान-निर्माताओं ने पर्याप्त विचार-विमर्श के बाद राज्य नीति निर्देशक तत्वों के अध्याय के अन्तर्गत ग्रामीण जीवन के कुछ पहलुओं को संविधान में सम्मिलित किया गया है। संविधान के अनुच्छेद 40 में कहा गया है कि 'राज्य ग्राम पंचायतों का संगठन करने के लिए अग्रसर होगा तथा उनको ऐसी शक्तियाँ प्रदान करेगा जो उन्हें स्वायत्त शासन की इकाइयों के रूप में कार्य करने के योग्य बनाने के लिए आवश्यक हों। ''संविधान के इस अनुच्छेद का मुख्य आधार यह है कि अगर भारत का विकास करना है तो यह ग्रामीणं जीवन के पुनर्निर्माण से ही संभव है। इसके द्वारा देश के निर्माण में गाँवों की सक्रिय भागीदारी को प्रोत्साहित करना है। संविधान में न केवल ग्राम पंचायतों के बारे में ही व्यवस्था रखी गई है कि विशेष रूप से ग्रामों में कुटीर उद्योगों को वैयक्तिक अथवा सहकारी आधार पर बढ़ाने का प्रयास करेगा, अपितु संविधान निर्माता गरीब ग्रामीणों एवं अनुसूचित जातियों तथा जनजातियों के उत्थान के प्रति भी सजग थे। अतः अनुच्छेद 46 में कहा गया है कि राज्य जनता के दुर्बलतर भाग के, विशेषतया अनुसूचित जातियों एवं जनजातियों के शिक्षा एवं कार्य संबंधी हितों की विशेष सावधानी से उन्नति करेगा तथा सामाजिक अन्याय, सब प्रकार के शोषण से उनका संरक्षण करेगा।[5]

ग्रामीण जीवन से जुड़ी हुई अर्थव्यवस्था में कृषि एवं पशुपालन का विशेष स्थान है। ग्रामीण विकास का आर्थिक पहलू इससे पूर्ण रूप से संबंधित है। संविधान के अनुच्छेद 48 में यह भी व्यवस्था रखी गई है कि ''राज्य कृषि एवं पशुपालन को आधुनिक तथा वैज्ञानिक प्रणालियों से संगठित करने का प्रयास करेगा तथा विशेषतया गायों एवं बछड़ों तथा अन्य दुधारू एवं वाहक पशुओं की नस्ल के परीक्षण एवं भारत का संविधान-अनुच्छेद 48 उनका सुधार करने के लिए तथा उनके वंश को प्रतिशेध करने के लिए अग्रसर होगा।''[6]

अतः भारतीय संविधान में ग्रामीण विकास से संबंधित आर्थिक विकास एवं सामाजिक न्याय के दर्शन को सम्मिलित किया गया है। अन्त में ग्रामीण विकास

की परिभाषा ग्रामीणों का सामाजिक न्याय के साथ आर्थिक विकास के माध्यम से सर्वांगीण विकास करना है।[7]

ग्रामीण विकासः समस्याएँ और समाधान

भारत की अर्थव्यवस्था का मुख्य आधार कृषि है। कृषि का कार्य गाँवों में होता है और भारत की जनसंख्या का लगभग 70 प्रतिशत भाग गाँवों में बसता है। गाँव में राष्ट्रीय विकास हेतु प्रति व्यक्ति उच्चतर आय, उत्पादन, रोजगार एवं लाभ दरों को अधिकाधिक बढ़ने की सम्भावनायें हैं। इसलिए राष्ट्रपिता महात्मा गाँधी ने कहा था ''भारत गाँवों में बसता है और जब तक गाँवों का विकास नहीं होता, तब तक भारत का विकास नहीं हो सकता।''

प्रसिद्ध अर्थशास्त्री एडम स्मिथ की मान्यता है 'अन्तिम विश्लेषण में किसी अर्थव्यवस्था का विकास इसके कृषि क्षेत्र की विकास दर पर निर्भर करता है।' वस्तुतः ग्राम्य विकास को राष्ट्रीय विकास की कुंजी कहना सर्वथा समीचीन है। ग्रामीण विकास का तात्पर्य ग्रामीणों के सर्वांगीण विकास से है। गाँव में बसने वाले प्रत्येक व्यक्ति के जीवन का (वह चाहे कोई भी पक्ष हो) आर्थिक, सामाजिक, राजनीतिक और धार्मिक सभी तरह के विकास का उद्देश्य है। ग्रामीण विकास एक लम्बी और व्यापक प्रक्रिया है। इसलिए सरकार समग्र ग्रामीण विकास हेतु योजनाओं के जरिये सतत् प्रयत्नशील है। यद्यपि इससे गाँवों के विकास दर में बढ़ोतरी हुई है लेकिन फिर भी अभी विकास की गति अपेक्षा से बहुत कम है।

समस्याओं का स्वरूप–ग्रामीण क्षेत्रों में अनेक गंभीर समस्यायें हैं जो निरन्तर अन्य समस्याओं को जन्म दे रही हैं, जैसे–

1. जातिप्रथा, संयुक्त परिवार, रूढ़ियाँ, रीति-रिवाज इत्यादि ग्राम्य समाज में इस कदर व्याप्त हैं कि ग्रामीणों का अस्तित्व इनमें पूरी तरह उलझा हुआ है।

2. ग्रामीण क्षेत्रों में पेयजल की विकट समस्या है। आज भी बहुत से ऐसे क्षेत्र हैं, जहाँ पीने का पानी बहुत दूर से लाना पड़ता है।

3. आवासीय दृष्टि से हमारे गाँव बहुत पिछड़े हैं, बहुत से लोग पेड़ या झोपड़ियों के नीचे बसेरा करते हैं और सर्दी, गर्मी, वर्षा के संकट को सहन करते हैं।

4. ग्रामीण समाज में सहयोग और संगठन का नितान्त अभाव है। वे आपस में बेबुनियाद ईर्ष्या, द्वेष और वैर-भाव रखते हैं, आपसी सूझबूझ से काम नहीं करते।

5. कृषि योग्य भूमि का न्यायसंगत ढंग से वितरण का अभाव है। लोगों में परस्पर टकराव की स्थिति उत्पन्न हो रही है।

6. ग्रामीण क्षेत्रों में शिक्षा का प्रसार औसत से बहुत कम है, उसमें भी लड़कियों और महिलाओं में तो नितान्त कम शिक्षा का स्तर है। शिक्षित व्यक्ति शारीरिक श्रम के महत्त्व से अनजान है और कृषि, पैतृक धंधे आदि को अपनाने में हीन भावना या शर्म का अनुभव करते हैं।

7. सिंचाई के साधनों का अभाव है जिसमें कृषि–योग्य भूमि का समुचित विकास नहीं हो रहा है तथा बंजर जमीनें यथावत पड़ी हैं।

8. सरकारी विकास कार्यक्रमों का सम्यक् ज्ञान लोगों को नहीं है और इनका प्रचार–प्रसार वांछित स्तर तक नहीं हो रहा है जिससे कृषि कार्य में विकसित बीजों, रासायनिक खाद एवं कीटनाशक दवाओं का प्रयोग पर्याप्त रूप से नहीं हो रहा है। लोगों को विभिन्न विकास योजनाओं की जानकारी नहीं है।

9. दूरदराज तक विद्युतीकरण, सड़क, कुटीर उद्योग एवं मण्डियों की आवश्यक व्यवस्था का अभाव, गरीबों को और गरीब, तो अमीरों को अधिक सम्पन्न बना रहा है।

10.चिकित्सा की समुचित व्यवस्था का अभाव है। यद्यपि प्राथमिक स्वास्थ्य केन्द्रों की संख्या में बहुत वृद्धि हुई है और भी बहुत से ऐसे गाँव हैं जहाँ स्वास्थ्य सेवाओं हेतु दूर जाना पड़ता है।

11.आज भी कई गाँवों में विशेष जाति/वर्ग का प्रभुत्व दृष्टिगत होता है तथा दस्युओं के आतंक के कारण भी ग्रामीणों में असुरक्षा की भावना कायम है।

12.परिवार नियोजन और यौन संबंधी समस्याओं के समाधान का अभाव है।

वैसे तो और भी बहुत सी समस्यायें हैं जो ग्राम विकास कार्यक्रम के फलीभूत होने में आड़े आती हैं तथा विकास की गति को धीमा करती हैं, परन्तु उपर्युक्त समस्यायें ही अत्यधिक प्रमुख हैं। इसलिए इनके निवारण और समाधान हेतु व्यापक कार्यवाही की जानी चाहिए और यह सच है कि वर्तमान में ग्रामीण विकास हेतु अनेकानेक कार्यक्रम और योजनाएँ सरकारी तथा गैर सरकारी स्तर पर कार्यान्वित हैं तथा सरकार समग्र ग्रामीण विकास हेतु पूरी तरह कटिबद्ध है।

हमारे पूर्व प्रधानमंत्री पी.वी. नरसिम्हा राव ने अपने प्रथम राष्ट्रीय संदेश में कहा था, ''ग्रामीण जनता की उन्नति शासन की सर्वोच्च प्राथमिकता होगी। प्रशासन को और उत्तरदायी बनाया जाएगा और यह सुनिश्चित किया जाएगा कि विकास

के लिए खर्च किया गया प्रत्येक रुपया लक्षित लाभार्थी को मिले।'' परन्तु कहना पड़ेगा कि इन समस्याओं के स्वरूप पर सीधा आघात नहीं पड़ रहा है। यह आवश्यक है कि इस दिशा में सरकारी तंत्र और गैर सरकारी तथा ग्रामीण समाज, सभी मिलकर पूर्ण मनोयोग से समन्वित प्रयास करें ताकि विकास की प्रक्रिया को द्रुतगति मिल सके।[8]

समाधान के क्षेत्र–निःसन्देह इस आशय से निम्न बिन्दुओं पर अमल किया जा सकता है–

1. ग्रामीण विकास योजनाओं को ग्रामीण परिवेश में तथा ग्रामीण परिवेश के मुताबिक बनाया जाए और नगरों की अपेक्षा गाँवों के लिए विकास योजनाओं की संख्या भी अधिक सुनिश्चित की जाए।

2. सरकारी और गैर सरकारी प्रतिष्ठानों और निगमों द्वारा सभी आय वर्ग के लोगों हेतु वस्तुओं का उत्पादन सुनिश्चित किया जाए तथा सार्वजनिक वितरण प्रणाली को और प्रभावकारी बनाया जाए।

3. ग्रामीण क्षेत्र की ऋण व्यवस्थाओं को सरल एवं कारगर बनाया जाए। लाभार्थियों को संगठित बनाकर इस बात पर विशेष निगरानी रखी जाए कि विभिन्न कानूनों, नीतियों, कार्यक्रमों का सम्यक् ज्ञान और लाभ उन्हें मिल रहा है या नहीं।

4. कृषि भूमि के वितरण को न्याय संगत बनाया जाए।

5. ग्रामीण क्षेत्रों में पेयजल, शौचालय, शिक्षा, आवास, विद्युत, चिकित्सा आदि की सम्यक् व्यवस्था की जाए तथा इनकी उपयोगिता को उजागर किया जाए।

6. ग्राम्य विकास योजना में कृषि को विशेष महत्त्व दिया जाए तथा कृषि को उद्योग का दर्जा देकर इसके आधुनिकीकरण, उत्पादकता, मूल्य और विपणन पर ध्यान दिया जाए।

7. ग्राम्य विकास योजनाओं के प्रबन्धकर्ताओं को विकास का दायित्व दिया जाए तथा कार्यक्रमों की समयबद्धता सुनिश्चित की जाए।

8. स्वैच्छिक संस्थाओं की भूमिका एवं विकास का मूल्यांकन करके उनके सहयोग की व्यवस्था की जाए।

वास्तव में ग्रामीण विकास एक दीर्घकालीन कार्य है तथापि विकास दर को चमत्कारिक ढंग से बढ़ाकर इस दिशा में अत्यन्त सार्थक प्रयास किया जा सकता है। इसके तहत आवश्यक है कि मूलभूत समस्याओं का समाधान हो। किन्तु यह

भी तभी सम्भव है जब इस कार्य से जुड़े लोगों में सच्ची लगन और कर्तव्यनिष्ठा जाग्रत हो जाए।[9]

विकेन्द्रीकरण

विकेन्द्रीकरण का विचार स्वभावतः शासन के सबसे नीचे के स्तर से प्रारम्भ होता है। भारत में गाँवों की स्थिति शासन के निम्नतम स्तर की द्योतक है। प्राचीन काल में पंचायतों की व्यवस्था स्थानीय स्वशासन की प्रथम कड़ी थी। इसी प्रकार के स्थानीय स्वशासन को राजनीतिक विकेन्द्रीकरण की योजना के अन्तर्गत पुनः जीवित किया गया है। भारत के गाँव सामाजिक संगठनों की प्राथमिक इकाई है। लोकतान्त्रिक दृष्टि से सामुदायिक जीवन का पहला अध्याय गाँव से ही प्रारम्भ होता है। जहाँ व्यक्ति अन्य व्यक्तियों के साथ घुल-मिलकर अपना जीवन व्यतीत करता है। ग्रामीण स्तर को शहरी स्तर से मिलाने की आवश्यकता है, क्योंकि वर्तमान समय में गाँव तथा शहर दोनों ही असंतुलित स्थिति में हैं। राजनीतिक एवं आर्थिक दृष्टि से इस असंतुलन को दूर करने के लिए कृषि-प्रधान औद्योगिक समुदायों का विकास आवश्यक है ताकि कृषि तथा उद्योगों का साथ-साथ विकास हो और गाँव तथा शहरों का असन्तुलन दूर किया जा सके। इस कार्य के लिए निर्वाचन-पद्धति में परिवर्तन की आवश्यकता अनुभव की गयी है। विकेन्द्रीकरण का सही लाभ तब मिल सकता है जबकि व्यक्ति शासन कार्य से अपने आपको संबंधित माने और स्वयं अपना शासन चलाये।[10]

विकेन्द्रीकरण का अर्थ

सामान्य अर्थों में विकेन्द्रीकरण का तात्पर्य केन्द्र से परे होना है। वृहत् अर्थ में ऐसी प्रक्रिया जिसमें विधायी, न्यायिक और प्रशासकीय शक्तियाँ उच्च स्तर से आधार स्तरों में हस्तान्तरित की जाती हैं तो उसे विकेन्द्रीकरण माना जाता है। सामान्यतः विकेन्द्रीकरण का क्षेत्र सरकारी संरचनाओं के साथ परिसीमित कर दिया जाता है। लेकिन विकेन्द्रीकरण प्रशासन का एक उपयोगी संयंत्र है जो गैर सरकारी संगठनों और अन्य संस्थाओं, जैसे- चर्च, श्रमिक संगठनों, उद्योग समूहों और सहायक संस्थाओं के संदर्भ में उपयोगी हो सकता है।[11]

व्हाइट के अनुसार, "अनेक व्यक्तियों या इकाइयों के मध्य सत्ता के विभाजन की व्यवस्था।"[12]

ओ.पी.गाबा के अनुसार, "किसी संगठन के अन्तर्गत वह प्रक्रिया जिसमें नीति-निर्माण, प्रशासन या अन्य गतिविधियों को एक ही जगह केन्द्रित नहीं होने दिया

जाता बल्कि उसे दूर-दूर तक फैली इकाइयों को सौंप दिया जाता है ताकि उस संगठन की कार्यकुशलता बढ़ाई जा सके और उसके समस्त अंगों में उत्तरदायित्व की भावना का संचार किया जा सके।''[13]

विकेन्द्रीकरण की प्रक्रिया को निम्न बिन्दुओं में विभाजित किया जा सकता है-

1. इस अवधारणा से तात्पर्य विभिन्न स्तरों पर सत्ता के अस्तित्व से है जो अन्ततः सम्प्रभु इकाई से जुड़ी है।

2. इन विभिन्न सत्ताओं के मध्य कार्यों का वितरण आवश्यक है।

3. इन सत्ताओं का निर्माण लोकतान्त्रिक शैली में होना चाहिए।

4. ये लोकतान्त्रिक तरीके से कार्य करें।

5. आधार स्तरों की सत्ता में पर्यवेक्षण, निदेशक और सीमित नियन्त्रण के लिए उच्च सत्ताओं के अधीन होना चाहिए।[14]

आधुनिक भारतीय राजनीतिक चिन्तन में विकेन्द्रीकरण

आधुनिक भारतीय चिन्तन में विकेन्द्रीकरण की अवधारणा सर्वोदय विचारधारा पर अवलम्बित है। सर्वोदय के अधिष्ठाता गाँधीजी ने ग्राम-स्वराज की विस्तृत किन्तु प्राचीन मान्यता को नवजीवन प्रदान किया। उनके देहावसान के पश्चात् विनोबा भावे, जयप्रकाश नारायण तथा अनेक गाँधीवादियों ने 'सर्व सेवा संघ' के माध्यम से 'सर्वोदय योजना' को क्रियान्वित करने का बीड़ा उठाया। सर्व सेवा-संघ के सर्वोदय कार्यकर्ताओं की टोली ने गाँधीजी के मार्ग का अनुसरण करते हुए समस्त राजनीतिक प्रलोभनों से दूर रहकर जन सेवा का व्रत लिया। विकेन्द्रीकरण संबंधी विचारों को जयप्रकाश नारायण तथा विनोबा भावे का पूर्ण समर्थन प्राप्त हुआ और जवाहर लाल नेहरू के नेतृत्व में 1959 के अनुरूप भारत में पंचायतीराज का श्रीगणेश हुआ। यद्यपि पंचायतीराज व्यवस्था का प्रायोगिक स्वरूप विकेन्द्रीकरण की सर्वोदय की विचारधारा को प्रतिध्वनित करता है किन्तु दोनों में उतना ही अन्तर है जितना कि सैद्धान्तिक राजनीति एवं व्यावहारिक राजनीति में। सर्वोदयवादियों का विकेन्द्रीकरण संबंधी प्रचार आदर्शोन्मुख है। यह सतत प्रेरणा का प्रतीक है।[15]

विकेन्द्रीकरण मात्र राजनीतिक आदर्श ही नहीं है। आर्थिक पक्ष भी विकेन्द्रीकरण में सन्निहित है। विकेन्द्रीकरण का राजनीतिक उद्देश्य जहाँ स्थानीय स्वशासन एवं ग्राम्य स्वराज की स्थापना का रहा है वहाँ इसका आर्थिक मन्तव्य पूँजी का विकेन्द्रीकरण एवं न्यासिता से स्पष्ट होता है। राजनीतिक एवं आर्थिक दोनों

ही अर्थों में विकेन्द्रीकरण की अवधारणा का अध्ययन अपेक्षित है। विनोबा भावे भारत के प्रत्येक गाँव को स्वावलम्बी बनाना चाहते हैं। वे आर्थिक एवं राजनीतिक दोनों ही दृष्टिकोण से ग्राम्य-स्वराज्य की स्थापना करना चाहते हैं। उनका राजनीतिक दृष्टिकोण यह है कि स्थानीय स्तर पर प्रत्येक कार्य सर्वसम्मति से किया जाये। बहुमत पर आधारित लोकतंत्र उन्हें रुचिकर नहीं लगता। सर्वसम्मति से लिये गये निर्णय ही स्थानीय स्वशासन की जड़ें मजबूत कर सकते हैं। ग्रामीण क्षेत्रों में इस प्रकार के अभिनव प्रयोग द्वारा नवीन सामाजिक क्रान्ति आ सकती है, जिसमें प्रत्येक व्यक्ति अपने को शासन से संबंधित मानते हुए अपने उत्तरदायित्वों की पूर्ति में जुट जाए। केन्द्रीय शासन व्यवस्था का नियन्त्रण एवं हस्तक्षेप टाला नहीं जा सकता किन्तु कम अवश्य किया जा सकता है। विकेन्द्रीकरण को आकर्षक दृष्टि से ग्रामीण एवं शहरी क्षेत्रों में क्रियान्वित करने के लिए विनोबा ने एक ओर भूदान-आंदोलन का संचालन किया और दूसरी ओर न्यासिता के गाँधीजी द्वारा प्रतिपादित विचारों को 'सर्वोदय पात्र' जैसे छोटे से प्रयोग से प्रारम्भ किया। ग्रामीण क्षेत्रों में आवश्यकता से अधिक भूमि रखने वालों के हृदय-परिवर्तन से भूमिहीन कृषकों की समस्या का समाधान ढूँढा गया। अनेक परिवार इससे लाभान्वित हो चुके हैं। इसी प्रकार न्यासिता की धारणा ने उन व्यक्तियों को जिनके पास आवश्यकता से अधिक कोई वस्तु है, उसका स्वैच्छिक दान करने की प्रेरणा दी है। सम्पन्न पूँजीपतियों, कृषकों एवं समाज के कुलीन वर्गों पर असहाय एवं दरिद्र जनता के उत्थान का भार है। सर्वोदय की यह प्रेरणा आर्थिक असमानता को दूर करने में हितकारी सिद्ध हो सकती है। पूँजी का विकेन्द्रीकरण आवश्यक है। चन्द व्यक्तियों के हाथ में पूँजी सिमट जाने से शोषण का चक्र और भी त्वरित वेग से घूमता है। शासन के समस्त सूत्र जनता के हित में शिथिलता किन्तु पूँजीपतियों के लिए अभूतपूर्व उत्साह एवं तत्परता प्रदर्शित करने लगते हैं। यदि मार्क्स के बताये हुए मार्ग का अनुसरण न करना हो तो न्यासिता के द्वारा भी आर्थिक समानता का आदर्श प्राप्त हो सकता है। सर्वोदयवादियों ने आर्थिक विकेन्द्रीकरण के प्रश्न को समाजवाद एवं साम्यवाद के विकल्प के रूप में प्रस्तुत किया है।

राजनीतिक विकेन्द्रीकरण के संबंध में जयप्रकाश नारायण ने कुछ विचार प्रस्तुत किये हैं। उनके अनुसार भारत में अत्यधिक विकेन्द्रीकरण की आवश्यकता है। भारत के प्राचीन सामाजिक संगठन के अनुरूप क्षेत्रीय एवं व्यवसायात्मक समुदायों का उत्थान आवश्यक है। समाज का पुनर्गठन पिरामिड के सदृश किया जाय। ग्रामीण समुदाय को आधार मानकर उस पर क्षेत्रीय, जिला स्तरीय, प्रान्त स्तरीय एवं राष्ट्रीय समुदायों को आधारित किया जाय। प्रत्येक स्तर पर सामुदायिक भावना का संचार

किया जाय, आदान-प्रदान की भावना के द्वारा सामान्य राष्ट्रीय चेतना से एकाकार हो तथा राष्ट्रीय स्तर एवं ग्रामीण स्तरों में तारतम्य रहे। स्थानीय ग्रामीण स्तर पर सर्वाधिक स्वतंत्रता उद्भासित है जबकि राष्ट्रीय स्तर पर केवल कतिपय राष्ट्रीय महत्त्व योजना में सामाजिक संगठन के स्वशासन पर अत्यधिक ध्यान केन्द्रित किया गया है। जयप्रकाश नारायण के समुदायिक लोकनीति के आदर्श ने ऐसे लोकतंत्र का मार्ग प्रशस्त किया है जिसमें राजनीतिक दलों की अहम्मन्यता एवं अवसरवादिता के लिए कोई स्थान नहीं। प्रत्येक व्यक्ति समुदाय के सदस्य के रूप में अपना अंशदान देते हुए समुदाय के अविभाज्य अंग के रूप में अपने आपको माने। स्वतंत्रता, आत्मगरिमा एवं स्वावलम्बन का उच्च आदर्श इसी सामुदायिक लोक नीति के माध्यम से प्रस्तुत किया गया है।[16]

विकेन्द्रीकरण का राजनीतिक पक्ष केवल स्वशासन तक ही सीमित नहीं है, इसके साथ राज्य की मान्यता का प्रश्न भी जुड़ा हुआ है। जयप्रकाश नारायण एवं विनोबा भावे ने राज्य की शक्ति को सीमित करने तथा समाज को आन्तरिक विषयों में अधिक शक्तिशाली बनाने का विचार प्रस्तुत किया है। उनका उद्देश्य राज्य-शक्ति के स्थान पर जनशक्ति को जागृत एवं प्रतिष्ठित करने का है। वे राजनीति को लोकनीति में परिवर्तित करना चाहते हैं ताकि राज्य शोषण का प्रतीक न रहकर सेवा का प्रतीक बन जाय। राज्य के बढ़ते हुए हस्तक्षेप ने मानवीय गरिमा एवं स्वतंत्रता को हास्यास्पद बना दिया है। राज्य को सीमित करने के लिए विकेन्द्रीकरण की अवधारणा प्रकाश में आयी है ताकि शक्ति का केन्द्रीकरण राज्य को सर्वाधिकारवादी न बना दे। जयप्रकाश नारायण के अनुसार लोकतान्त्रिक समाजवादी, साम्यवादी तथा लोक कल्याणकारी राज्यवादी सभी राज्यवाद से ग्रसित हैं। राज्य को राजनीतिक शक्ति का एकाधिकार देकर नागरिक की स्वतंत्रता एवं सम्प्रभुता को केवल कागजी संविधान द्वारा सुरक्षित नहीं रखा जा सकता। राजनीतिक एवं आर्थिक नौकरशाही के बढ़ते हुए प्रभाव को रोकने के लिए उचित नियन्त्रणों का विकास आवश्यक है। समाजवादी चिन्तन में भी विकेन्द्रीकरण का महत्त्व बढ़ने लगा है फिर भी समाजवादी राज्य 'लेवियाथन' बनकर व्यक्तियों की स्वतंत्रता का संकुचन करता है। इसके लिए सर्वोदय ही नवीन दिशा प्रदान कर सकता है। सर्वोदय ने राज्य को बुराई से बचाने का मार्ग प्रस्तुत किया। व्यक्तियों को अपना काम राज्य के बिना स्वयं करने को अभ्यस्त होना चाहिए ताकि राज्य की कम से कम आवश्यकता रह जाय। राज्य समाजवाद की स्थापना पर लोक समाजवाद की स्थापना की जाय। सर्वोदय इसी लोकतान्त्रिक समाजवाद का उन्नत स्वरूप कहा जा सकता है।

जयप्रकाश नारायण के अनुसार स्वशासन का यह उद्देश्य राजनीतिक शक्ति के विकेन्द्रीकरण से ही प्राप्त हो सकता है। पाश्चात्य लोकतान्त्रिक पद्धति में प्रतिनिध्यात्मक शासन इस कमी को दूर करने में असफल रहा है। इस कमी को दूर करने का एक ही मार्ग है और वह यह कि राजनीतिक दलों के माध्यम से प्रतिनिधित्व प्राप्त करने के स्थान पर जनता का सीधा प्रतिनिधित्व हो। दलविहीन लोकतन्त्र की स्थापना कर शासन के प्रत्येक स्तर पर जनता को सम्बन्धित किया जा सके। सामाजिक पुनर्निर्माण का यही एक मात्र साधन है। स्थानीय समुदाय की सर्वोच्च राजनीतिक इकाई ग्राम सभा हो जिसकी सदस्यता प्रत्येक वयस्क को प्राप्त हो। ग्राम सभा द्वारा सर्वसम्मति से पंचों का चुनाव किया जाय। ग्राम पंचायत, पंचायत समितियों से तथा पंचायत-समिति जिला-परिषदों से संयुक्त की जाय। जिला-परिषदें राज्य विधान सभाओं से समन्वित की जायें और विधान-सभाएँ राष्ट्रीय पंचायत के साथ समन्वय स्थापना करें। इस प्रकार निम्नतम स्तर पर प्रत्यक्ष और उसके पश्चात् अप्रत्यक्ष प्रतिनिधित्व की व्यवस्था से राजनीतिक विकेन्द्रीकरण की पूर्ण स्थापना हो सकती है। जयप्रकाश नारायण का यह भी सुझाव है कि चुनावों में जिला-स्तर तक राजनीतिक दलों का हस्तक्षेप नहीं होना चाहिए। राज्य एवं राष्ट्रीय स्तर पर भी चुनाव के लिए उम्मीदवारों का चयन जनता द्वारा किया जाना चाहिए, न कि राजनीतिक दलों द्वारा। जनता की बढ़ती हुई भूमिका के साथ ही राजनीतिक दलों का महत्त्व घटता जायेगा और दलविहीन लोकतन्त्र की स्थापना होकर रहेगी।

स्वराज जब तक जनता के निकट नहीं पहुँच जाता तब तक स्वतंत्रता की चर्चा अर्थहीन ही दिखाई देती है। यद्यपि भारत में पंचायतीराज की स्थापना सफलतापूर्वक कर दी गई फिर भी जयप्रकाश नारायण इससे संतुष्ट नहीं थे। उनके अनुसार लोकतान्त्रिक विकेन्द्रीकरण की स्थापना के साथ-साथ यह भी आवश्यक है कि जनता को लोकतन्त्र का सहभागी बनने के लिए जनता को शिक्षित किया जाय। शिक्षा का समुचित विस्तार हो। राजनीतिक दलों को पंचायतीराज में हस्तक्षेप करने से दूर रखा जाय। स्थानीय संसाधनों को वास्तविक शक्तियों से सम्पन्न किया जाय। पंचायतीराज -व्यवस्था के स्वतंत्र निष्पादन के लिए प्रत्येक स्तर पर समुचित आर्थिक साधनों का प्रावधान कर अर्थ उपलब्ध कराया जाय। प्रशासकीय अधिकारियों को जनप्रतिनिधियों के प्रति वास्तविक रूप से उत्तरदायी बनाया जाय। जयप्रकाश नारायण इतने तक ही अपने विचारों को सीमित नहीं रखते। वे एक कदम और आगे बढ़ना चाहते हैं। उनका दृढ़ विश्वास है कि स्वशासन में वर्गभेद अथवा आपसी मन-मुटाव के लिए कोई स्थान नहीं होना चाहिए। वे ग्राम-पंचायत के निर्वाचन सर्वसम्मति से कराने के पक्ष में हैं ताकि ग्रामीण समुदाय की शान्ति एवं सौहार्दता

समाप्त न हो जाय। समस्त शासकीय नियमों की एक पंचायतराज-आयोग के द्वारा अनुवीक्षा की जाय। इस कार्य से नौकरशाही को दूर रखा जाय। इस प्रकार उनका उद्देश्य गाँव से केन्द्रीय स्तर तक विकेन्द्रित शासन व्यवस्था स्थापित करना है। उनके विचार प्रेरणादायी होते हुए भी व्यावहारिक नहीं हैं। राजनीतिक दलों द्वारा शक्ति का स्वैच्छिक त्याग सम्भव नहीं लगता।

विकेन्द्रीकरण की उपर्युक्त राजनीतिक योजना को सफल बनाने के लिए आवश्यक है कि तदनुरूप आर्थिक विकेन्द्रीकरण का विचार भी उपलब्ध हो। वर्तमान आर्थिक आयोजन लोकतान्त्रिक होते हुए भी जनहितकारी नहीं है। जयप्रकाश नारायण ने इस दुविधा का निराकरण एक नवीन आर्थिक योजना के माध्यम से प्रस्तुत किया है। उनके अनुसार उत्पादन, वितरण एवं विनिमय के साधनों का राष्ट्रीयकरण करने के बाद भी साम्यवादी देशों में आर्थिक लोकतन्त्र की स्थापना नहीं हो सकी है। राष्ट्रीयकरण की नीति के नाम पर आर्थिक अधिनायकतन्त्र एवं आर्थिक शोषण का नया रूप सामने आया है। जयप्रकाश छोटी मशीनों तथा श्रम-प्रधान अर्थव्यवस्था के पक्ष में हैं। वे राष्ट्रीय योजना के स्थान पर क्षेत्रीय योजना एवं सर्वेक्षण का समर्थन करते हैं ताकि एक क्षेत्र के साधनों का उसी क्षेत्र में तथा बाहुल्य होने पर दूसरे क्षेत्र में प्रयोग किया जा सके। इसी प्रकार से ग्रामीण औद्योगीकरण का कार्यक्रम प्रयोग में लाया जाय ताकि कृषि एवं उद्योगों का समन्वय हो सके। विकेन्द्रित उद्योगों की व्यवस्था को नौकरशाही तथा शोषण से दूर रखा जाना आवश्यक है। पंचायतीराज के माध्यम से इन नवीन आर्थिक कार्यक्रमों को क्रियान्वित किया जाय। जयप्रकाश की विकेन्द्रित अर्थव्यवस्था केवल लोकतन्त्र को संरक्षित करने के लिए ही नहीं अपितु जनसमुदाय को प्रत्यक्ष आर्थिक हित पहुँचाने के लिए प्रस्तुत की गई है। इस योजना द्वारा अधिक से अधिक व्यक्तियों को रोजगार प्राप्त हो सकता है और धन का इतना उत्पादन हो सकता है कि उसका जनता में विस्तृत वितरण हो सके। वे भारत सरकार की पंचवर्षीय योजनाओं से इस कारण से संतुष्ट नहीं हैं कि योजनाओं ने राष्ट्रीय आय में वृद्धि दर्शायी है किन्तु जनसाधारण आज भी बेकारी, भुखमरी तथा गरीबी से घिरा हुआ है। जब तक सामान्यजन को आर्थिक लाभ प्राप्त न हो तब तक आर्थिक नियोजन की निरुद्देश्यता ही प्रकट होगी। जयप्रकाश आर्थिक व्यवस्था का मानवीकरण कर रोटी-रोजी की समस्या को ग्रामीण औद्योगीकरण द्वारा दूर करना चाहते हैं। वे समाजवादी, मार्क्सवादी, साम्यवादी अथवा अराजकतावादियों के अर्थतन्त्र को जनता के कष्टों का निवारक नहीं मानते। वे फ्रांस की 'कम्यूनिटीज ऑफ वर्क', इजरायल के 'किबूत्जीम' तथा भारत के 'ग्रामदान' गाँवों से प्रेरणा प्राप्त करने का आह्वान करते हैं। समाजवाद, सर्वोदय तथा लोकतन्त्र का सम्मिश्रण,

जो कि आर्थिक एवं राजनीतिक विकेन्द्रीकरण पर आधारित हो, विश्व की अभाव पीड़ित एवं शोषित जनता को नवीन जीवन-ज्योति देने में समर्थ हैं।[17]

जन-सहभागिता

राज्य में जन-सहभागिता किसी वर्ग की या उसके आभिजात्य वर्ग मात्र की हो तो विकास प्रक्रिया को जीवन्त नहीं बनाया जा सकता। जन-साधारण की सहभागिता एक आवश्यक शर्त है। एक प्रजातांन्त्रिक राज्य व्यवस्था का प्राण उसके नागरिकों की सरकारी प्रक्रियां में सहभागिता के स्तर पर निर्भर करता है। यह सहभागिता अवरोध एवं आलोचना के नकारात्मक बिन्दु से लेकर प्रक्रियाओं में पूर्णतः सम्मिलित होने एवं समर्थन करने के सकारात्मक बिन्दु तक कितनी भी हो सकती है। सहभागिता की मात्रा एवं प्रकृति सरकार के प्रत्येक स्तर पर शक्ति संरचना का रूप निर्धारित करती है।

जन-सहभागिता का अर्थ

जन सहभागिता का अर्थ है सचेत रहकर हिस्सा लेना। मार्क्स इसका अर्थ नये समाज को शासित करने की क्षमता का निर्माण और शिक्षा की प्रक्रिया से लगाते हैं। आज 'जन सहभागिता' एक मुहावरे की तरह प्रचलित होती जा रही है लेकिन सही अर्थों में उसका प्रयोग हम कहीं नहीं कर पा रहे हैं। 'जनता की भागीदारी' का अर्थ है कि समुदाय अपने भविष्य के विषय में निर्णय स्वयं ले सके। इस प्रक्रिया में व्यक्ति महत्त्वपूर्ण नहीं होता बल्कि पूरा समुदाय शामिल होता है। यह एक सतत प्रक्रिया है जिसका प्रमुख उद्देश्य है जन-साधारण में आत्म-विश्वास पैदा करना, उनमें आत्म-निर्भरता का विकास करना, स्वयं की समस्याओं को पहचान पाने की क्षमता उजागर करना तथा समस्याओं के हल की सामर्थ्य पैदा करना।

यह प्रक्रिया तभी शुरू हो सकती है जब साझेदारी केवल सभा या बातचीत तक सीमित न रहकर एक साथ काम करने की भावना में परिवर्तित हो। लेकिन देश के बहुसंख्यक नियोजक एवं कार्यक्रम-संचालक जनता की भागीदारी को इसके सही अर्थों में चिह्नित करने का प्रयास नहीं करते। जन-प्रतिनिधियों से बात कर लेना, गुप्त दान करना या चंदा एकत्रित कर लेना ही इनके लिए जनसहभागिता होती है। तकनीकी एवं विशेषज्ञ दक्षता एवं कुशलता के नाम पर मात्र कुछ जन-प्रतिनिधियों की राजनीतिक वार्ता को ही जन-सहभागिता समझा जाने लगा है लेकिन जनता की भागीदारी का यह अभिप्राय नहीं है।[18]

जन-सहभागिता का मर्म राजनीतिक, सामाजिक व आर्थिक प्रक्रिया से सम्बद्ध जन सामान्य द्वारा प्रक्रिया के विभिन्न चरणों में भागीदारी तथा निर्णय-निर्माण को प्रभावित कर सकने की क्षमता में समाविष्ट होता है। इस सहभागिता के विभिन्न स्तर सम्बन्धित संवर्ग द्वारा सामाजिक, राजनैतिक व आर्थिक संव्यवहारों में अनायास भौतिक सम्बद्धता के क्रम में नहीं अपितु उसकी ऐसे संव्यवहारों में सचेतन सक्रियता तथा इन संव्यवहारों के स्वरूप को परिवर्तित व प्रभावित कर सकने की प्रभावशीलता में अभिव्यक्त होते हैं। सारतः जन सहभागिता की परिधि में किसी विशिष्ट सन्दर्भ में संबंधित जनसमुदाय की चेतना, दृष्टिकोण, विभिन्न प्रक्रियाओं में भौतिक सम्बद्धता, निर्णय निर्माण में भागीदारी, सचेतन सक्रियता, प्रयोजनपूर्ण व्यवहार व सम्बन्धित सन्दर्भ को प्रभावित व पुनर्निर्धारित कर पाने की जागरूक सामर्थ्य आदि तत्व सहज रूप से समाविष्ट हैं।[19]

जन सहभागिता से लाभ

यदि समुदाय-आधारित कार्यक्रमों में जन-सहभागिता सुनिश्चित की जाए तो इससे कई लाभ हो सकते हैं। इनमें से कुछ निम्नवत् हैं-

1. जनता एवं सरकार के बीच विश्वास की भावना उत्पन्न होना
2. कम लागत में अधिक काम
3. कार्यक्रमों के क्रियान्वयन में उत्पन्न विवादों का शान्तिपूर्ण हल
4. कार्यक्रमों की प्रभावकारिता तथा स्वीकृति में वृद्धि
5. कार्यक्रमों में टिकाऊपन
6. स्थानीय, भौतिक एवं मानव-संसाधनों का बेहतर प्रयोग।

सरकारी कार्यक्रमों में जन-सहभागिता न हो पाने के कुछ प्रमुख कारण हैं-

निश्चित समय-सीमा में लक्ष्यपूर्ति का प्रयास, कड़े नियम एवं कानून, कार्यक्रमों में लचीलेपन का आभास, जन-साधारण की अज्ञानता एवं सरकारी अफसरशाही।

कार्यक्रमों में जनता की या लक्ष्य समूह की सहभागिता बढ़ाना कोई सरल कार्य नहीं है। यह एक क्रमबद्ध प्रक्रिया है जिसके कई स्तर होते हैं। ये स्तर श्रेणी-क्रम में होते हैं और इनमें से किसी भी स्तर पर कमी पूरी प्रक्रिया को प्रभावित कर सकती हैं। इस प्रक्रिया की सफलता के लिए अधिकारियों को अपनी कार्यशैली में परिवर्तन लाना आवश्यक है।

जन-सहभागिता सुनिश्चित करने के लिए जन-समुदाय तथा स्वैच्छिक और गैर-सरकारी संस्थाओं को बढ़ावा देना भी आवश्यक है।[20]

स्वैच्छिक संस्थाओं का योगदान

पश्चिमी देशों में सरकारी कार्यक्रमों को मजबूती प्रदान करने के उद्देश्य से योजनाओं में जनता की भागीदारी आवश्यक समझी जाने लगी है। प्रत्यक्ष भागीदारी के अतिरिक्त परोक्ष रूप से गैर-सरकारी संगठनों के माध्यम से भी जन भागीदारी बढ़ाई जा सकती है। हमारे देश में सामुदायिक विकास कार्यक्रम ग्रामीण क्षेत्रों में यद्यपि स्वतंत्रता के पहले से ही चलाया जा रहा था तथापि बाद में पंचायत राज संस्थाओं के माध्यम से एक औपचारिक ढाँचा बना दिया गया। नगरीय क्षेत्रों में भी सामुदायिक विकास के कार्यक्रमों की अवधारणा तो अवश्य की गई लेकिन समुदाय का सहयोग सम्भवतः किसी भी कार्यक्रम में नहीं लिया जाता। जनता की नजदीकी स्वायत्त स्थानीय प्रशासन संस्थाओं को भी लगभग सरकारी विभाग ही बना दिया गया है। सातवीं पंचवर्षीय योजना ने इस दिशा में महत्त्वपूर्ण पहल की। पहली बार किसी योजना में गैर-सरकारी एवं स्वैच्छिक संस्थाओं द्वारा विकास कार्यक्रमों के नियोजन एवं क्रियान्वयन में महत्त्वपूर्ण भूमिका निभाए जाने की बात की गई। हालाँकि योजना में केवल ग्रामीण विकास कार्यक्रमों में इनके सहयोग की बात कही गई लेकिन यह पहल ही एक स्वागत-योग्य कदम था।

योजना के अनुसार विकास कार्यक्रमों के क्रियान्वयन में स्वैच्छिक संस्थाओं की भूमिका निम्न क्षेत्रों में निभाने की बात कही गई-

1. सरकारी प्रयासों के पूरक के रूप में,
2. बस्ती-स्तर पर समुदाय के जागरूक प्रहरी के रूप में,
3. जन-सहयोग के माध्यम से स्थानीय संसाधनों के अधिकतम दोहन में,
4. कम-व्यय में अधिक कार्य के लिए,
5. गरीबों की आवश्यकताओं का पता लगाने तथा उन्हें पूरा करने के उपाय ढूँढने में,
6. सेवा उपलब्ध कराने की प्रक्रिया में तेजी लाने में,
7. सूचनाएँ एकत्रित करने तथा पूर्ण जानकारी देने में,
8. समुदाय को जागरूक बनाने में,
9. समुदाय में स्वयं की सहायता की भावना पैदा करने में,

10. लोगों में उनके ही साधनों के उपयोग की क्षमता बढ़ाने में,
11. आवश्यकतानुसार नियमों एवं तकनीकों से लचीलापन लाने में,
12. समुदाय में नेतृत्व की भावना पैदा करने में,
13. लोगों में विश्वास पैदा करने में ताकि वे स्वयं अपने विकास की बात सोच सकें,
14. लोगों में सुविधाओं की माँग की क्षमता बढ़ाने में,
15. कार्यक्रमों के फीड–बैक में,
16. विकास–कार्यक्रमों हेतु उचित लक्ष्य की पहचान में,
17. कार्यक्रमों के क्रियान्वयन में सहायता हेतु स्वयं आगे आने के लिए समुदाय को जाग्रत करने में।

आठवीं योजना में भी इनके महत्त्व को स्वीकारा गया तथा इनकी बढ़ती भूमिका को एक मजबूत आधार प्रदान करने का मार्ग प्रशस्त किया गया।[21]

तीनों की पारस्परिकता

ग्रामीण विकास में जन–सहभागिता किसी वर्ग की या उसके आभिजात्य वर्ग मात्र की हो तो विकास प्रक्रिया को जीवन्त नहीं बनाया जा सकता। ग्रामीणों की सहभागिता एक आवश्यक शर्त है। एक लोकतान्त्रिक गाँव का प्राण उसके ग्रामीणों का ग्रामीण व्यवस्था में सहभागी होना है। ग्रामीण विकास में जन सहभागिता का होना आवश्यक है। इसके अभाव में समग्र ग्रामीण विकास नहीं हो सकता, क्योंकि सहभागिता से ग्रामीणों में आत्म–विश्वास पैदा होता है, उनमें आत्म निर्भरता का विकास होता है, उनमें स्वयं की समस्याओं को पहचान पाने की क्षमता उजागर होती है तथा समस्याओं को हल करने की सामर्थ्य पैदा होती है।

ग्रामीण विकास तभी हो सकता है जब ग्रामीणों में ग्राम विकास के लिए एक साथ काम करने की भावना विकसित हो परन्तु ग्रामीण विकास की जितनी भी आज तक योजनाएँ बनीं वो आज तक पूरी तरह इसलिए सफल नहीं हुईं, क्योंकि उनमें ग्रामीण जन की सहभागिता की उपेक्षा की गई थी। सहभागिता के अभाव में इन योजनाओं का लाभ ग्रामीणों को नहीं मिल पाया।

जन सहभागिता का मर्म राजनीतिक, सामाजिक व आर्थिक प्रक्रिया से सम्बद्ध ग्रामीण जन–सामान्य द्वारा प्रक्रिया के विभिन्न चरणों में भागीदारी तथा निर्णय–निर्माण को प्रभावित कर सकने की क्षमता में समाविष्ट होता है। इस सहभागिता के विभिन्न

स्तर ग्रामीण जन द्वारा सामाजिक, राजनैतिक व आर्थिक संव्यवहारों में अनायास भौतिक सम्बद्धता के क्रम में नहीं अपितु उसकी ऐसे संव्यवहारों में सचेतन सक्रियता तथा इन संव्यवहारों के स्वरूप को परिवर्तित व प्रभावित कर सकने की प्रभावशीलता में अभिव्यक्त होते हैं। जन-सहभागिता की परिधि में ग्रामीणों का चेतना-दृष्टिकोण, निर्णय-निर्माण में भागीदारी, सचेतन सक्रियता, प्रयोजनपूर्ण व्यवहार व सम्बन्धित सन्दर्भ को प्रभावित व पुनः निर्धारित कर पाने, जागरूक सामर्थ्य आदि तत्व सहज रूप से समाविष्ट हैं।[22]

ग्रामीण विकास में जनसहभागिता होने से अनेक लाभ होते हैं, जनता एवं सरकार के बीच विश्वास की भावना उत्पन्न होगी, कम लागत में अधिक काम होगा, कार्यक्रमों के क्रियान्वयन से उत्पन्न विवादों का शान्तिपूर्ण हल, कार्यक्रमों की प्रभावकारिता तथा स्वीकृति में वृद्धि, कार्यक्रमों में टिकाऊपन, स्थानीय, भौतिक व मानव-संसाधनों का बेहतर प्रयोग इत्यादि।

ग्रामीण विकास के कार्यक्रमों में जन-सहभागिता न हो पाने के कुछ प्रमुख कारण हैं- निश्चित समय- सीमा में लक्ष्यपूर्ति का प्रयास, कड़े कानून व नियम, कार्यक्रमों में लचीलेपन का अभाव, जन-साधारण की अज्ञानता एवं सरकारी अफसरशाही आदि।

ग्रामीण विकास के कार्यक्रमों में जन सहभागिता बढ़ाना कोई सरल कार्य नहीं है, क्योंकि अशिक्षित, उदासीन, सुस्त ग्रामीणों को ग्रामीण विकास से जोड़ना एक कठिन कार्य है, परन्तु असम्भव नहीं है। साथ ही ग्रामीण जन को सहभागी बनाने के लिए अधिकारियों को अपनी कार्यशैली में परिवर्तन लाना आवश्यक है। जन सहभागिता सुनिश्चित करने के लिए जन-समुदाय तथा स्वैच्छिक, गैर-सरकारी संस्थाओं को बढ़ावा देना भी आवश्यक है।

आज विश्व के सभी लोकतान्त्रिक देशों में ग्रामीण विकास के कार्यक्रमों को मजबूती प्रदान करने के उद्देश्य से योजनाओं में ग्रामीण जन की भागीदारी आवश्यक समझी जाने लगी है। हमारे देश में सामुदायिक विकास कार्यक्रम ग्रामीण क्षेत्रों में स्वतन्त्रता से पहले ही चलाया जा रहा है जो जनसहभागिता का अनूठा उदाहरण है। सातवीं पंचवर्षीय योजना में गैर-सरकारी एवं स्वैच्छिक संस्थाओं द्वारा विकास कार्यक्रमों के नियोजन एवं क्रियान्वयन में महत्त्वपूर्ण भूमिका निभाए जाने की बात की गई यद्यपि योजना में केवल ग्रामीण विकास कार्यक्रमों में इनके सहयोग की बात कही गई लेकिन यह पहल ही स्वागत -योग्य कदम था, क्योंकि इन संगठनों द्वारा ग्रामीण जनों को अपने साथ लेकर ग्रामीण विकास को मजबूती प्रदान की जाएगी।

भारत की अर्थव्यवस्था का मुख्य आधार कृषि है। कृषि का कार्य गाँवों में होता है और भारत की जनसंख्या का लगभग 70 प्रतिशत भाग गाँवों में बसता है। गाँवों में राष्ट्रीय विकास हेतु प्रति व्यक्ति उच्चतर आय, उत्पादन, रोजगार एवं लाभ दरों को अधिकाधिक बढ़ाने की सम्भावनायें हैं। इसलिए राष्ट्रपिता महात्मा गाँधी ने कहा था "भारत गाँवों में बसता है और जब तक गाँवों का विकास नहीं होता तब तक भारत का विकास नहीं हो सकता।" ग्रामीण विकास एक लम्बी और व्यापक प्रक्रिया है। इसलिए सरकार समग्र ग्रामीण विकास हेतु योजनाओं के माध्यम से सतत प्रयत्नशील है हालाँकि इससे गाँवों के विकास दर में बढ़ोतरी हुई है। फिर भी अभी विकास की गति अपेक्षा से बहुत कम है।[23]

विकेन्द्रीकरण वह प्रक्रिया है जिसके द्वारा समग्र ग्रामीण विकास हो सकता है। इसके अन्तर्गत सभी कार्यों का संचालन जनता द्वारा, जनता के लिए होता है। विकेन्द्रीकरण का विचार स्वभावतः शासन के सबसे नीचे के स्तर से प्रारम्भ होता है। भारत में गाँवों की स्थिति शासन के निम्नतम स्तर की द्योतक है। प्राचीन काल में पंचायतों की व्यवस्था स्थानीय स्वशासन की प्रथम कड़ी थी। इसी प्रकार के स्थानीय स्वशासन को राजनीतिक विकेन्द्रीकरण की योजना के अन्तर्गत पुनः जीवित किया गया है। भारत के गाँव सामाजिक संगठनों की प्राथमिक इकाई हैं। लोकतान्त्रिक दृष्टि से सामुदायिक जीवन का पहला अध्याय गाँव से ही प्रारम्भ होता है। जहाँ व्यक्ति अन्य व्यक्तियों के साथ घुल-मिलकर अपना जीवन व्यतीत करता है। विकेन्द्रीकरण मात्र राजनीतिक आदर्श ही नहीं है। आर्थिक पक्ष भी विकेन्द्रीकरण में सन्निहित है। विकेन्द्रीकरण का राजनीतिक उद्देश्य जहाँ स्थानीय स्वशासन एवं ग्राम-स्वराज का विकेन्द्रीकरण एवं न्यासिता से स्पष्ट होता है। राजनीतिक एवं आर्थिक दोनों ही अर्थों में विकेन्द्रीकरण की अवधारणा का अध्ययन अपेक्षित है। विनोबा भावे भारत के प्रत्येक गाँव को स्वावलम्बी बनाना चाहते हैं। वे आर्थिक एवं राजनीतिक उत्थान चाहते थे। उनका राजनीतिक दृष्टिकोण यह है कि स्थानीय स्तर पर प्रत्येक कार्य सर्वसम्मति से किये गये निर्णय ही स्थानीय स्वशासन की जड़ें मजबूत कर सकते हैं। ग्रामीण क्षेत्रों में इस प्रकार के अभिनव प्रयोग द्वारा नवीन सामाजिक क्रान्ति आ सकती है जिससे प्रत्येक व्यक्ति अपने को शासन से संबंधित मानते हुए अपने उत्तरदायित्वों की पूर्ति में जुट जाए। केन्द्रीय शासन व्यवस्था का नियन्त्रण एवं हस्तक्षेप टाला नहीं जा सकता किन्तु कम अवश्य किया जा सकता है।

आज हम विशेष रूप से ग्रामीण विकास के लिए विकेन्द्रीकरण की बात करते हैं तथा ग्राम स्तर की जन-संस्थाओं की सहभागिता सुनिश्चित करना चाहते हैं, उसका

मुख्य कारण यह है कि शायद हमें देर से ही सही केन्द्रीकरण की कमजोरियों का अहसास हो गया है। विकेन्द्रीकरण आज आवश्यकता बन गई है, क्योंकि भारत सरकार व राज्य सरकारों द्वारा ग्रामीण विकास के लिए जो योजनाएँ व कार्यक्रम बनाए जा रहे हैं वो तब तक पूरी तरह सफल नहीं हो सकते, जब तक ग्रामों में विकेन्द्रीकरण नहीं होगा। ग्रामीण विकास में विकेन्द्रीकरण का सही लाभ तब मिल सकता है जबकि ग्राम का प्रत्येक व्यक्ति अपने आपको शासन कार्य से संबंधित माने और स्वयं अपना शासन चलाये।

उपर्युक्त विवरण से स्पष्ट है कि ग्रामीण विकास, विकेन्द्रीकरण व लोक सहभागिता तीनों का आपस में गहरा संबंध है। ग्रामीण विकास एक व्यापक अवधारणा है इसका सही व ठोस विकास तभी हो सकता है जब ग्रामीण विकास के अन्तर्गत लोक-सहभागिता व विकेन्द्रीकरण को इससे गहरे स्तर पर जोड़ा जाए। स्वतन्त्रता के बाद से अभी तक ग्रामीण विकास के लिए अनेक योजनाएँ व कार्यक्रम बनाये गये परन्तु वह प्रत्येक ग्रामीण जन तक नहीं पहुँच पाए वरन् वह कागज के दस्तावेजों तक ही सिमट कर रहे। इसका मूल कारण इन योजनाओं में विकेन्द्रीकरण व जन सहभागिता की उपेक्षा थी। यदि हमें वास्तव में सच्चा ग्रामीण विकास करना है तो हमें अपने साथ विकेन्द्रीकरण व जन-सहभागिता की अवधारणा को महत्त्व देना होगा, क्योंकि इन अवधारणाओं के माध्यम से ही ग्राम के प्रत्येक व्यक्ति का महत्त्व होगा।

सन्दर्भ

1. व्री.एस. पद्मनाभन, ग्रामीण विकास, योजना, जनवरी 1991, पृ. 19
2. उपर्युक्त पृ. 20
3. डॉ.बी.एम. चितलंगी, ग्रामीण विकासः सैद्धान्तिक पक्ष, कुरुक्षेत्र, मार्च, 1999, पृ. 26
4. उपर्युक्त पृ. 27
5. भारत का संविधान-अनुच्छेद 46
6. भारत का संविधान-अनुच्छेद 48
7. डॉ. बी. एम. चितलंगी, ग्रामीण विकासः सैद्धान्तिक पक्ष, कुरुक्षेत्र, मार्च 1999 पृ. 28
8. लल्लन त्रिवेदी, ग्राम्य विकासः समस्याएँ और समाधान, कुरुक्षेत्र, जुलाई 1995, पृ. 15

9. उपर्युक्त पृ. 16
10. डॉ. पुरुषोत्तम नागर, आधुनिक भारतीय सामाजिक एवं राजनीतिक चिन्तन, राजस्थान हिन्दी ग्रन्थ अकादमी, 1980, पृ. 673
11. आर्थर डब्ल्यू मेकमोहन, 'डेलीगेशन एण्ड ऑटोनोमी', बॉम्बे एशिया पब्लिशिंग हाउस, 1961, पृ. 15
12. डॉ.पी.डी. शर्मा, लोक प्रशासन सिद्धान्त एवं व्यवहार, कॉलेज बुक डिपो, जयपुर, पृ. 40
13. ओम प्रकाश गाबा, राजनीति विज्ञान कोश, नेशनल पब्लिशिंग हाउस, नई दिल्ली, पृ. 84
14. आर्थर. डब्ल्यू मेकमोहन, 'डेलीगेशन एण्ड ऑटोनोमी' बॉम्बे एशिया पब्लिशिंग हाउस, 1961, पृ. 15
15. डॉ. पुरुषोत्तम नागर, आधुनिक भारतीय सामाजिक एवं राजनीतिक चिन्तन, राजस्थान हिन्दी ग्रन्थ अकादमी, 1980, पृ. 70-71
16. उपर्युक्त पृ. 72
17. उपर्युक्त पृ. 73-74
18. सच्चिदानन्द, सर्वे ऑफ रिसर्च ऑन सोशियॉलोजी एण्ड एन्थ्रोपोलॉजी, वॉल्यूम 1, पृ. 276
19. जी.नारायन, सोशियल बैकग्राउण्ड ऑफ एस.सी.लोकसभा मेम्बर्स, 1962-71 इकोनॉमिक एण्ड पॉलिटिकल वीकली 13:37, पृ. 1608
20. योजना, फरवरी-मार्च 1997, ग्रामीण विकास मन्त्रालय द्वारा प्रकाशित, पृ. 40-42
21. उपर्युक्त पृ. 43
22. आर्थर डब्ल्यू. मेकमोहन, 'डेलीगेशन एण्ड ऑटोनोमी' बॉम्बे एशिया पब्लिशिंग हाउस, 1961 पृ.15
23. लल्लन त्रिवेदी, ग्राम्य विकास: समस्याएँ और समाधान, कुरुक्षेत्र, जुलाई 1995, पृ. 15

●●●

अध्याय तीन

भारत में स्वैच्छिक संगठन एवं सेवादर्शन : एक ऐतिहासिक सर्वेक्षण

तीसरी दुनिया के राष्ट्र ग्रामीण विकास को प्राप्त करने के लिए विभिन्न प्रकार के संगठनात्मक नमूनों के साथ प्रयोग कर लेते हैं। इनमें से राज्य-नौकरशाही निःसंदेह रूप से सर्वोच्च है। दूसरी ओर गैर-सरकारी संगठन प्रचुर मात्रा में हैं। भारत में कभी- कभी बिना व्यवस्थित रूप के ग्रामीण विकास को बढ़ाने के लिए गैर-सरकारी संगठनों की सेवाओं को प्रयोग में लाने के प्रयास किए जाते रहे हैं। अनेक आयोगों एवं समितियों के सफल योजना दस्तावेज एवं प्रतिवेदन गैर-सरकारी संगठनों की बढ़ती प्रासंगिकता तथा इसके कार्यों के सकारात्मक आयामों का स्वागत करते हैं। सातवीं पंचवर्षीय योजना स्वैच्छिक एजेन्सियों पर एक विशेष अध्याय लिए हुए है तो भी स्वैच्छिक संगठनों की कार्य-प्रणाली भारत में सम्पूर्ण विकास के प्रयास केवल छोटे से रूप का ही निर्माण करती है। उनकी भूमिका और संगठन प्रजातान्त्रिक प्रक्रिया एवं विभिन्न संगठनात्मक तौर-तरीकों के प्रयोगों की आवश्यकता के साथ महत्त्वपूर्ण बनना चाहते हैं। सैद्धान्तिक दृष्टिकोण से इस बात को जानना भी महत्त्वपूर्ण है कि स्वैच्छिक संगठन किस दिशा में बढ़ रहे हैं। यह स्वैच्छिक संगठनों के आन्तरिक एवं बाहरी वातावरण का विचार कहलाता है।[1]

उत्पत्ति एवं विकास

स्वैच्छिक समूह सामाजिक संगठनों के रूप हैं जो विश्व के अधिकतर क्षेत्रों में पूर्व एवं वर्तमान में अनेक स्तरों पर पाए जाते हैं। पश्चिमी देशों में स्वैच्छिक एजेन्सियों के महत्त्व पर टिप्पणी करते हुए डेविड स्मिथ कहते हैं कि, ''लगभग बिना अपवाद के सभी क्षेत्रों में स्वैच्छिक एजेन्सियाँ प्रथम विधिवत् संगठन हैं। केवल बाद में जब प्रश्नों में उद्देश्य की प्राप्ति कर ली जाती है एवं उद्देश्य नियमित एवं

स्वीकृत हो जाते हैं तो सरकारी एजेन्सियाँ इनमें प्रवेश करती हैं।''[12] जॉन्सन के अनुसार, ''आर्थिक परिवर्तन की प्रक्रिया में स्वैच्छिक समूहों का महत्त्व बिल्कुल प्रत्यक्ष है।''[13] आधुनिक काल में अनेक पश्चिमी राष्ट्रों के कल्याणकारी क्रियाओं के विस्तार की वृद्धि के कारण स्वैच्छिक संगठनों का महत्त्व एवं उपयोगिता बढ़ रही है।

स्वैच्छिक एजेन्सियाँ प्राय: अपने उद्देश्य के अनुसार धार्मिक, कल्याणकारी, धमार्थ एवं विकासशील संगठन आदि अनेक प्रकार की होती हैं। इन समूहों की प्रकृति, संरचना तथा कार्य बहुत अधिक मात्रा में परस्पर व्याप्त रहते हैं। इसके साथ विविधता, ऐतिहासिक उत्पत्ति पर निर्भरता, आकार, भौगोलिक स्थान तथा यहाँ तक कि राजनीतिक विचारधारा से सम्बन्धित रहते हैं।[4] टी.के. उमैन एक भारतीय समाजशास्त्री तर्क देते हैं कि स्वैच्छिक समूहों की संरचना एवं कार्य एक समाज से दूसरे समाज में भिन्न होंगे तथा एक ही समाज में रूपान्तरण को सहन करेंगे।[5] एन्डरसन लिखते हैं कि, ''आठ हजार ई.पू. पीछे देखें तो स्वैच्छिक समूह मानव समाज के अस्तित्व का मूल है।''[6] कुछ मानवशास्त्री विचार व्यक्त करते हैं कि, ''ज्यों-ज्यों समाज जटिलता एवं तकनीक में विकसित होते जा रहे हैं त्यों-त्यों स्वैच्छिक संगठन और अधिक सामान्य एवं महत्त्वपूर्ण बनते जा रहे हैं।[7] अन्य इस तथ्य को बतलाते हुए इस धारणा को नकारते हैं कि स्वैच्छिक समूह ग्रामीण क्षेत्रों तथा गैर-औद्योगिक राष्ट्रों में भी पाए जाते हैं। आधुनिकता अथवा शहरीकरण से सम्बन्धित प्रवृत्ति की प्रारम्भिक मान्यता का अब परित्याग हो रहा है।[8]

भारत के संदर्भ में यह देखा जा सकता है कि इसकी परम्परागत सामाजिक संरचनाएँ एवं मूल्य, स्वतंत्र स्वैच्छिक समूहों के विकास के प्रतिकूल हैं। जैविक आर्थिक संरचनाएँ एवं संयुक्त परिवार के साथ जाति प्रथा के ये केन्द्र तथा इनके मूल्य निम्न बिन्दुओं के अनुकूल हैं-बुजुर्गों के हस्तक्षेप के, अप्रत्यक्ष सरकार के, उन लोगों के स्तर के, जो सामाजिक संघर्षों से दूर हैं, वे लोग जो सामाजिक संघर्षों को कम करना चाहते हैं, वे लोग जो इन्हें दृढ़ करना चाहते हैं, इनमें समूह सदस्यता तथा अधिकार भूमिकाएँ आरोपित हैं। अनेक मानवशास्त्रियों के द्वारा प्राकृतिक संघों के रूप में जाति संरचनाओं के समूहों को भी देखा गया है।[9]

स्वैच्छिक संगठनों की दिशा में एवं प्राकृतिक संघों से दूर जाति समूहों के विकास में भारत राष्ट्र में परिवर्तन का एक बड़ा भाग बंद बहुलवाद से खुले बहुलवाद की दिशा में अग्रसर होता है। ये संगठन, उपजातियों से घनिष्ठता से जुड़े हुए संशोधित स्तर, सामाजिक कल्याण तथा राजनैतिक प्रभाव के लिए होते हैं।[10] इस प्रकार ऐसे

एक संघ से सम्बन्धित होने की सम्भावना आरोपित है लेकिन किसी व्यक्ति को वास्तव में एक जातीय संघ का सदस्य बनने के लिए इससे जुड़ना चाहिए। तथ्य यह है कि ये जातीय संघ एक सामाजिक अथवा कार्य सम्बन्धी विशेषता की तुलना में आरोपित रूप में अधिक औपचारिक होते हैं। इन अर्थों में वे अनेक पश्चिमी स्वैच्छिक संघों से अधिक भिन्न नहीं होते जिनमें (पश्चिम स्वैच्छिक संघ) धार्मिक अनुभव, जातीय पृष्ठभूमि अथवा यहाँ तक कि सामान्य वंश के रूप में भी सदस्यता लेने हेतु पूर्व आवश्यकता होती है।[11]

मध्यकालीन भारत में मुख्य तौर पर उनके व्यवसाय के अनुसार अनेक उपजातियाँ अथवा पंथों ने रूप धारण किया। इनके अलावा मुख्य चार जातियाँ थीं, उदाहरण के लिए ब्राह्मण, क्षत्रिय, वैश्य व शूद्र। लोगों को अष्टदसप्रजा (लोगों के अठारह पन्थ), सम्पूर्ण समाज को बतलाने वाली एक विस्तृत परिभाषा में वर्णित कर सामान्य रूप से प्रस्तुत करने का एक साधारण रास्ता था। ये सभी अठारह जातियाँ अपने व्यक्तियों की भलीभाँति देखभाल करने के लिए सामूहिक संघों में संगठित की जाती थीं। ये समयास कहलाती थीं।[12]

समयास आन्तरिक रूप से उनके अपने कानूनों तथा रीति-रिवाजों से शासित होती थीं जिन्हें 'सम्यचारय' कहते थे तथा वे अपने बुजुर्गों को आधुनिक चुनाव प्रणाली से नहीं, बल्कि नैतिक एकता पर आधारित पारस्परिक स्वीकृति के द्वारा चुनते थे। ये बुजुर्ग अपने समुदाय के सदस्यों पर चन्दा कर (लेवी टेक्स) लेने जैसे अधिकारों से सम्पन्न थे तथा इस प्रकार के योगदान को संगठनात्मक खर्चों पर प्रयोग करते थे। इसके साथ-साथ समुदाय के लाभ के लिए जैसे एक मन्दिर का निर्माण अथवा अन्य धार्मिक कर्म-काण्डों के लिए लगाते थे। पुरातत्वीय प्रमाण यह दर्शाते हैं कि एक गाँव अथवा स्थल अथवा नाडू (गाँव का नाम) के विभिन्न समुदाय समयास के रूप में हैं तथा सामुदायिक मामलों के द्वारा मनोनीत किए जाते थे। गाँव के सामान्य प्रशासन के लिए 'समयास' की सदस्यता का निर्माण करते थे। समयास दोषियों को समुदाय से बहिष्कृत करने का दण्ड दिया करते थे। इस बात को जानना रुचिकर है कि तेलुगू क्षेत्र के शिल्पकारों की सामुदायिक सभा कुछ एजेन्टों को सभा के आदेश पर करों को एकत्रित करने के लिए लगाती थी। उनके पास समाज की आवश्यकताओं की पूर्ति के लिए कुछ निश्चित एजेन्ट होते थे। इस प्रकार सभा सदस्यों एवं राज्य के बीच में आन्तरिक मध्यस्थ का कार्य करती थी।[13]

इस प्रकार प्राचीन एवं मध्यकालीन समय का समाज, 'शक्तिशाली स्वयं संचालित समूहों' के समाज निकाय में उपर्युक्त रूप में वर्णित किया जा सकता है जो सामाजिक अधिकारों एवं दायित्वों की सामान्य-पृष्ठभूमि को विभक्त करता है। ये समूह क्षेत्र या ग्रामीण जीवन के उन विशेष सामुदायिक जीवन का आनन्द उठाते हैं जो कि उनके स्वयं की एक सभा के साथ अपने मामलों से सम्बन्धित एवं प्रबन्धित होते हैं। सभा का यह संगठन एक विशेष नमूने के अनुरूप होता था। यह चारित्रिक रूप में प्रतिनिधि था तथा क्षेत्र से सम्बन्धित था (सीमान्त) प्रतिनिधि प्रायः मन्दिर पर मिलते थे। इस प्रकार के सभी निगम-निकाय न केवल समुदाय के आन्तरिक मामलों में बल्कि सार्वजनिक संस्थाएँ जैसे मन्दिर अथवा यहाँ तक कि ग्रामीण प्रशासन रखते थे। ये निकाय अपने आन्तरिक मामलों में सभी रूपों में विस्तृत क्षेत्र में स्वायत्तशासी थे।[14]

भारत के मध्यकालीन इतिहास में मन्दिर भी विभिन्न प्रकार की सामाजिक कार्यविधियों के प्रतीकात्मक प्रस्तुतकर्त्ता थे। यहाँ पर ऐसे मन्दिर के बिना कोई गाँव नहीं था। यह केन्द्रक था जिसके चारों तरफ गाँव अथवा कस्बे विकसित (समृद्ध) होते थे। मन्दिर अनेक प्रकार की गतिविधियों की एक संस्था थी। प्रोफेसर के.ए.एन. शास्त्री निम्नलिखित शब्दों में मध्यकालीन मन्दिरों की भूमिका को बतलाते हैं, "जिस प्रकार मकान-मालिक, नियोक्ता, वस्तुओं एवं सेवाओं का प्रयोगकर्त्ता, एक विद्यालय और अजायबघर, अस्पताल एवं नाटकघर एक केन्द्रक के रूप में कार्य करते हैं जो कि सभ्य अस्तित्व की अच्छी कलाओं को अपने चारों तरफ लिए हुए होते हैं तथा धर्म की आत्मा से जन्मी मानवता को संचालित करते हैं, उसी प्रकार मध्यकालीन भारतीय मन्दिर मानवता के इतिहास में कुछ समान्तर हैं।"[15]

यद्यपि पारस्परिक सहयोगी संघों की विकेन्द्रीकरण की शक्ति, शिल्पी संघ और इसी प्रकार के सभी मध्यकालीन सामाजिक सम्बन्ध मुस्लिम साम्राज्य के पतन के बाद तथा विशेष रूप से भारत में ब्रिटिश साम्राज्य के परिणामस्वरूप स्वैच्छिक संघों के कुछ कार्यों को पुनर्जीवित किया गया।[16]

भारत में स्वैच्छिक संगठनों का इतिहास

भारत में स्वैच्छिक सेवा परोपकार की पुरातन परम्परा रही है। परोपकार एवं सेवा कार्य को सदैव से ही समाज में महत्त्व दिया जाता रहा है। हमारे आध्यात्मिक एवं धार्मिक साहित्य में तथा सामाजिक परिवेश में परोपकार, अच्छे कार्य तथा सेवा का स्थान ऊँचा रहा है। इन कार्यों में अधिकांशतः पेयजल कूप-निर्माण, धर्मशाला,

प्याऊ, विद्यालय, चिकित्सालय आदि का संचालन तथा प्राकृतिक आपदाओं बाढ़, अकाल, अग्निकाण्ड आदि के समय की सेवायें सम्मिलित हैं।

सेवा और परोपकार के ये कार्य प्रत्येक काल में किये जाते रहे हैं। जब राज्य की ओर से सार्वजनिक सेवा के कार्य सम्पन्न किये जाते हैं तो नागरिकों द्वारा परोपकार एवं सेवा कार्यों में कमी आ जाती है जैसा कि मौर्य एवं गुप्त साम्राज्य में हुआ। एक प्रकार से सार्वजनिक सेवा के कार्यों में राज्य तथा स्वैच्छिक सेवा एक-दूसरे के पूरक रहे हैं। यही बात आधुनिक युग में भी लागू है।[17] भारत में स्वैच्छिक संगठनों के इतिहास को निम्न बिन्दुओं द्वारा समझा जा सकता है-

प्राचीन काल

भारत में स्वयंसेवी प्रयासों की एक लम्बी और अटूट परम्परा रही है। ये स्वयंसेवी प्रयास कभी व्यक्तिगत होते थे तो कभी संस्थागत। प्राचीनकाल में सम्पन्न व्यक्ति अपनी-अपनी आर्थिक हैसियत के मुताबिक प्याऊ बनवाते, धर्मशालाएँ और सराय निर्मित कराते, अनाथालयों आदि का निर्माण करवाते थे। ऐसा करने के पीछे प्राय: यह धार्मिक भावना निहित होती थी कि पैसा कमाया है तो थोड़ा बहुत अनाथों, बेसहाराओं के कल्याण के लिए भी खर्च करके पुण्य प्राप्त कर लें।[18]

उन्नीसवीं शताब्दी

19वीं शताब्दी के समाज सुधारक कुरीतियों व प्राकृतिक आपदाओं जैसी विपत्तियों में जरूरत समूहों की सेवा तथा विशेष रूप से लोगों को प्रेरित किया करते थे। उनके द्वारा निर्मित संगठन किसी प्रकार की औपचारिक संरचना को लिए हुए नहीं होते थे लेकिन प्राथमिक तौर पर कारण को गति तथा प्रेरणा देने के लिए एक भूमिका प्रदान करते थे।

संस्थागत प्रयासों के रूप में गुरुकुल और मदरसों की स्थापना आदि के उदाहरण मिलते हैं। कई बार व्यक्तिगत और संस्थागत दोनों ही प्रयास मिले-जुले रूप में भी देखने को मिले हैं। 'ब्रह्म समाज' के संस्थापक स्वामी दयानन्द के प्रयास इसी कोटि में आते हैं। लेकिन गौरतलब है कि राजा राममोहन और स्वामी दयानन्द का कद अपने संगठनों से ज्यादा बड़ा था, यानी संगठन इनके नाम से जाने गए। सम्भवत: इसका कारण यह था कि दोनों ने ही पहली बार सीमित स्तर पर 'सामाजिक कार्य' करने के बजाय अन्य बातों के अलावा कुरीतियों के खिलाफ 'समाज-सुधार' की दिशा में बड़े मुद्दों को उठाया। उन्नीसवीं शताब्दी के आरम्भिक चरण में जब राजा राममोहन राय ने सती प्रथा और स्वामी दयानन्द ने बाल-विवाह के विरोध

में मुहिम छेड़ी और सफलता प्राप्त की तब समाज सुधार के ये कार्य सामाजिक वर्जनाओं और रूढ़ियों के विरुद्ध क्रान्तिकारी कदम थे और इन्होंने स्वयंसेवी कार्य को 'सामाजिक कल्याण' से आगे बढ़कर 'समाज सुधार' का नया आयाम दे दिया। इन कार्यों के क्रान्तिकारी होने का पता इसी तथ्य से चल जाता है कि जब राजा राममोहन राय के संघर्ष और अभियान के फलस्वरूप लॉर्ड विलियम ने सन् 1829 में सती-प्रथा को समाप्त करते हुए उसे कानून की नजरों में अपराध घोषित किया तो कुछ धर्मान्ध कट्टरपंथियों ने इस कानून को निरस्त करने के लिए 'प्रिवी काउंसिल' में अपील कर डाली लेकिन राजा राममोहन राय के अथक प्रयासों के चलते 'प्रिवी काउंसिल' ने इस अपील को ठुकरा दिया। इस कारण एवं समाज-सुधार के अन्य क्रान्तिकारी प्रयासों की वजह से ही राजा राममोहन राय को भारतीय पुनर्जागरण का प्रथम पुरुष माना जाता है। इसी कारण जब स्वामी दयानन्द ने बाल-विवाह के विरुद्ध और विधवा-विवाह के पक्ष में आन्दोलन चलाया तो उन्हें अनेक सामाजिक अवरोधों का सामना करना पड़ा।

ईश्वर चन्द्र विद्यासागर ने विधवा पुनः विवाह का समर्थन किया। भारत सरकार से सन् 1856 में विधवा पुनः विवाह अधिनियम पास करवाया। विधवाओं की अच्छी स्थिति के लिए प्रयत्नशील रहे तथा विधवाओं का पुनः विवाह कराया। अपने पुत्र का विवाह एक विधवा से किया। उन्होंने महिला शिक्षा के प्रचार-प्रसार पर बल दिया और सन् 1849 को उन्होंने कलकत्ता में लड़कियों के लिए एक विद्यालय खोला जिसका नाम हिन्दू बालिका विद्यालय रखा।

केशव चन्द्र अन्तर्जातीय विवाह के पक्षधर तथा छुआछूत के विरोधी थे, उन्होंने 'गुड विल फेटनली सोसाइटी' की स्थापना की और कलकत्ता में सायंकालीन विद्यालय की स्थापना की। महात्मा फुले छुआछूत के विरोधी थे। अपने घर में उन्होंने समाज की निम्न जाति के लिए विद्यालय खोला जिसमें उन्हें पढ़ाया-लिखाया जाता था। सन् 1873 में 'सत्यशोधक समाज' की स्थापना की जिसमें कमजोर वर्ग की सहायता की जाती थी।

मुस्लिम समाज में सुधार के लिए सैयद अहमद खाँ ने कदम उठाए। यद्यपि कई मामलों में वह विवादास्पद रहे लेकिन वह पहले मुस्लिम नेता थे, जिन्होंने 1935 में अलीगढ़ में न केवल मोहम्डन एंग्लो ओरियंटल कॉलेज (जो बाद में अलीगढ़ मुस्लिम विश्वविद्यालय कहलाया) की स्थापना की, बल्कि मुस्लिम महिलाओं में पर्दा-प्रथा की समाप्ति तथा उनमें शिक्षा के प्रचार-प्रसार की मुहिम भी 'चलाई और समाज-सुधार के ये कार्य भी उस समय क्रान्तिकारी ही थे।

स्वामी विवेकानन्द समाज सुधारक व धार्मिक विचारक थे, उनकी महत्त्वपूर्ण भूमिका यह रही कि उन्होंने आधुनिक भारत को पुरातन आदर्शों से जोड़ा। उन्होंने एक नए धार्मिक संगठन की स्थापना की जिसे रामकृष्ण मिशन के नाम से जाना गया जिसका प्रमुख उद्देश्य समाज-सुधार था। मिशन की प्रमुख गतिविधियाँ शिक्षा, स्वास्थ्य व बाढ़ बचाव आदि थीं।

उपर्युक्त सभी संगठन कम या ज्यादा रूप में सामाजिक-कल्याण के उद्देश्य से कुछ व्यक्तियों के समर्पण भाव का परिणाम हैं। इन व्यक्तियों द्वारा स्वैच्छिक संगठनों के माध्यम से भारत में सामाजिक परिवर्तन को जन्म दिया गया। सी.एफस्टिकिलैण्ड लिखते हैं कि "19वीं शताब्दी के अन्तिम दशकों में सामान्य लाभ के लिए निर्मित संघ द्वारा किए जा रहे व्यक्तिगत कार्यों के सिद्धान्त जो कि भारतीयों द्वारा लागू किए गए थे, बढ़ने लगे। 19वीं शताब्दी में बहुतायत में स्वैच्छिक संस्थाएँ अस्तित्व में आईं जिसका प्रमुख केन्द्र महिला सुधार था। इन स्वैच्छिक संस्थाओं को अपने कार्यों के सम्पादन करने में जटिल समस्याओं का सामना करना पड़ा, क्योंकि भारतीय समाज में उस समय विकट कुप्रवृत्तियाँ विद्यमान थीं।[19]

ब्रिटिश काल

ब्रितानी शासन काल में सरकार का जोर राजस्व संग्रह और कानून व्यवस्था पर था और सार्वजनिक कल्याण तथा विकास का पक्ष गौण था। इसलिए स्वैच्छिक संस्थाओं का उल्लेखनीय विकास नहीं हो सका। 1905 में गोपाल कृष्ण गोखले ने 'भारत सेवक समाज' की स्थापना की जिसका उद्देश्य राष्ट्रवाद व विश्व-बन्धुत्व की भावना विकसित करना था। इस काल में स्वैच्छिक कार्य समाज-सुधार व समाज कल्याण से सम्बन्धित था। इस अवधि में समाज-सुधार का केन्द्र-बिन्दु देश में राष्ट्रवाद व विश्व-बन्धुत्व की भावना को प्रसारित करना था जिसमें गोपाल कृष्ण गोखले द्वारा स्थापित 'भारत-सेवक समाज' ने महत्त्वपूर्ण भूमिका का निर्वाह किया।[20]

महात्मा गाँधी के आगमन का स्वैच्छिक सेवा के क्षेत्र में अत्यंत महत्त्वपूर्ण प्रभाव पड़ा। राजनैतिक क्षेत्र में आजादी के लिए संघर्ष के साथ-साथ सामाजिक क्षेत्र में स्वैच्छिक सेवा एवं सार्वजनिक कार्यों को नई दिशा मिली। गाँधी ने समाज-सुधार और सामाजिक परिवर्तन को राजनीतिक लड़ाई से अलग करके नहीं देखा। उनसे पहले के समाज-सुधारक दरअसल समाज-सुधार या सामाजिक-परिवर्तन तक सीमित रहे, जबकि गाँधीजी समाज-सुधार को अपने व्यापक राजनीतिक संघर्ष का ही एक अंग मानते थे, बल्कि कहना चाहिए कि वह समाज-सुधार को राजनीतिक

लड़ाई के औजार के रूप में प्रयोग करते थे ताकि समाज के दलित-पीड़ित-महिला आदि वर्ग उनसे जुड़ सकें। यह बीसवीं शताब्दी का एक नया दृष्टिकोण था, एक उदाहरण से इस बात को सहज समझा जा सकता है। हरिज़न, जो आज अनुसूचित जाति के नाम से जाने जाते हैं, सामाजिक वर्जनाओं के शिकार होने के कारण समाज के सबसे निचले तबके के सदस्य माने जाते थे और गन्दी बस्तियों में रहने के लिए विवश थे। गाँधीजी ने हरिजन बस्तियों की सफाई का अभियान चलाया तो हरिजनों को लगा कि कोई ऐसा भी व्यक्ति है जो उनकी सुध लेने को तैयार है। परिणामस्वरूप हरिजन बस्तियों की सफाई के अभियान ने हजारों हरिजनों को गाँधीजी से जोड़कर उनके राजनीतिक संघर्ष का अंग बना दिया। इसी भाँति गाँधी ने जब महिला शिक्षा की बात की तो महिलाएँ उनकी ओर न केवल आशा भरी दृष्टि से देखने लगीं, बल्कि वे गाँधीजी के स्वतंत्रता संग्राम का अंग भी बन गईं और समय-समय पर बड़ी संख्या में जेल गईं। दूसरी महत्त्वपूर्ण बात यह है कि अपने समाज-सुधार के कार्यक्रम के अन्तर्गत गाँधीजी ने पूर्ववर्तियों की भाँति केवल दो-चार सामाजिक मुद्दों को ही नहीं छुआ बल्कि एक समग्र दृष्टिकोण अपनाया। उन्होंने कुष्ठ निवारण, हरिजनोद्धार, बुनियादी शिक्षा, महिला-शिक्षा, नशाबन्दी, ग्रामोद्योग और कुटीर उद्योग विकास जैसे अनेक प्रमुख सामाजिक-आर्थिक मुद्दों को लिया जिनका उल्लेख उनकी पुस्तक 'रचनात्मक कार्यक्रम' में मिलता है। तीसरी महत्त्वपूर्ण बात यह है कि गाँधीजी ऐसे लगभग पहले राजनीतिज्ञ और समाज-सुधारक थे जिन्होंने सुधार को अर्थव्यवस्था से भी जोड़कर देखा। उन्होंने चरखा, खादी और कुटीर-उद्योग के विकास पर इसलिए जोर दिया, क्योंकि वे जानते थे कि इनका भारत के जन-सामान्य से सीधा वास्ता है और ब्रिटिश सरकार कुटीर उद्योगों को जिस प्रकार समाप्त करने पर आमादा है उससे लाखों भारतीय बेरोजगार हो जाएँगे और परिणामस्वरूप उनकी आर्थिक स्थिति ही कमजोर नहीं होगी बल्कि सामाजिक एवं पारिवारिक समस्याएँ भी बढ़ जाएँगी।

देश में आजादी के पूर्व ही स्वैच्छिक सेवा की पुनः प्रतिष्ठा होने लगी। उस समय की स्वैच्छिक संस्थायें आजादी की लड़ाई में योगदान देने के साथ-साथ मुख्यतः शिक्षा, स्वास्थ्य के क्षेत्र में तथा आपदाओं के सेवा कार्य में प्रवृत्त थीं।[21]

स्वाधीनता के बाद का काल

बहरहाल स्वाधीनता के पश्चात् और महात्मा गाँधी के बाद स्वयंसेवी क्षेत्र के रूप-स्वरूप और कार्यविधि में धीरे-धीरे परिवर्तन आते चले गए, यह स्वाभाविक भी था। देश में लोकतान्त्रिक व्यवस्था की स्थापना के लिए संविधान बनाया गया।

उसमें अन्य बातों के अलावा कल्याणकारी राज्य का भी लक्ष्य रखा गया। इसे ध्यान में रखते हुए पीड़ितों, महिलाओं-बच्चों, अनुसूचित जातियों-जनजातियों आदि की स्थिति में सुधार के लिए केन्द्र और राज्य सरकारों ने अनेक नए कानून बनाए तथा पुराने कानूनों में संशोधन किए साथ ही स्वयंसेवी क्षेत्र के लिए सरकारी अनुदान के दरवाजे भी खोले। यही नहीं सरकार ने अपने कल्याण कार्यक्रम लागू करने के लिए स्वयं तो कदम उठाए ही, अनेक योजनाओं और कार्यक्रमों को लागू करने के लिए स्वयंसेवी क्षेत्र से भी सहयोग और सहभागिता की अपेक्षा की। सरकारी अनुदान देने की व्यवस्था इसी हेतु की गई। अपने तौर पर कार्य करने के लिए सरकार ने व्यापक स्तर पर ग्रामीण क्षेत्रों में सामुदायिक विकास कार्यक्रम को प्राथमिकता दी। केन्द्र में इस हेतु बाकायदा एक मंत्रालय भी बनाया गया। इसी तरह बड़े पैमाने पर औद्योगीकरण के अन्तर्गत सरकारी कल-कारखानों में फैक्ट्रीज एक्ट के अन्तर्गत श्रमिकों तथा महिला श्रमिकों को अनेक सुविधाएँ दी गईं। यह उनका कानून जो कि ब्रिटिश समय से चला आ रहा था और जिसमें समय-समय पर संशोधन हुए, निजी कल-कारखानों पर भी लागू हुआ जिससे वहाँ श्रमिक शोषण से बच सकें। इसी तरह न्यूनतम वेतन कानून शिक्षा प्रसार का दायित्व भी सरकार ने बड़े पैमाने पर अपने हाथों में लिया। स्वयंसेवी क्षेत्र से जिन कार्यों में सहभागिता की अपेक्षा की गई वे अधिकांशत: गरीब एवं कामकाजी माताओं के बच्चों के लिए पालनाघरों की स्थापना, कुटीर उद्योगों का विकास, महिलाओं की आर्थिक आत्मनिर्भरता, शिक्षा और प्रौढ़ शिक्षा प्रसार, विकलांग कल्याण, वृद्ध-कल्याण, कुष्ठ रोग कल्याण से संबंधित थे। इस प्रकार आजाद भारत में सरकार द्वारा सामाजिक-आर्थिक मुद्दों से जुड़े अनेक कार्य स्वयंसेवी क्षेत्र को आर्थिक सहायता देकर उसके माध्यम से कराने से एक नये युग की शुरुआत हुई।[22]

भारत सरकार द्वारा स्वैच्छिक कार्य एवं स्वैच्छिक संगठनों का विकास एवं सामाजिक सेवा के क्षेत्र में निश्चित मान्यता दी गई है। सातवीं और आठवीं पंचवर्षीय योजनाओं में स्वैच्छिक संस्थाओं के योगदान के महत्त्व को मानते हुए अत्यंत सकारात्मक दृष्टिकोण व्यक्त किया है। यह माना गया है कि-

1. स्वैच्छिक संगठन विकास कार्यक्रमों में नवाचार ला सकते हैं तथा जन-शक्ति का उपयोग कर सकते हैं।
2. वे जनता को सेवायें अपेक्षाकृत कम लागत पर उपलब्ध करा सकते हैं, तथा
3. वे जनता और सरकार के बीच पुल का काम कर सकते हैं।

भारत सरकार द्वारा 1986 में स्वैच्छिक संगठनों को ग्रामीण विकास के लिये तकनीकी के लिये वित्तीय सहायता देने हेतु कपार्ट (काउन्सिल फोर एडवान्समेन्ट ऑफ प्युपिल्स एक्शन एण्ड रूरल टेकनोलॉजी) स्थापित की जिसके द्वारा देश भर में स्वैच्छिक संगठनों को विकास कार्यों की क्रियान्विति के लिये वित्तीय सहायता दी जाती हैं।

इस प्रकार स्वतन्त्रता प्राप्ति के बाद स्वैच्छिक कार्य और स्वैच्छिक संगठनों में निरन्तर वृद्धि हो रही है। पिछले दो दशकों में यह वृद्धि और भी अधिक हुई है। समुचित वातावरण और शासनतंत्र तथा स्वैच्छिक संगठनों में पारस्परिक समझ एवं समन्वय समिति हो तो स्वैच्छिक कार्य का दायरा निरन्तर बढ़ता जाना अवश्यम्भावी है। सेवा और विकास के क्षेत्र में योगदान की कोई सीमा नहीं है।[23]

सन्दर्भ

1. ई.ए.नारायन, ऑर्गेनाइजेशन एण्ड रूरल डवलपमेन्ट इन इण्डिया, उप्पल पब्लिशिंग हाउस, नई दिल्ली, पृ.1
2. स्मिथ, डेविड हर्टन, 'दी इम्पोर्टेन्स ऑफ एफ वी ओ फॉर सोसाइटी', सोशलॉजी एण्ड सोशल रिसर्च, वॉल्यूम 50, नम्बर 4,1966, पृ. 483- 494
3. जान्सन, ग्राहम ई-वोलेण्टरी एसोसिएशन्स एण्ड सोशल चेन्जः सम थ्योरीटीकल इशू, इन्टरनेशनल जनरल ऑफ कम्परेटिव सोशलॉजी, भाग-16, नोस, 1-2, पृ. 54
4. सी. शील्स, डेविड,-एन इन्टरनेशनल एनसाइक्लोपीडिया ऑफ दी सोशल (सम्पादक), साइन्स, भाग-16, मेकमिलन एण्ड फ्री प्रेस, न्यूयॉर्क, 1968, पृ. 362 - 376.
5. उमैन, टी. के., दी थ्योरी ऑफ वॉलेण्टरी एसोसिएशन इन ए क्रॉस कल्चर पर्सपेक्टिव, 'सोशियोलॉजिकल बुलेटिन, वॉल्यूम 24, नम्बर-2, सितम्बर, 1975. पृ. 163-179.
6. एनड्रेशन रोबट, 'वॉलेण्टरी एसोसिएशनस इन हिस्ट्री' अमेरिकन एन्थ्रोपोलियट, 73, फरवरी 1971, पृ. 209-222
7. बनटन, माइकल, वॉलेण्टरी एसोसिएशंसः एन्थ्रोपोलॉजिकल एसपैक्ट्स, पृ. 357-362

8. गैटिल मायरलिन-लिमिटिस टू सीटिजन पार्टीसिपेशन: दी डिसलाइन ऑफ कम्यूनिटी ऑरगेनाइजेशन, लन्दन, सेज, 1980, पृ. 23.
9. मायरडल, गार्नर एन अमेरिकन, न्यूयॉर्क, हर्पर, पृ. 48
10. रोस अरनोल्ड एम., थ्योरी एण्ड मैथड इन दी सोशल साइन्सेज मिनपोलिस दी यूनिवर्सिटी ऑफ प्रेस, 1954, पृ. 72-115.
11. ई. ए. नारायन, ऑरगेनाइजेशन एण्ड रूरल डवलपमेन्ट इन इण्डिया, उप्पल पब्लिशिंग हाउस, नई दिल्ली, पृ. 3
12. उपर्युक्त पृ. 4
13. उपर्युक्त पृ. 4
14. सुन्दरम, के., स्टडीज इन इकोनॉमी एण्ड सोशल कन्डीशन मेडिकल आन्द्रे (ए. डी. 1000-1600), त्रिवेनी पब्लिकेशन 1968, पृ. 89
15. शास्त्री, के. एन., दी चौलास, द्वितीय भाग, मद्रास, 1955, पृ. 654.
16. सी. नाईसबट, आर.-कम्यूनिटी एण्ड पावर, न्यूयॉर्क, ऑक्सफोर्ड युनिवर्सिटी प्रेस, 1968.
17. लक्ष्मी चन्द गुप्त, भारत में स्वैच्छिक सेवा की पुरातन परम्परा, विकास अध्ययन संस्थान, जयपुर, 1996, पृ. 1.
18. प्रदीप पन्त, स्वयंसेवी क्षेत्र नए आयाम, योजना, फरवरी 2002, पृ. 26.
19. ई. ए. नारायन, ऑरगेनाइजेशन एण्ड रूरल डवलपमेन्ट इन इण्डिया, उप्पल पब्लिशिंग हाउस, नई दिल्ली, पृ. 4-5
20. ए.के. पुरी, धर्मवीरसिंह, डवलपमेन्ट ऑफ एन. जी. ओ., रावत पब्लिकेशन हाउस, जयपुर, पृ. 6.
21. प्रदीप पन्त, स्वयंसेवी क्षेत्र: नए आयाम, योजना, फरवरी, 2002, पृ. 27
22. उपर्युक्त पृ. 28
23. लक्ष्मी चन्द गुप्त, भारत में स्वैच्छिक सेवा की पुरातन परम्परा, विकास अध्ययन संस्थान, 1996 पृ. 3

●●●

अध्याय चार

राजस्थान के सन्दर्भ में स्वैच्छिक संगठनों की ऐतिहासिक भूमिका

आजकल सम्पूर्ण विश्व में लोकतंत्र, लोक सहभागिता एवं विकेन्द्रित विकास तथा मानव अधिकारों की स्थापना की दुहाई दी जा रही है और मानवीय संवेदना से युक्त विकास पर बल दिया जा रहा है। डॉ. अमर्त्य सेन यह मानते हैं कि जब तक लोक-सहभागिता द्वारा नीति-निर्माण तथा क्रियान्वयन नहीं किया जाएगा और विशेषकर ग्रामीण लोगों को जीवन की बुनियादी सुविधाओं से युक्त नहीं किया जाएगा, तब तक लोक-कल्याणकारी राज्य एक स्वप्न ही रहेगा।

सौभाग्य से विगत छह दशक में स्वतंत्र भारत के विभिन्न ग्राम्यांचलों में अनेक गैर-सरकारी या स्वैच्छिक संगठनों ने ग्रामीण विकास के क्षेत्र में महती भूमिका निभाई है। प्रायः सभी ग्रामीण विकास में लोक-सहभागिता की भूमिका को स्वीकार करते हैं।

जहाँ तक राजस्थान का प्रश्न है सम्पूर्ण राजस्थान में स्वैच्छिक संगठनों का जाल फैला हुआ है। यह संस्थाएँ अपने क्षेत्र की समस्याओं व आवश्यकताओं के अनुसार कार्य कर रही हैं। सौभाग्य से विगत पाँच दशक में राजस्थान के विभिन्न ग्राम्यांचलों में अनेक स्वैच्छिक संगठनों ने ग्रामीण विकास के क्षेत्र में महती भूमिका निभाई है।

राजस्थान में स्वैच्छिक संगठनों का इतिहास काफी पुराना है। इस प्रदेश में भी भारत की तरह आजादी से पूर्व स्वैच्छिक संगठनों ने अपनी महत्त्वपूर्ण भूमिका का निर्वाह किया है। राजस्थान में धनिक वर्ग के लोग, जागीरदार तथा राजा-महाराजा अच्छे कार्यों में पर्याप्त धन व्यय करते थे। स्वैच्छिक संगठनों का औपचारिक संस्थागत स्वरूप अपेक्षाकृत बाद में विकसित हुआ।

राजस्थान में स्वैच्छिक संगठनों ने अपनी अमिट छाप छोड़ी है। 'तिलोनिया' (अजमेर) में किए गए ग्रामीण विकास के प्रयोग देश तथा विदेश में चर्चित हो चुके हैं। इसी तरह डॉ. मोहनसिंह मेहता तथा किशोर सन्त द्वारा 'सेवा मन्दिर' के प्रयास प्रशंसित रहे हैं। विगत दिनों राजेन्द्र सिंह द्वारा संचालित 'तरुण भारत संघ' (अलवर) ने भी थानागाजी क्षेत्र में लोक सहभागिता के माध्यम से ग्रामीणों के द्वारा बाँध बनाने तक के कदम सफलतापूर्वक उठाए हैं। पश्चिमी राजस्थान में पंचायती राज संस्थाओं को उनके अधिकार, कर्तव्यों के बारे में 'शक्ति मैत्री मिशन' संस्थान पंचायतों को और ज्यादा सक्षम करने में लगी है। नागरिकता संस्थान विद्या भवन सोसायटी (उदयपुर) ने पंचायतीराज के क्षेत्र में जन-प्रतिनिधियों का आवासीय प्रशिक्षण आयोजित कर इस दिशा में एक नया अध्याय जोड़ा।

राजस्थान में 1970 में ऐसी प्रभावशाली संस्थाओं की स्थापना हुई, जिन्होंने ग्रामीण विकास व जनसहभागिता के अनोखे प्रयोग किए। प्रश्न उठता है कि राजस्थान में स्वैच्छिक संगठनों की आवश्यकता क्यों हुई? राजस्थान के गाँवों की समस्याएँ मुख्यत: शिक्षा, स्वास्थ्य, पेयजल, डाक, संचार सुविधाओं का अभाव आदि हैं। प्राय: राजस्थान में अकाल व्याप्त रहा है और राजस्थान की जनता अकाल से पीड़ित रही है। राजस्थान सरकार के पास इन समस्याओं के समाधान के लिए पर्याप्त संसाधन नहीं थे। 1970 के आस-पास ही स्वैच्छिक संगठनों ने स्थानीय लोगों की पैरवी का कार्य शुरू किया जिससे वह सरकार की पेचीदा नीतियों से लड़कर गाँव में स्वशासन कायम कर सके।

राज्य के स्वैच्छिक संस्थान आम जनता और सरकार के बीच कड़ी है। स्वयंसेवी संस्थाओं की सबसे बड़ी ताकत उसके भावनात्मक रूप से जुड़े कार्यकर्त्ता हैं, जो विकट परिस्थितियों में भी समर्पित हैं।[1]

राजस्थान के सेवा-मन्दिर, आस्था, (उदयपुर), ग्राम-भारती समिति, सिकोन-डिकोन (जयपुर), तरुण भारत संघ, शुभम् महिला प्रशिक्षण संस्थान (अलवर), सामाजिक कार्य एवं अनुसंधान केन्द्र तिलोनिया (अजमेर), लूपिन (भरतपुर) आदि स्वैच्छिक संगठनों की ऐतिहासिक भूमिका इस प्रकार है–

1. लूपिन ह्यूमन वेल्फेयर एण्ड रिसर्च फाउण्डेशन, भरतपुर–राजस्थान के महत्त्वपूर्ण स्वैच्छिक संगठनों में लूपिन का स्थान है। यहाँ इस संस्था का विस्तृत वर्णन किया जा रहा है जो इस प्रकार है–

ऐतिहासिक पृष्ठभूमि

भरतपुर जिले के गाँवों से जुड़ी समस्याओं के समाधान व विकास को ग्रामोन्मुखी बनाने हेतु एक 'ग्राम विकास यज्ञ' का शुभारम्भ गाँधी जयन्ती 2 अक्टूबर 1988 से 35 गाँवों को गोद लेकर लूपिन संस्थान द्वारा किया गया। इस यज्ञ में प्रेरणास्रोत संस्था के संस्थापक अध्यक्ष श्री देशबंधु गुप्ता रहे जिनका मार्गदर्शन एवं दिशाबोध इस संस्था को निरन्तर मिला। इनका जन्म राजस्थान के अलवर जिले में हुआ और यहीं शिक्षा-ग्रहण की।

अन्तःप्रेरणा

प्रश्न यह उठता है कि इस संस्थान की स्थापना की प्रेरणा देशबंधु गुप्ता को कैसे मिली। इस विषय में गुप्ता ने स्वयं लिखा है ''मेरी बाल्यावस्था ने मुझे अविकसित ग्राम्य-जीवन की निराशा एवं पिछड़ेपन के प्रत्यक्ष सम्पर्क में आने का अवसर दिया। इससे अक्सर मैं गाँवों में जाता रहा। इससे मुझे गाँवों की गरीबी एवं उपेक्षा का हृदयस्पर्शी अनुभव हुआ। अन्तःप्रेरणा के कारण मेरी अन्तरात्मा मुझसे सदैव यह कहती रही तुम कुछ भी हो, तुम्हारा समाज के प्रति दायित्व है, तुम्हारे ऊपर समाज का ऋण है तथा तुम्हें विनम्रता एवं कृतज्ञता के साथ उस प्रेरणा की अदायगी करनी है। मेरा यह विचार है कि जरूरतमंद एवं निर्धन व्यक्तियों की निःस्वार्थ सेवा करके ही व्यक्ति वास्तविक विकास का साधन बन सकता है तथा आनन्द एवं सन्तुष्टि की अनुभूति कर सकता है। मेरी यह कल्पना है कि देश का प्रत्येक व्यक्ति आर्थिक दृष्टि से मजबूत हो ताकि गाँव स्वावलम्बी बन सकें एवं राष्ट्र में खुशहाली हो, यह मेरे जीवन का सर्वोच्च उद्देश्य है।''

दर्शन

इस संस्था का शुरू से ही यह दर्शन रहा है कि ''हम लोगों के लिए काम करेंगे परन्तु लोगों के साथ अर्थात् हम लोगों को बराबरी से बिठाएँगे, गाँव को संगठित बनाकर गाँव की योजनाएँ बनाएँगे, विकेन्द्रित रूप से गाँव का विकास करेंगे और ग्रामीण विकास का ऐसा मॉडल बनाएँगे जो और देशों के लिए भी आदर्श हो।

उद्देश्य

इस संस्था ने शुरू में गाँवों के समग्र विकास के तीन उद्देश्य अपने सामने रखे और इन उद्देश्यों को ध्यान में रखकर अपने कार्यों को सम्पादित किया। संस्था के प्रमुख उद्देश्य निम्नलिखित हैं–

1. गाँव के वे लोग जो आर्थिक रूप से कमजोर, बेसहारा हैं, उनकी प्रतिमाह आय 1000 रु. से कम है उन्हें पशुपालन, खेती व ग्रामीण उद्योगों के लिए आर्थिक सहायता प्रदान करना।

2. गाँववासियों के शारीरिक जीवन के गुणात्मक विकास के लिए आधारभूत सुविधाएँ प्रदान करना।

3. गाँववासियों में सामाजिक, भावनात्मक, सांस्कृतिक सोच का विकास करना और मानवीय विकास के लिए शिक्षा, पर्यावरण, स्वास्थ्य सम्बन्धी सामान्य जागरूकता प्रदान करना है।

सिद्धान्त–लूपिन के अपने सिद्धान्त हैं जिनको आगे रखकर लूपिन ने कार्यों की रूपरेखा लिखी है। इस संस्था के सिद्धान्त इतने विश्वसनीय एवं प्रामाणिक हैं कि इन्हीं के बल पर संस्था राजस्थान की अग्रणी स्वैच्छिक संगठनों की श्रेणी में आ गई। जहाँ इसने शुरू में ग्रामीण विकास के क्षेत्र में कामाँ क्षेत्र के गाँव नौरेरा से शुरुआत की और आज संस्था राजस्थान व मध्य-प्रदेश के चार जिलों में कार्य कर रही है। लूपिन के सिद्धान्तों का विवरण इस प्रकार है–

1. विकेन्द्रीकरण–जब लूपिन की स्थापना हुई उस समय संस्था के पदाधिकारियों को इस बात की जानकारी थी कि सरकार ने विकेन्द्रीकरण का जो माध्यम 'ग्राम-पंचायत' को बनाया है, उसने वास्तव में अपना कार्य नहीं किया है। इसके अन्तर्गत सरपंच ठेकेदार बन गए और गाँव की सत्ता सैद्धान्तिक रूप से तो ग्रामीणों के पास रही, परन्तु व्यावहारिक रूप से नहीं। अतः उन्होंने अपने पास ऐसी योजना रखी जिसके माध्यम से गाँव की सत्ता नीचे से ऊपर जाए इसलिए कार्य शुरू करने से पहले ही संस्था द्वारा सबसे पहले 'लूपिन ग्राम विकास पंचायतों' की स्थापना ग्राम स्तर पर की गई। जिसमें दो पदाधिकारियों का चयन सामान्य तरीके से गाँव की जनता ने किया जिसमें एक पुरुष और एक स्त्री सम्मिलित थी। इसमें इस बात पर विशेष जोर दिया कि स्त्री का चयन अवश्य होगा। एक तो इससे महिलाओं की सहभागिता बढ़ेगी और महिलाएँ आसानी से महिला पदाधिकारी को अपनी समस्याओं को बता सकेंगी अतः इससे यह स्पष्ट होता है कि यह संस्था महिला विकास के लिए प्रतिबद्ध है। संस्था ने ग्रामीणों से कहा आप अपनी समस्याओं को 'लूपिन ग्राम पंचायत' को बतायें और अपनी समस्याओं का स्वयं निर्धारण, क्रियान्वयन, पर्यवेक्षण एवं मूल्यांकन करें। बाकी आगे का कार्य इसके बाद किया जाएगा। उपर्युक्त विवरण से यह स्पष्ट होता है कि लूपिन ने विकेन्द्रीकरण

का बहुत अच्छा मॉडल हमारे सामने रखा है जिसे आगे हम और प्रभावी बना सकते हैं।

2. लचीलापन—सरकारी तंत्र में कानूनी प्रक्रिया बहुत जटिल है, बहुत-सी औपचारिकताओं की पूर्ति करनी पड़ती है तथा अनेक तरह के नियमों को पूरा करना पड़ता है। एक फाइल अनेक नौकरशाहों के पास से गुजरती है, तब कहीं कार्य अपने अस्तित्व में आता है। जबकि इस संस्था में ऐसा कुछ नहीं, 'लूपिन ग्राम विकास पंचायत' आधा काम कर लेती है और आगे का काम लूपिन कर देती है। तभी ग्रामीण कार्यों का क्रियान्वयन होता है। यहाँ हर कार्य की क्रियान्विति एक तिहाई ग्रामीण जनता (धन श्रम) के सहयोग से होती है। इसके आशाजनक परिणाम आए। इसके अलावा इस संस्था के पदाधिकारियों का मानना है कि शासन-प्रशासन और स्वैच्छिक संगठनों से मिलकर और दोनों में सहयोगात्मक संबंध होने पर ही ग्रामीण विकास हो सकता है, क्योंकि सरकारी तंत्र के पास ताकत, संसाधन एवं स्वैच्छिक संगठनों के पास जनता की सहभागिता है।

3. क्षेत्र को ध्यान में रखते हुए योजना बनाना—लूपिन के अन्तर्गत पहले क्षेत्र को देखा जाता है उसके बाद यह सोचा जाता है कि यहाँ की प्रमुख समस्याएँ कौन-कौन सी हैं और उनमें भी प्रमुख समस्या को पहले प्राथमिकता दी जाती है, क्योंकि हर क्षेत्र की अपनी समस्याएँ होती हैं जैसे एक जगह व्यक्तियों को किसी प्रकार की सहायता या कोई संशय हो तो सीधे संस्था के पदाधिकारियों से मिल लेते हैं। एक सामान्य व्यक्ति को सरकारी तंत्र के अफसर से मिलने के लिए अनेक औपचारिकताओं को पूरा करना पड़ता है, ऐसी किसी प्रकार की औपचारिकताओं की पूर्ति संस्था में नहीं करनी पड़ती है, ग्रामीण सीधे संस्था पदाधिकारियों से मिलते हैं।

4. केन्द्र-बिन्दु ग्रामीण जनता—लूपिन का एक प्रमुख सिद्धान्त ग्रामीण जनता को केन्द्र मानकर विकास के कार्यों को गति देना है। ग्रामीण जनता का समग्र विकास ही संस्था का ध्येय है। इस संस्था के ग्रामीण जनता से पारस्परिक संबंध हैं। इनको समस्याओं का निर्धारण, पर्यवेक्षण, क्रियान्वयन एवं मूल्यांकन करने का अधिकार है। यह संस्था ग्रामीण जनता की समस्याओं को समझती है। जनता को केन्द्र-बिन्दु मानती है तभी इस संस्था ने व्यापक रूप ले लिया है।

5. सहयोगात्मकता—लूपिन का यह भी प्रमुख सिद्धान्त है। यहाँ सारे कार्यों का क्रियान्वयन सभी के सहयोग से किया जाता है, क्योंकि ग्रामीण विकास का कार्य बिना सहयोग के नहीं हो सकता है, इसमें अनेक व्यक्तियों का योगदान रहता

है। जहाँ एक ओर ग्रामीण विकास में पानी की समस्या प्राथमिक समस्या है तो दूसरी जगह बंजर भूमि की, अतः क्षेत्र को ध्यान में रखते हुए आगे का कार्य किया जाता है।

उपर्युक्त सिद्धान्तों से यह स्पष्ट होता है कि लूपिन जनता को केन्द्र-बिन्दु मानकर जनता को आगे लाना चाहती है। आज यह संस्था भरतपुर जिले में जो ग्रामीण विकास का कार्य कर रही है, इस संस्था के द्वारा विकास का जो दीप जलाया गया है तथा जो सफलता मिली है उसका एकमात्र कारण यह है कि जिन सिद्धान्तों पर यह संस्था खड़ी है वह काफी विश्वसनीय है, साथ ही इसमें सभी की सहभागिता एवं कार्यक्रम में खुलापन है।[2]

पद्धति—लूपिन की कार्य करने की पद्धति इस प्रकार है जिसमें व्यक्ति, ज्ञान और स्रोत को केन्द्र में रखकर विकास कार्य किये जाते हैं। ग्रामीण विकास के चार स्तम्भ हैं लूपिन ग्राम विकास पंचायत, समुदाय, लूपिन, केन्द्र या राज्य और अन्य एजेन्सीज। सामुदायिक कार्यक्रमों का प्रमुख आधार होता है समस्याओं का निर्धारण, क्रियान्वयन, पर्यवेक्षण एवं मूल्यांकन का कार्य। इन्हें चार स्तम्भों द्वारा किया जाता है।

आर्थिक सहायता—लूपिन को निम्न से आर्थिक सहायता प्राप्त होती है:-

1. राज्य व केन्द्र सरकार
2. जिला-प्रशासन
3. नाबार्ड
4. कपार्ट
5. सिडबी
6. आर.एम.के.
7. आर.यू.डी.ए.
8. सी.एस.आई.आर
9. लोक-जुम्बिश परिषद्
10. शिक्षा कर्मी बोर्ड
11. विश्व बैंक
12. यू.एन.डी.पी.
13. जनता

कार्य–संस्था ने अपने कार्यों को करने के लिए अपना एक कार्यक्षेत्र चुना है जिसके अन्तर्गत वह अपने कार्यों को क्रियान्वित करती है।

1. आधारभूत कार्य

(i) पानी का प्रबंधन एवं संरक्षण

लूपिन ने इस कार्य को बखूबी निभाया है जिसके अन्तर्गत संस्था ने सबसे पहले उन क्षेत्रों में कार्य शुरू किया जहाँ पानी का अभाव है। वहाँ उन्होंने जनता, राज्य सरकार के सहयोग से पानी का प्रबन्धन एवं संरक्षण किया जिसके तहत संस्था ने सिंचाई हेतु पाइप लाइन, मेड़बंदी, सिंचाई हेतु पक्का कूप निर्माण जिससे पानी व्यर्थ होने से बचा, पानी का संरक्षण हो सके इसके लिए उन्होंने विभिन्न शिविरों के माध्यम से ग्रामवासियों को इस बारे में जानकारी दी कि किन तरीकों से पानी का प्रबन्धन व संरक्षण किया जा सकता है। इसमें एक तिहाई हिस्सा जिला कलेक्टर, एक तिहाई लूपिन और एक तिहाई गाँववासियों (मेहनत, पैसा) इन तीनों के सहयोग से जल प्रबन्धन एवं संरक्षण हो सका।

(ii) स्कूल भवन

स्कूल भवन का निर्माण करवाना लूपिन का एक प्रमुख कार्य है जिसमें एक तिहाई कलेक्टर, एक तिहाई लूपिन और एक तिहाई गाँववासियों (तन, धन) के सहयोग से 115 स्कूल भवनों का निर्माण हुआ जिससे गाँववासियों में शिक्षा के प्रति जागरूकता आई।

(iii) सामुदायिक सुविधाएँ

हैडपम्प लगाना, धुआँ रहित चूल्हा, स्वच्छ शौचालय और सस्ते दामों पर मकान का निर्माण आदि की क्रियान्विति एक तिहाई कलेक्टर, एक तिहाई लूपिन और एक तिहाई गाँववासियों (धन, तन) के सहयोग से हो सका। लूपिन के इस कार्य के करने से सामुदायिक स्वच्छता में वृद्धि और लोगों में इनके प्रति जागरूकता आई।

(iv) दूरदराज के गाँवों को सड़क से जोड़ना

लूपिन ने इस कार्य को करने के लिए कलेक्टर व गाँववासियों की सहायता से इस कार्य को कार्यरूप दिया, ऐसे गाँवों की संख्या आज 20 है। इन गाँवों को सड़क से जोड़ने का मूल मन्तव्य यह है कि लोग शहरी जीवन से कुछ सीखें और अपना स्वयं का विकास भी करें। गाँवों के सड़क से जुड़ने पर उनकी मूलभूत आवश्यकताओं की पूर्ति करने में कठिनाई नहीं आती है।

(v) उत्पादन एवं प्रशिक्षण केन्द्र

लूपिन ने जिलाधीश व जनता के केन्द्र खोले हैं। ऐसे केन्द्र जिसमें दोनों मूलभूत विशेषताएँ समाहित हैं। इन केन्द्रों में पहले विभिन्न कार्यों का प्रशिक्षण दिया जाता है, उसके बाद उनसे उत्पादन करवाया जाता है। इस कार्य के शुरू होने से गाँववासियों को रोजगार प्राप्त हुआ है साथ ही प्रशिक्षण मिलने पर उनके कार्य कुशलता में वृद्धि हुई।

(vi) कम दामों में मकान उपलब्ध कराए

लूपिन ने जिसकी आर्थिक स्थिति कमजोर है, उन लोगों को कम दामों पर मकान उपलब्ध करवाए। आज ऐसे मकानों की संख्या 312 है।

उपर्युक्त आधारभूत सुविधाएँ प्रदान करने के लिए लूपिन ने एक योजना बनाई। पहले लूपिन ने गाँव के लोगों का एक संगठन बनाया फिर उनको यह कार्य सौंपा कि क्या आधारभूत आवश्यकताएँ हैं? गाँव के संगठन ने अपनी आधारभूत आवश्यकताएँ लिखकर संस्था को दीं। इन आधारभूत आवश्यकताओं की पूर्ति करने के लिए एक तिहाई लूपिन का, एक तिहाई जिलाधीश और गाँववासियों का (धन-श्रम) एक तिहाई पैसा लगाया। अतः लूपिन ने इस तरह ग्रामीणों की आधारभूत आवश्यकताओं को जानकर इस कार्य को क्रियान्वित किया।

2. ग्रामीण उद्योग

(i) क्रियाशील, प्रशिक्षण एवं उत्पादन केन्द्रों की स्थापना–जिससे ग्रामीणों ने प्रशिक्षण भी प्राप्त किया, जिससे उत्पादन में वृद्धि हुई। यह केन्द्र पूरी तरह क्रियाशील थे और लूपिन ने ऐसे दस केन्द्रों की स्थापना की।

(ii) जजमानी व्यवस्था को बचाना व उसमें कुशलता लाना–लूपिन ने अपना कार्य करना प्रारम्भ किया तो देखा भारतीय सामाजिक व्यवस्था में जो जजमानी व्यवस्था है वह धीरे-धीरे समाप्त हो रही है। उसको बचाने के लिए उन्होंने व्यवसाय के अनुसार उन्हें सुविधाएँ प्रदान कीं और इसमें कुशलता किस तरह लाई जाए इसके लिए प्रशिक्षण दिया गया।

(iii) वित्त, संसाधन एवं बाजार उपलब्ध कराए–ग्रामीण उद्योगों का विकास हो सके इसके लिए लूपिन ने ग्रामीणों को ऋण की सुविधा प्रदान की जिससे वह संसाधन खरीद सकें। उसके बाद जो सामग्री तैयार होती है उसके लिए उन्होंने बाजार उपलब्ध कराये जिससे 1608 ग्रामीणों को लाभ हुआ।

ग्रामीण उद्योगों के विकास के लिए लूपिन ने उपर्युक्त कार्य किए इनमें एक तिहाई कलेक्टर, एक तिहाई लूपिन और एक तिहाई गाँववासियों (धनश्रम) ने ऋण संबंधी सहयोग प्रदान किया।

3. कृषि

(i) भू-संरक्षण–भूमि को खराब होने से किस तरह बचाया जा सके इसके अन्तर्गत भूमि की मेड़बंदी, भूमि समतल किस तरह की जाए इसकी जानकारी उन्होंने किसानों को दी। बंजर भूमि को किस तरह कृषि योग्य बनाया जाए और ऐसा नहीं करने से क्या दुष्परिणाम भविष्य में होंगे इसकी जानकारी उन्होंने ग्रामीणों को दी।

(ii) फसल की देखभाल–इसमें लूपिन ने इस बात पर जोर दिया कि खेत में फसल की कैसे देखभाल की जाती है? कृषि क्षेत्र के विशेषज्ञों को इस संदर्भ में जानकारी देने के लिए बुलाया गया और उन्होंने इस बारे में पूर्ण जानकारी प्रदान की।

(iii) मधुमक्खी पालन, मछलीपालन और कुक्कुट पालन–इस पर जानकारी देने के लिए वरिष्ठ विशेषज्ञों को आमन्त्रित किया जाता है। इस कार्य के लिए किसानों को ऋण भी प्रदान कराया जाता है। उपर्युक्त व्यवसायों को किस तरह अपनाया जाए, भविष्य में इसका कितना विस्तार होगा, कौनसे बीज इसके लिए लाभदायक और कौनसी इसमें बीमारी होती है इसके संदर्भ में जानकारी प्रदान कराई जाती है।

कृषि संबंधी लूपिन ने जितने भी कार्य किए हैं, उनके अच्छे परिणाम आए हैं। वहाँ के क्षेत्रों में कृषि फसल की उपज में वृद्धि और जैविक व्यवसायों को अपनाने के लिए लोगों की ललक बढ़ी है और भविष्य में इन कार्यों के अच्छे परिणाम आने की सम्भावना है।

4. पशुपालन

(i) पशुपालन की अच्छी जानकारी–लूपिन विभिन्न प्रशिक्षणों द्वारा इस बात को बताती रही है कि किस तरह पशुपालन किया जाए? कौनसी तकनीक अपनाई जाए? पशुओं को कौनसी खुराक दी जाए जैसे उनके आहार का प्रबंधन किस तरह किया जाए और उनके रोगों पर किस तरह नियन्त्रण रखा जा सकता है।

(ii) डेयरी विकास–इस संदर्भ में समय-समय पर यह जानकारी दी जाती रही है विशेषकर महिलाओं को, कि किस तरह व्यवसाय को किया जा सकता है।

इसके लिए लूपिन ने भरतपुर क्षेत्र में पशु दुग्ध बिक्री की उचित व्यवस्था एवं अधिक लाभ के लिए गाँव में दुग्ध संग्रह केन्द्र स्थापित कराने के लिए महिलाओं को जाग्रत किया।

5. शिक्षा एवं समाज-कल्याण

(i) सभी को शिक्षा–लूपिन ने शिक्षा पर विशेष ध्यान दिया। 13–35 आयु वर्ग के लोगों को साक्षर किया, साथ ही 6 से 14 वर्ष के आयु वर्ग के बच्चों का अतिरिक्त नामांकन 7300 किया। इसके बाद ग्रामीण शिक्षा के महत्त्व को समझने लगे। लूपिन को इस कार्य में अच्छी सफलता मिली।

(ii) सामाजिक बुराइयों के विरुद्ध जंग–इस कार्य को शुरू करने पर सामाजिक बुराइयों को ग्रामीण हेय दृष्टि से देखने लगे जिसमें प्रमुख थीं दहेज प्रथा, बाल-विवाह, मृत्यु-भोज आदि। इस संस्था के संचालक सामाजिक बुराइयों की जड़ तक गए जैसे उन्होंने मृत्यु-भोज का आयोजन ग्रामीण क्यों करते हैं इसकी तह तक गए। यह जानकारी प्राप्त हुई कि मृत्यु भोज आयोजन करने का मूल कारण यह है कि जब किसी ग्रामीण के पिता की मृत्यु होती है तो पुत्र मृत्यु-भोज का आयोजन करता है। इसके पीछे यह सोच होती है कि सबको पता चलेगा उसका बाप मर गया है और उसने कितने अच्छे मृत्यु-भोज का आयोजन किया है जिससे उसकी सामाजिक प्रतिष्ठा में वृद्धि होती है। लूपिन के उच्च पदाधिकारियों ने एक योजना बनाई जिसमें उन्होंने इस बात को प्रमुख रखा कि पुत्र की सामाजिक प्रतिष्ठा बाप की मृत्यु के बाद मृत्यु-भोज के बाद होती है वैसी ही रहे इसके लिए पदाधिकारियों ने एक कार्यक्रम का आयोजन करवाया, जिसमें जिलाधीश को बुलाया गया, कुछ और गणमान्य व्यक्तियों को भी आमन्त्रित किया गया जिसमें ग्रामीण दर्शक भी सम्मिलित थे। जितना पैसा ग्रामीण मृत्युभोज का आयोजन करने में लगता उस पैसे से स्कूल के भवन का निर्माण किया जाता और एक पट्टिका लगाई जाती जिसमें लिखा गया कि उस व्यक्ति ने पिता की मृत्यु पर इस भवन के निर्माण के लिए दान दिया। इस उपलक्ष्य में सभी के सामने पुत्र को जिलाधीश द्वारा माला पहनाई जाती, शॉल प्रदान किया जाता, अतः इस आयोजन को करने से उस व्यक्ति की सामाजिक प्रतिष्ठा पर कोई ठेस नहीं पहुँची जिसने मृत्युभोज का आयोजन नहीं किया और उसके बाद इस तरह के आयोजन करने की होड़ ग्रामीणों में आ गई।

(iii) महिला-विकास–लूपिन ने महिला विकास के क्षेत्र में उल्लेखनीय कार्य किए हैं जो इस प्रकार हैं–

(अ) प्रत्येक गाँव में सशक्त महिला-मण्डलों का गठन किया जा रहा है। स्वरोजगार से जोड़ने हेतु 30 सेल्फ हैल्प ग्रुप बनाये गये हैं।

(ब) बालिकाओं की नामांकन दर एवं महिलाओं की साक्षरता दर में आशातीत वृद्धि हुई है।

(स) चिकित्सा एवं स्वास्थ्य विभाग के सहयोग से बच्चों का नियमित टीकाकरण कराया जा रहा है।

(द) कुछ स्थानों पर महिलाओं द्वारा धूम्ररहित चूल्हों का उपयोग किया जा रहा है। ग्रामीण क्षेत्रों मे शौचालय भी बनाये गये हैं।

(य) स्वदेशी खाद के उपयोग को बढ़ावा देने के लिए कुछ स्थानों पर खाद के गड्ढ़े बनाये गये हैं।

(ल) लघु उद्योगों से निम्न प्रकार महिलाओं को जोड़ा गया है-

(i) राष्ट्रीय महिला कोष से 21 गाँवों की 397 महिलाओं को स्वरोजगार हेतु 18.50 लाख रुपये का ऋण दिलाया गया है।

(ii) 6 गाँवों में दरी प्रशिक्षण केन्द्र संचालित है जिनसे 62 महिलायें लाभान्वित हो रही हैं।

(iii) 13 गाँवों में सिलाई केन्द्र प्रारम्भ कर 300 महिलाओं को प्रशिक्षण की सुविधा दिलवाई गई है।

(iv) राज्य-सरकार ने महिला एवं बाल-विकास विभाग द्वारा संस्था को कुम्हेर पंचायत समिति के 60 ग्रामों में 124 आँगनबाड़ी केन्द्रों की बाल-विकास परियोजना स्वीकृत की गई है। इस योजना से निम्नलिखित कार्य संचालित हुए हैं-

(अ) 250 ग्रामीण महिलाओं को आँगनबाड़ी कार्यकर्त्ता, सहायिका एवं पर्यवेक्षण के दल में रोजगार मिला है।

(ब) 0-2 आयु वर्ग के 7165 बच्चों का नियमित टीकाकरण कराया गया।

(स) 6-14 आयु वर्ग के लगभग 7 हजार बच्चों को प्राथमिक शिक्षा से जोड़ने का कार्यक्रम है।

(द) 2-6 आयु वर्ग से लगभग 13 हजार बच्चों को पोषाहार एवं पूर्व प्राथमिक शिक्षा से जोड़ा गया है।

(य) 2215 धात्री एवं लगभग 3000 गर्भवती महिलाओं की नियमित देखभाल की गई।

(र) परिवार नियोजन के लिए पात्र जोड़ों को प्रेरित किया गया।

(ल) महिला समृद्धि योजना के अधिकतम खाते खुलवाकर अल्प बचत कार्य को प्रोत्साहित किया जायेगा।

(व) स्वरोजगार के लिये राष्ट्रीय महिला कोष से महिलाओं को ऋण सुविधा दिलाई।

(ह) क्षेत्र में महिलाओं के लिए नये लघु उद्योग प्रशिक्षण केन्द्र खुलवाये।

(म) महिला कल्याण की विभिन्न सरकारी योजनाओं का लाभ महिलाओं को दिलाया जावेगा।

(न) समय-समय पर शिविरों द्वारा महिलाओं को ग्राम मृत्युभोज, नशाबंदी, दहेज-प्रथा परिवार-कल्याण के बारे में जानकारी दी जाती है।

6. सामान्य जागरूकता

समय-समय पर लूपिन सामान्य जानकारी देने के लिए सामान्य जागरूकता शिविरों का आयोजन करती रहती है जिसमें ग्रामवासियों को कानूनी अधिकारों की जानकारी, कर्त्तव्यों, संकीर्ण मानसिकता से बाहर निकलने, अपने व्यक्तित्व के समग्र विकास पर जोर देने आदि कार्यों को लूपिन करती है।

7. स्वास्थ्य व सफाई

लूपिन ने स्वास्थ्य व सफाई के संदर्भ में निम्नलिखित कार्य किये-

(i) परिवार नियोजन–लूपिन समय-समय पर शिविरों के माध्यम से परिवार-नियोजन की जानकारी देती रही है जिसमें परिवार-नियोजन के तरीके, दो बच्चों के महत्त्व और अधिक बच्चे होने पर क्या परिणाम होंगे, जब से संस्था ने इस संदर्भ में कार्य प्रारंभ किये, लोगों ने परिवार-नियोजन कल्याण कार्यक्रम के महत्त्व को समझा है। महिलाओं में परिवार-नियोजन के प्रति विशेष जागृति उत्पन्न हुई।

(ii) सामान्य स्वास्थ्य संबंधी जानकारी–लूपिन ने ग्रामवासियों को सामान्य स्वास्थ्य के संदर्भ में निम्नलिखित जानकारी दी-

(A) स्वास्थ्य संरक्षण एवं संवर्द्धन के लिये सन्तुलित श्रम, संतुलित मन, संतुलित भोजन, संतुलित विश्राम तथा प्रकृति से उन्मुक्त सेवन आवश्यक है।

(B) सूर्योदय से पूर्व अर्थात् ब्रह्म मुहूर्त में जागकर ईश्वर स्मरण करें। जल्दी जगना तथा जल्दी सोना स्वास्थ्य के लिये हितकर है।

(C) नित्य स्नान के बाद व्यायाम अवश्य करें। भोजन हमेशा भूख लगने पर ही करें जिसमें हरी सब्जी, दालें, फल तथा अंकुरित अनाज का प्रयोग अवश्य करें।

(D) तम्बाकू, बीड़ी, सिगरेट, भांग, शराब तथा नशीले पदार्थों का सेवन कभी न करें।

(E) कलह, अशान्ति, निराशा एवं ईर्ष्या से बचें और प्रेम, शान्ति, आशा एवं सद्भाव से जीयें।

(F) दूसरों की भलाई करने में अपनी भलाई मानें, हमेशा प्रसन्न तथा मुस्कराते रहें।

(G) शाम को हल्का-भोजन करने के पश्चात् आधा घण्टा अवश्य टहलें।

(H) सरलता, शुद्धता, सत्यता एवं धैर्य का भाव रखते हुए निरन्तर अपना मूल्यांकन करते रहें।

(I) रात्रि को सोने से पूर्व सद्ग्रन्थों का अध्ययन करें या ईश्वर की उपासना करें।

(J) सोते समय पूरे दिन में हुई गलतियों के लिये ईश्वर से क्षमा माँग भविष्य में यह गलती न हो संकल्प लें तथा आने वाली सुबह अच्छी हो इसके लिए ईश्वर से प्रार्थना करते हुए सोएँ।

(iii) स्वास्थ्य से संबंधित शिविरों का आयोजन

लूपिन ने स्वास्थ्य से संबंधित शिविर समय-समय पर आयोजित किये जिसमें मानसिक विकास, योगाभ्यास, मानव और स्वास्थ्य, व्यक्तिगत स्वच्छता, स्वस्थ पर्यावरण, संतुलित भोजन, संयमी जीवन, सुरक्षित मातृत्व एवं सुरक्षित बचपन, पेट के कीड़े, निमोनिया तथा अतिसार, गर्मी के मौसम की बीमारियों, पीलिया, अन्धता निवारण, क्षय निवारण, कैंसर, एड्स और हमारा स्वास्थ्य व देशी दवाइयों इन सब के बारे में विस्तृत जानकारी लूपिन देती रही है।

8. जल एवं स्वच्छता कार्यक्रम

जिसमें लूपिन ने ग्रामवासियों को स्वच्छता के निम्न सूत्र दिए-

(i) पेयजल का सही रख-रखाव व उपयोग,

(ii) गंदे पानी का निकास,

(iii) मानव मल का सही निपटारा,

(iv) घर एवं खान-पान की स्वच्छता,

(v) कूड़ा-करकट का सही निपटारा,

(vi) व्यक्तिगत स्वच्छता,

(vii) सामुदायिक स्वच्छता,

लूपिन ने जल व स्वच्छता कार्यक्रम को ग्रामीण जनता तक पहुँचाया और इसको अपनाने पर विशेष जोर दिया और इसका दैनिक जीवन में महत्त्व बताया। इस कार्यक्रम का एक ही महत्त्व था कि ग्रामीण लोगों का स्वास्थ्य अच्छा रहे, वह अनेक बीमारियों से बचें व समाज का विकास कर सकें। इस कार्यक्रम के आशाजनक परिणाम सामने आये तथा जनता इसके महत्त्व को समझने लगी।

लूपिन द्वारा किये जा रहे उपर्युक्त कार्यों से यह सिद्ध होता है कि यह संस्था विकेन्द्रित ग्रामीण विकास के लिए प्रयासरत है और भविष्य में इससे अधिक कार्य करेगी, क्योंकि संस्था द्वारा किये जा रहे कार्यों में आधारभूत सुविधाएँ प्रदान करना, पशु पालन एवं कृषि का विकास, स्वच्छता एवं सफाई, शिक्षा एवं समाज-कल्याण आदि हैं। इन कार्यों से सम्पूर्ण गाँव की तस्वीर बदलती जा रही है, क्योंकि इस सम्पूर्ण क्रियाकलाप में जनता की सहभागिता है। इस संस्था ने विकास की अलख जगाई है तथा जो सफलता मिली है उसका एकमात्र कारण इसके द्वारा किये गये कार्यों का विश्वसनीय एवं प्रभावी होना है।[3]

संस्था की प्रमुख उपलब्धियाँ

1. संस्था को उसके द्वारा किये गये उल्लेखनीय कार्यों के लिए निम्न पुरस्कारों से सम्मानित किया जा चुका है-

(अ) प्रधानमंत्री द्वारा फिक्की अवार्ड-1991

(ब) आई.सी.एम.ए. अवार्ड-1992

(स) जमनालाल बजाज अवार्ड-1994

(द) राजस्थान सरकार द्वारा भामाशाह अवार्ड-1995

(य) बच्चों के विकास के लिए राज्य अवार्ड 2000, 2001, 2002

2. विभिन्न क्षेत्रों में निम्न प्रकार की विशिष्ट उपलब्धियाँ अर्जित की गई हैं-

1. कृषि और वानिकी–इसके अन्तर्गत संस्था ने निम्नलिखित उपलब्धियाँ प्राप्त की हैं–

(A) कूड़े करकट की खाद का निर्माण–रासायनिक खाद के अत्यधिक उपयोग से भूमि की उर्वरा शक्ति को जो हानि हो रही है उसे समाप्त करने के लिए नादेप विधि कम्पोस्ट खाद का निर्माण प्रारम्भ किया। जिसमें राज्य-सरकार और कपार्ट से प्राप्त वित्त से 200 कम्पोस्ट पिट्स का निर्माण किया और आगामी समय में 12030 लाख रुपये की स्वीकृति मिलने पर एक हजार कम्पोस्ट पिट्स का निर्माण किया जाएगा।

(B) नई फसल की शुरुआत–राजस्थान में पहली बार कॉफी के पाउडर के साथ मिलाने वाले पाउडर की फसल चिकोरी का प्रयोग गाँव खांगरी में कराया गया जो सफल रहा जिसकी 3499 हेक्टेयर में इसकी बुवाई की गई और सूरजमुखी, कुसुम, कपास एवं सोयाबीन आदि नवीन फसलों की बुवाई 1565 हैक्टेयर में की गई।

(C) जिप्सम द्वारा भूमि सुधार–केन्द्रीय क्षारीय भूमि रिसर्च इन्स्टीट्यूट के सहयोग से 1668 हैक्टेयर बंजर, खारी एवं क्षारीय भूमि को कृषि योग्य बनाया गया।

(D) सब्जी विकास–674 हैक्टेयर पर सब्जियों का तेजी से उत्पादन हुआ यह पूरी तरह गुणात्मकता पर आधारित है।

(E) फलदार पौधों का वितरण–नीबू, आँवला, अमरूद, बेर, आम आदि के पौधों का वितरण किया गया 22292 फलदार पौधों का विकास हुआ और फल प्राप्त हुए।

(F) छायादार पौधों का वितरण–62160 पौधों का वितरण किया गया।

(G) मधुमक्खी पालन–मधुमक्खी पालन कार्यक्रम भरतपुर में सफलतापूर्वक चलाया। यह कार्यक्रम वर्तमान में छः गाँवों में चलाया जा रहा है। जिससे इस क्षेत्र में मधुमक्खी पालन तेजी से हुआ है।

(H) प्रशिक्षण शिविरों द्वारा कृषकों को प्रशिक्षण–अब तक इस संदर्भ में 4373 शिविरों का आयोजन किया जा चुका है। जिससे कृषकों के जीवन-स्तर में सुधार हुआ है।

(I) जल-प्रबन्धन कार्यक्रम–जल प्रबन्धन कार्यक्रम पाँच गाँवों के 629 हेक्टेयर क्षेत्र में क्रियान्वित किया जा सका है।

(J) सीमेन्ट की पक्की कोठी निर्माण–1038 सीमेन्ट की पक्की कोठी का निर्माण किया जा चुका है।

(K) मेड़बंदी, समतलीकरण एवं गहरी जुताई–4805 हेक्टेयर क्षेत्र में यह कार्य किया जा चुका है।

(L) सिंचाई हेतु पाइप लाइन–11800 मीटर पाइप लाइन बिछाई जा चुकी है।

(M) संतुलित उर्वरकों का उपयोग–3104 टन संतुलित उर्वरकों का उपयोग किया गया है।

(N) उन्नत एवं प्रमाणित बीज वितरण–16533 क्विन्टल उन्नत एवं प्रमाणित बीज का वितरण किया जा चुका है।

(O) स्व. श्री राजीव गाँधी पूर्व प्रधानमंत्री द्वारा भ्रमण किये गये गाँव सोमका में भूमि सुधार का कार्य प्रारम्भ किया गया। सी.एस.आई.आर. तकनीक की नवीनतम तकनीक जिप्सम का प्रयोग करा क्षेत्र की 2575 हेक्टेयर भूमि को उपजाऊ बनाया गया।

2. पशुपालन–जिसमें निम्नलिखित उपलब्धियाँ सम्मिलित हैं–

(i) पशुचिकित्सा व टीकाकरण की क्रियान्विति हुई, जिनकी कुल संख्या 3450

(ii) हरे चारे की खेती- 4057 हैक्टेयर क्षेत्र में हरे चारे की खेती की गई जो पूरी तरह सफल हुई।

(iii) कृत्रिम गर्भाधान- 345 कृत्रिम गर्भाधान हेतु सांड वितरित किए गए।

(iv) नस्ल सुधार हेतु सांड वितरण -नस्ल सुधार हेतु 25 सांड वितरित किए गए।

(iii) उन्नत नस्ल के पशु वितरण–उन्नत नस्ल के 1305 पशुओं का वितरण किया गया।

(iv) कृषक प्रशिक्षण शिविर–30 कृषक प्रशिक्षण शिविर लगाए जिसमें पशुपालन से संबंधित जानकारी प्रदान की गई।

3. उद्योग–इससे संबंधित निम्न उपलब्धियाँ संस्था ने प्राप्त की है।

(i) उद्यमिता विकास कार्यक्रम लाभार्थी–उद्यमिता विकास कार्यक्रम से 1608 लोग लाभान्वित हुए हैं।

(ii) परम्परागत दस्तकारों को सहायता–1767 परम्परागत दस्तकारों को सहायता प्रदान की गई।

(iii) युवकों को स्वरोजगार से जोड़ा–राष्ट्रीय महिला कोष से सम्बद्ध होकर 68 लाख रुपये ऋण 2500 महिलाओं को तथा सिडबी से 200 से अधिक युवकों को ऋण दिलाकर उनको स्वरोजगार से जोड़ा गया।

(iv) उत्पादन एवं प्रशिक्षण केन्द्र–दस उत्पादन एवं प्रशिक्षण केन्द्रों की स्थापना की गई जिनमें दो हजार से अधिक ग्रामीण दस्तकारों को विभिन्न उद्योगों में प्रशिक्षण प्रदान किया गया।

(v) सिलाई–कढ़ाई से लाभार्थी महिलाएँ–एक हजार महिलाओं को सिलाई-कढ़ाई का प्रशिक्षण प्रदान कर स्वरोजगार से जोड़ा गया है तथा 60 गाँवों में स्वयं सहायता समूहों का गठन किया गया।

4. शिक्षा एवं समाज कल्याण–इस क्षेत्र में संस्था ने निम्नलिखित उपलब्धियाँ अर्जित की हैं–

(i) 6–14 आयु वर्ग के बच्चों का अतिरिक्त नामांकन–जिनकी संख्या 7300 है।

(ii) 13–35 आयु वर्ग के लोग जो साक्षर किये–उनकी संख्या 16450 है।

(iii) विद्यालयों में अतिरिक्त भवन एवं सामग्री सुविधा–130 गाँवों में यह सुविधा प्रदान की गई।

(iv) युवक मण्डल एवं महिला–30 युवक एवं महिला मण्डलों का निर्माण किया गया।

(v) लोक जुम्बिश कार्यक्रम गाँव–इन गाँवों की संख्या 27 है।

5. ग्रामीण स्वास्थ्य–इसके अन्तर्गत संस्था ने निम्न उपलब्धियाँ अर्जित की हैं–

(A) तपेदिक रोगियों का मुक्त इलाज–संस्था द्वारा अब तक तपेदिक के 1000 से अधिक रोगियों का नि:शुल्क इलाज कराया गया है।

(B) नेत्र एवं सर्जिकल शिविरों में ऑपरेशन–पैंतीस हजार से अधिक रोगियों को नि:शुल्क उपचार कराया गया है तथा विभिन्न शल्य चिकित्सा शिविरों के माध्यम से छ: हजार से अधिक रोगियों के सफल ऑपरेशन कराये गये हैं।

(C) परिवार कल्याण नसबंदी–1300 परिवार कल्याण संबंधी नसबंदी की गईं।

(D) रोगी जाँच शिविर लाभार्थी–इन लाभान्वित लोगों की संख्या 23952 है।

(E) बच्चों के टीकाकरण–इसमें 346227 बच्चे सम्मिलित हैं।

6. निर्माण कार्य–इसमें संस्था ने निम्नलिखित उपलब्धियाँ अर्जित की हैं–

(A) स्कूल भवन निर्माण–विद्यालयों में कमरे एवं चार दीवारी जिनकी संख्या 113 है।

(B) खरंजा निर्माण–की मीटर लम्बाई 33393 है।

(C) डामर सड़क–34 किलोमीटर डामर सड़क का निर्माण किया गया।

(D) तालाब, हैंडपम्प, कुओं से पेयजल की सुविधा कराई गई जिनकी संख्या 296 है।

(E) कम लागत पर आवास गृह–जिनकी संख्या 112 है।

(F) सामुदायिक भवनों का निर्माण–सामुदायिक भवनों का निर्माण किया गया जिनकी संख्या 16 है। पहले गाँवों के लोग मृत्युभोज का आयोजन करते थे, परन्तु अब लूपिन के सहयोग से वह पैसा अब सामुदायिक भवनों के निर्माण में लगता है जिनकी संख्या बढ़कर 16 हो गई है।[4]

योगदान–संस्था का योगदान इस प्रकार रहा

1. महिला सशक्तिकरण–लूपिन ने जब अपने कार्य की शुरुआत की तब क्षेत्र में महिलाओं की स्थिति अच्छी नहीं थी, परन्तु लूपिन ने महिलाओं को सशक्त किया, उनके लिए सिलाई-कढ़ाई केन्द्रों की स्थापना की, तेजी से स्वयं सहायता समूहों का निर्माण किया जिससे इनकी आर्थिक स्थिति मजबूत हुई। इससे उनमें जागरूकता आई, स्वयं का रोजगार प्राप्त किया जिससे महिलाएँ सशक्त बनीं।

2. मानव विकास–तेजी से गाँववासियों का मानव-विकास का स्तर ऊँचा उठा, क्योंकि शिक्षा व स्वास्थ्य के संदर्भ में लूपिन ने अनेक कार्य किए, जैसे–तपेदिक रोगियों का मुफ्त इलाज, नेत्र एवं सर्जिकल शिविरों का ऑपरेशन, परिवार कल्याण नसबंदी, रोगी जाँच शिविर लाभार्थी, बच्चों के टीकाकरण, प्रौढ़ों को साक्षर किया, विद्यालयों में अतिरिक्त भवन एवं सामग्री सुविधा आदि।

3. संगठन के सहयोगी–संस्था की विश्वसनीय उपलब्धियों का सर्वेक्षण किया, राज्य सरकार इनके कार्यों से काफी प्रभावित हुई जिसके परिणामस्वरूप राज्य सरकार ने संस्था के सदस्यों को अरावली, डी.पी.ई.पी. कार्यक्रम क्रियान्वित करने

में अपना सहयोगी बना लिया साथ ही नोडल एजेन्सी ने आर.एम.के लिए सहयोगी बना लिया।

4. गरीबी उन्मूलन–संस्था ने गरीबी उन्मूलन के लिए अनेक कार्यक्रम चलाए, जैसे कृषि और वानिकी का विकास, पशुपालन, उद्योग-धंधों का विकास, निर्माण कार्य आदि। इससे ग्रामीण जनता को रोजगार की अच्छी स्थिति प्राप्त हुई जिससे गरीबी दूर हुई। जिसके आँकड़े इस प्रकार हैं- 20134 किसान आर्थिक रूप से कमजोर थे उनमें से 7775 किसानों को भूमि उपलब्ध करवाई, 6148 ग्रामीण लोगों को पशु दिलवाए और 6211 ग्रामीण लोगों को ग्रामीण उद्योग कार्यक्रमों से जोड़ा।

5. कार्यक्रमों की सरलता–लूपिन का कार्य इतना प्रभावशाली रहा है कि राज्य सरकार की ओर से अनेक कार्यक्रम क्रियान्वित करने के लिए मिले और उन कार्यक्रमों को राज्य सरकार ने सफल कार्यक्रम घोषित किया और इसका श्रेय संस्था को दिया। लूपिन ने 18 मई 2000 को अकाल प्रभावित पशुधन के लिए आहार योजना का शुभारंभ किया जिसके अन्तर्गत मुख्यमंत्री अशोक गहलोत ने लूपिन के कार्यों की प्रशंसा की।

6. सामाजिक बुराइयों के विरुद्ध जंग छिड़ी–लूपिन ने सामाजिक बुराइयों के विरुद्ध जंग छेड़ी जिसका परिणाम सकारात्मक रहा है। मैं स्वयं लूपिन कार्यक्षेत्र गई जहाँ मैंने देखा कि वहाँ के ग्रामीण बाल-विवाह, दहेज-प्रथा, मृत्यु भोज आदि को समाप्त करने के लिए खड़े हुए हैं और इन बुराइयों के क्रियान्वयन में जो धन व्यय होता था उस को सामुदायिक कार्यों में लगाने लगे।

7. संस्था के कार्यक्रमों में शोध–लूपिन का कार्य प्रमुखतया ग्रामीण विकास है जिसमें जन सहभागिता की महत्ता को स्वीकार किया है। इसमें अनेक कार्यक्रमों पर बड़ी संख्या में शोधार्थी पीएच.डी. करने लगे हैं।

8. कार्यक्रमों की पहुँच–

1. बहुत से गाँववासियों ने संस्था से यह अनुरोध किया कि वह हमारे गाँव को गोद लें और गाँव में विभिन्न कार्यक्रम आयोजित करवायें, हम पूरी तरह किसी भी परिस्थिति में अपनी भूमिका निभाएँगे।

2. बहुत-सी संस्थाएँ हमसे सम्पर्क बनाने लगीं और सूचना, जानकारी प्राप्त करने लगीं।

3. साउथ अफ्रीका के शिक्षा सलाहकार और यूनेस्को के जनरल डायरेक्टर ने 'सनसनी' गाँव में भ्रमण के दौरान शिक्षा कार्यक्रम को देखा।

4. आजाद नगर(भरतपुर का क्षेत्र) के आदिवासी क्षेत्र को सामुदायिक कार्यों से जोड़ा।[5]

2. तरुण भारत संघ (थानागाजी), अलवर

राजस्थान की प्रमुख स्वैच्छिक संगठनों में तरुण भारत संघ का अपना विशेष स्थान है। यह संस्था अपने क्षेत्र की समस्याओं व आवश्यकताओं के अनुसार कार्य कर रही है, इस संस्था का विस्तृत विवरण इस प्रकार है–

ऐतिहासिक पृष्ठभूमि–तरुण भारत संघ, राजस्थान विश्वविद्यालय परिसर में लगी आग से पीड़ितों के लिए राहत कार्य हेतु मार्च 1975 में बना। इसके कार्यों की शुरुआत 44 झुग्गी-झोंपड़ियों के आग से पीड़ित रोगियों की चिकित्सा, जल, आवास, भोजन, वस्त्र आदि की व्यवस्था करने के साथ-साथ बच्चों एवं प्रौढ़ों के लिए रात्रि कालीन कक्षाएँ शुरू करने से हुई थी। इस कार्य में विश्वविद्यालय के शिक्षक, विद्यार्थी एवं समाज सेवी संघ ने मिलकर सेवा समर्पण भाव से कार्य किया था। इनमें श्री एस.डी.शर्मा व श्री.के.वी.द्रोण का नाम उल्लेखनीय है। इनके नेतृत्व में संघ ने जयपुर शहर की दूसरी संस्थाओं को भी इस कार्य में जोड़ने के प्रयास किये। सर्व श्रीमती बी.एल.जैन, कमलेश्वरी श्रीवास्तव का भी सक्रिय सहयोग मिला था। संघ ने इस प्रकार के कार्यों से विद्यार्थियों एवं शिक्षकों में सेवा के संस्कार निर्माण का अभियान चलाया। संस्कार शिविरों की श्रृंखला से युवाओं के मानस को समाजोपयोगी बनाने का अभिक्रम आगे बढ़ा। देखने में आया कि जब तक विद्यार्थी संघ के सम्पर्क में रहते थे, तब तक जनहित कार्यों में लगे रहते थे। संस्कार शिविरों की श्रृंखलाओं से बहुत विद्यार्थियों को संघ के सम्पर्क में आने का अवसर मिला था। यह कार्य सतत चलता रहा। नौवें दशक के प्रारम्भ में संघ ने ग्रामीण युवाओं के कुछ शिविर किये तथा गलीचा उद्योग में लगे हुए बालकों की शिक्षा हेतु बाल शालाएँ चलाई। साथ ही साथ जमुवा-रामगढ़ वन्य जीव अभयारण्य में डागोता गाँव में चल रही घिया पत्थर की खान, मजदूरों को पढ़ाने हेतु प्रौढ़ शालाएँ शुरू कीं तथा उन्हें संगठित भी किया, जिससे यहाँ पर न्यूनतम मजदूरी का कानून लागू कराने में सफलता प्रात हुई। वर्ष 1983 में दौसा तहसील के रामपुरा-बोरादा तथा बंजारों की ढाणी में शिविर लगाकर राहत एवं सेवा के कार्य भी किये।

इस प्रकार वर्ष 1983 तक बहुत सारे ग्रामीण युवा संघ के सम्पर्क में आ गये। इन युवाओं ने परिस्थितियों को समझने के लिए अनेकों क्षेत्रीय अध्ययन भी किये जिनमें गाडुलिया लुहारों के बेहतर जीवनयापन की सम्भावनाओं का अध्ययन मुख्य है।

इस अध्ययन के दौरान संघ इस निष्कर्ष पर पहुँचा कि जो गाडुलिया लुहार घूम-घूम कर अपना परम्परागत कार्य करके अनुशासित सम्मानपूर्वक, निर्भीक रहकर जीवन जीते थे, उनके सभी कामों (जीवन के आधार) पर अब बड़ी कम्पनियों ने कब्जा कर लिया है। इसी तरह गाँववासियों के सामलाती आधार पर बड़े उद्योगपतियों का कब्जा हो रहा है। इस स्थिति में गाँवों की जिन्दगी बड़ी मुश्किल होगी। फिर तो इन घुमक्कड़ों के लिये कोई सहारा बाकी नहीं रह जायेगा। अभी गाँवों में कुछ लोग ऐसे हैं जो अपने सामलाती जल, जंगल, जमीन के प्रबन्ध की समझ रखते हैं, इसीलिये कुछ सामलाती साधन अभी बचे हुए हैं। अध्ययन के दौरान यह भी देखने में आया कि सामलात देह पर नये कब्जे बढ़ रहे हैं। इसलिए गरीब गाडुलिया लुहारों को रुकने-ठहरने के लिये भी अब इन बड़े धन्ना सेठों की कृपा पर आश्रित रहना पड़ता है। कभी-कभी तो ये लोग गाँव में काम पूरा हुए बिना भी इन लुहारों को गाँव से बाहर निकाल देते हैं। कई जगह ऐसी स्थिति में गाँव के गरीब व कमजोर लोगों ने संगठित होकर इन्हें अपना काम पूरा कराने तक गाँव में ही आश्रय दिया। इसी प्रकार की घटनाओं ने संघ के साथियों में गरीबों को संगठित करने की प्रेरणा एवं शक्ति का संचार कर दिया। इस घटना व लोकमान्यता से मैं भी प्रभावित हुआ। संघर्षवाहिनी के मेरे पुराने संस्कार भी फिर से जाग्रत हो गये। मैं इस दौरान भारत सरकार के युवा विभाग में काम करता था, मैंने उसे छोड़कर स्वतंत्र रूप से कुछ और गहरा अध्ययन कर और समझ बनाकर अपनी प्रेरणा को पुष्ट करने का निश्चय किया। इस दौरान मैंने बहुत सी स्वैच्छिक संस्थाओं की कार्यशैली को भी देखा तथा उनसे बहुत कुछ सीखा तथा इस संबंध में काम भी किया। इस काम के दौरान ही मेरे साथ कुछ अच्छे भावनाशील साथी भी जुड़ गये। मुझे इनसे बहुत बल मिला। 1 अक्टूबर, 1985 की रात को हम ने (नरेन्द्र , सतेन्द्र, हनुमान तथा राजेन्द्र) निश्चय किया कि गाँव में सेवा, शिक्षण, संगठन का कार्य तथा अन्याय के विरुद्ध संघर्ष करने के लिए लोगों को तैयार करने हेतु हम गाँव चलें। अगले दिन बिना कुछ ज्यादा सोच-विचार किये गाँव में बिना पूर्व सम्पर्क किये ही गाँव की तरफ रवाना हो गये।[6]

उद्देश्य

1. समाज में 'मानव' को सर्वोपरि मूल्य के रूप में स्थापित करना।

2. सामाजिक संरचना में परिवर्तन लाकर व्यक्ति के मानस को समाजोपयोगी बनाना।

3. निरन्तर आवश्यक परिवर्तन में विश्वास रख, समाज को प्रगति के पथ की ओर ले जाना।

4. महिला जागृति उत्पन्न करके उन्हें राष्ट्रीय पुनर्निर्माण में सहभागी बनाना।

5. गरीब व पिछड़े वर्ग के लोगों के उत्थान हेतु कार्य करना।

6. श्रम के प्रति श्रद्धा उत्पन्न कर श्रमनिष्ठ समाज की स्थापना करना।

7. बालकों का सर्वांगीण विकास करना।

8. तरुणों में युगधर्मानुकूल मूल्यगत दिशा बोध कर आस्था उत्पन्न करना।

9. युवा शक्ति को राष्ट्रीय निर्माण में लगाना।[7]

तरुण भारत संघ की रणनीति

यहाँ यह उल्लेखनीय है कि तरुण भारत संघ ने भीकमपुरा के आसपास के गाँव वालों के साथ रणनीति विकसित की थी। इस कार्यशैली का विकास क्रमशः पंचशील के रूप में उभर कर सामने आया।

क्या है यह पंचशील ?

(1) किसी भी प्रयत्न को सामूहिक होना चाहिए यानी जिसमें सभी लोगों की सहभागिता अनिवार्य तौर पर हो तथा सभी को समानुपातिक लाभ मिले।

(2) अनौपचारिक संवाद और विचार-विमर्श (हरेक को अपनी बात कहने का हक हो। हरेक की बात सुनी ही जाये) के जरिये एक ऐसा वातावरण निर्मित किया जाये जो लोक अनुभव के आधार पर सामूहिक बुद्धि-बल, सामूहिक विवेक और सामूहिक मेधा को स्थापित कर सके।

(3) एक बार निर्णय ले लिया जाये तो फिर कड़ाई से उसका पालन किया जाना हरेक व्यक्ति की जिम्मेदारी बन जाये। समुदाय को आत्म-अनुशासन के अपने नियम व दस्तूर बनाने होंगे जो निर्णय के सही क्रियान्वयन को सुनिश्चित कर सकें।

(4) समुदाय का, व्यक्तिशः और सामूहिक रूप से यह दायित्व होगा कि निर्णय ईमानदारी व निष्ठा के साथ क्रियान्वित हो, और

(5) समुदाय जल, जंगल और जमीन के अपने कामों में बाहरी सहायता को, उनके काम की प्रक्रिया को सहज बनाने तथा मार्गदर्शन प्रदान करने वाले प्रेरक तत्व के रूप में ही देखेगी और इसी रूप में उसका उपयोग करेगी।[8]

कार्यक्षेत्र–जिला अलवर (चार तहसील), जिला जयपुर (तहसील दूदू), जिला सवाईमाधोपुर (पंचायत समिति बामनवास), जिला दौसा (दस गाँव), जिला अजमेर (दो गाँव), जिला जैसलमेर (एक गाँव)

सदस्य–पूर्णकालिक स्वैच्छिक-70, अंशकालिक स्वयंसेवक-500

वर्तमान कार्य–जल, जंगल और जमीन से जुड़े मुद्दों पर रचनात्मक एवं संघर्षात्मक कार्य।

भविष्य योजना–उपरोक्त

अन्य संस्थाओं से समन्वय–इन्टर कॉरपोरेशन, इक्को।

विशेष समस्यायें–कोई नहीं।

वित्तीय संसाधन–सरकारी, गैर-सरकारी सहायता या अनुदान, स्थानीय जनता का सहयोग, संस्था के स्वयं साधन।[9]

संस्था का प्रमुख कार्य

1. जोहड़ों का निर्माण करना

यह संस्था का प्रमुख कार्यक्षेत्र है। जब संस्था के प्रमुख कार्यकर्त्ता और राजेन्द्र सिंह 1985 में किशोरी गए तो उन्होंने ग्रामीण व्यक्तियों से यह जाना कि वापस गाँव की खुशहाली जोहड़ों का निर्माण करके आ सकती है। ग्रामीण व्यक्तियों से विचार-विमर्श करने के बाद जोहड़ निर्माण का कार्य शुरू किया। संस्था और ग्रामीणों के सहयोग से जोहड़ों का निर्माण हो गया। इस कार्य के अन्तर्गत स्थान, लम्बाई, चौड़ाई का निर्णय ग्रामीणों द्वारा किया गया। इस जोहड़ निर्माण से गाँव (किशोरी) के सामाजिक व आर्थिक स्वरूप में बदलाव आया और गाँव के व्यक्तियों में एक वर्ष में ही इन जोहड़ों को देखकर आस-पास के क्षेत्र में अति उत्साह नजर आया। चारों तरफ इन जोहड़ों की चर्चा होने लगी। गाँवों में इस तरह के काम करने की इच्छा से लोग स्वयं संस्था के कार्यकर्त्ताओं से सम्पर्क करने लगे।

ग्रामीणों में जोहड़ निर्माण के कार्य को देखने की जिज्ञासा हुई और आस-पास के लोगों ने जोहड़ों से हुए लाभ को देखा और समझा। ग्रामीण व्यक्ति कहने लगे कि जोहड़ बरसात के पानी को इकट्ठा करने की यहाँ प्राचीन परम्परा है, जिसके ऊपर यहाँ की आर्थिक, सामाजिक, प्राकृतिक समृद्धि टिकी हुई थी और इस क्षेत्र में जल-स्तर ऊँचा था जोहड़ों को बनाने के मुख्य उद्देश्य थे–

1. वह गाँव जिसके पीने के पानी के सब कुएँ सूख गये थे, उसमें पीने के पानी की समस्या का स्थाई हल करने तथा आसपास के गाँवों में जल-स्तर बढ़ाने हेतु।

2. भूमि कटाव की समस्या सदैव के लिए मिटाने हेतु।

3. पड़त भूमि की पैदावार लेना।

4. मिट्टी घुल कर नहीं जाये तथा उसकी नमी एवं उपजाऊपन बना रहे।

5. नंगे पहाड़ों को हरा-भरा करने के लिए जल उपलब्ध हो सके।

2. जलतंत्र का प्रबन्धन

यह भी संस्था का प्रमुख कार्य है। संस्था जलतंत्र का प्रबंधन जोहड़ों के द्वारा करती है। इसके अन्तर्गत संस्था ने प्रत्येक गाँव में ग्रामीणों को जिम्मेदारी सौंप रखी है कि वह अपने जोहड़ों की सफाई करेंगे और देखरेख करेंगे। जोहड़ में कितना पानी एकत्र हो चुका है इस बात को ध्यान में रखकर ही फैसला किया जाता है कि कितनी भूमि पर खेती बोई जाए। इसके अनुरूप ही परिवारों के मध्य पानी का बराबरी के आधार पर बँटवारा किया जाता है। जलतंत्र का प्रबंधन जोहड़ों के द्वारा ही होता है और सभी लोगों द्वारा इच्छा के अनुरूप श्रमदान किया जाता है। इसमें यह भी तय किया जाता है कि कौन-कौन लोग स्वैच्छिक आधार पर इसमें सहायता कर सकते हैं। धन उपलब्ध नहीं कराये जाने की स्थिति में ग्राम सभा से धन के लिए सिफारिश की जाती है।

शायद कभी ऐसा मौका आया हो, जब पानी के उपयोग या जोहड़ के रखरखाव पर संघर्ष की नौबत आई। जलग्रहण क्षेत्र में जानवरों के प्रवेश को रोकने के लिए पत्थरों को सटाकर घेरा बनाया गया है। इससे जोहड़ों की सुरक्षा को लेकर अनावश्यक परेशानी से बचा जा सकता है। अधिकतर गाँवों में पीने के पानी की समस्या, कम पैदावार और गरीबी सभी के लिए एक जैसी है। जोहड़ इन समस्याओं का समाधान करते हैं।

तरुण भारत संघ द्वारा सभी गाँवों में जल-तंत्र की बेहतर तकनीक का इस्तेमाल किया गया। आवश्यक सामान, कुशलता और परिश्रम जिनकी जोहड़ बनाने में जरूरत होती है वह सीमित स्तर पर प्राप्त हो जाते हैं। जोहड़ बनाने में शुरुआती आर्थिक और यान्त्रिकी सहायता गाँव वाले स्वयं ही बड़े पैमाने पर प्रबन्ध कर लेते हैं। इसके साथ जोहड़ निर्माण में पारस्परिक तंत्र का इस्तेमाल किया गया, जिससे गाँवों के अधिकांश ग्रामीण पूर्णरूपेण परिचित हैं। संघ द्वारा जोहड़ो के द्वारा जो जल-प्रबन्धन

का कार्य किया जाता है उससे ग्रामीणों में समझ विकसित हुई, उससे गाँवों के लोग बहुत कुछ सीख सके हैं।

3. जंगल व वन्यजीव का संरक्षण

यह भी महत्त्वपूर्ण कार्य है। संस्था का मानना है कि जिस गाँव में जंगल और वन्यजीव होंगे वह गाँव अपने आप ही विकसित हो जाएगा। संघ ने सरिस्का को अपने साझा श्रम द्वारा एक नया स्वरूप प्रदान किया है। वहाँ के आसपास के गाँवों से संघ ने सम्पर्क किया, उनके साथ मिलकर जंगलों को बचाया और वन्यजीवों के संरक्षण के लिए कदम उठाये। सरिस्का में अनेकों असामाजिक तत्वों की भरमार हो गई थी, उसको और नौकरशाहों द्वारा ग्रामीणों का जो शोषण हो रहा था उसको रोका। गाँवों में जंगल और वन्यजीवों को बचाने के लिए ग्रामीणों में सोच विकसित की, इसमें समय तो लगा पर सकारात्मक परिणाम सामने आये।

पर्यावरण संकट पर चिन्ता की और सात सितारा होटल के खिलाफ रामायण पाठ किया। होटल निर्माण के खिलाफ संघ ने राजस्थान उच्च न्यायालय में कानूनी लड़ाई लड़ी। सरिस्का में गैर-वानिकी गतिविधियों पर रोक लगी। 1990 में सरिस्का में जंगलों में होने वाले खनन को रोकने के लिए संस्था ने उच्चतम न्यायालय की शरण ली। सरिस्का में जल-संरक्षण के लिए अनेक कदम उठाये जिस में इस बात पर बल दिया कि ''जंगल और जंगली जीवों का अस्तित्व जल पर आधारित रहता है। सरिस्का परियोजना क्षेत्र में संघ द्वारा जल संरक्षण के लिए तैयार की गई करीब दो सौ रचनाएँ काफी लाभदायक साबित हुईं।

4. बाढ़ पर प्रभावी नियन्त्रण करना

संस्था का यह मानना है कि बाढ़ों को नियन्त्रित करने का प्रभावी तरीका जोहड़ों का निर्माण करने से हो सकता है। संस्था जब जोहड़ों का निर्माण करती है या पहले जितने भी जोहड़ों का निर्माण किया उसमें इस बात पर विशेष ध्यान रखा जाता है कि इस तरह की तकनीक से जोहड़ों का निर्माण किया जाए कि वह बाढ़ पर प्रभावी नियन्त्रण कर सके। संस्था ने अभी तक 400 से अधिक जोहड़ों का निर्माण किया है जो बाढ़ नियन्त्रण में महत्त्वपूर्ण भूमिका निभाते हैं।

5. ग्रामीणों को रोजगार प्रदान करना

संस्था ने अपने इस कार्य की क्रियान्विति जोहड़ों के निर्माण कार्य में बेरोजगार ग्रामीणों को रोजगार प्रदान कर के किया है। इस काम में ऐसे लोगों को रोजगार

प्राप्त हुआ जो गाँव से पेट पालने के लिए बाहर जा रहे हैं। ऐसे मजदूरों को गाँव में रोक कर बेरोजगारी के समय में 'ग्राम पूँजी' का निर्माण किया तथा 15 गाँवों में तालाब खुदे तथा बाँध बने। इन तालाबों में 43000 मानव दिन में 800 क्विण्टल गेहूँ वितरित किया। आपातकाल में दूसरों की तरफ नहीं देखना पड़े इसके लिए ग्रामकोष की स्थापना की गई। ऐसे युवा जो रोटी-रोजी की तलाश में दिल्ली और अहमदाबाद चले गये थे वापस जोहड़ निर्माण कार्य में लग गये। अभी तक संघ ने जितने भी जोहड़ों का निर्माण किया उसमें मानव श्रम ग्रामीणों का ही रहा है जिससे बहुत कुछ सीमा तक उसकी आर्थिक स्थिति मजबूत हुई है।

6. ग्रामीण कृषि का विकास करना

संस्था का मानना है कि जब गाँव में कृषि योग्य पानी होगा तो ग्रामीण कृषि का विकास होगा और पानी की उपलब्धता जोहड़ों के निर्माण द्वारा हो सकती है। कृषि का विकास करने के लिए गाँव की संरचना के अनुसार जोहड़ों का निर्माण किया जिससे कृषि के प्रतिशत में वृद्धि हुई। ग्रामीण कृषि का विकास करने के लिए जोहड़ों के निर्माण के साथ-साथ खाद कार्यक्रम पर बल दिया गया जिसके अन्तर्गत रासायनिक खाद के दुष्परिणाम तथा उनके द्वारा गाँव वालों के शोषण को देखते हुए रासायनिक खाद का बहिष्कार तथा उसके स्थान पर स्वयं द्वारा तैयार की गई खाद बनाने की पूरी प्रक्रिया समझाई और अपने हाथों से तैयार करने के तरीकों का प्रत्यक्ष प्रदर्शन कराया। इस प्रकार के प्रदर्शन से खाद के उपयोग के प्रति लोगों में रुझान बढ़ने लगा।

7. ग्रामीण महिलाओं को रोजगार प्रदान करना

ग्रामीण महिलाओं को शिक्षा व रोजगार प्रदान करना संघ का प्रमुख कार्य है। इसके अन्तर्गत संघ ने महिला के अनुसार शिक्षा व रोजगार प्रदान किया है। जैसे महिलाओं को सामान्य जागरूकता प्रदान करना जिसके अन्तर्गत नौ वर्ष तक की उम्र के बालकों को पढ़ाने के साथ-साथ उनकी माताओं की व्यक्तिगत स्वच्छता, सामूहिक सफाई व रोग निरोधक कार्यक्रमों से जोड़कर उनके नित्य जीवन से संबंधित कई प्रकार की उपयोगी जानकारी प्रदान करना। महिला रोजगार के अन्तर्गत कुर्सी बनाना, सिलाई, कढ़ाई, बुनाई, दरी आदि का प्रशिक्षण देने के लिए शिविरों का आयोजन किया गया।

8. ग्रामीण स्वास्थ्य को बढ़ावा देना

इसके अन्तर्गत संस्था ने निम्न कार्य किए

(i) थानागाजी ब्लॉक में आयुर्वेदिक अस्पताल खुलवाए तथा इस सन्दर्भ में ग्रामीणों को जानकारी प्रदान की।

(ii) आयुर्वेद के कर्मचारी और डॉक्टरों की व्यवस्था की गई। ग्रामीणों को आयुर्वेद की किट प्रदान की गई।

(iii) जनसंख्या नियन्त्रण के उपाय बताए गए।

(iv) महिला स्वास्थ्य पर विशेष शिविर लगाये गये।[10]

अन्य विशिष्ट कार्य

1. माँ एवं बाल विकास कार्यक्रम—जब संघ ने अपना कार्य अलवर क्षेत्र से शुरू किया था तब अलवर के आसपास के गाँवों में कोई स्कूल नहीं था, उनमें माँ एवं बाल-विकास केन्द्रों की स्थापना की। इन केन्द्रों का उद्देश्य नौ वर्ष तक की उम्र के बालकों को पढ़ने के साथ-साथ उनकी माताओं की व्यक्तिगत स्वच्छता, सामूहिक सफाई व रोग निरोधक कार्यक्रमों से जोड़कर कई प्रकार की उपयोगी जानकारी दी।

2. लोक शिक्षण—यह कार्यक्रम इस समय 35 गाँवों में चल रहा है इससे ग्रामीणों के साथ रात्रि को मीटिंग होती है, जिसमें अनौपचारिक चर्चाएँ की जाती हैं। यह चर्चा कहीं से भी प्रारम्भ होती हैं। आरम्भ के दिनों में तो ये चर्चाएँ चिकित्सक साथी द्वारा आरम्भ की जाती थीं।

3. स्वास्थ्य कार्यक्रम—महिलाओं और बच्चों की बीमारियों को देखते हुए संघ ने स्वास्थ्य शिक्षण उपचार का कार्यक्रम भी अनेक जगह शुरू किया।

4. अन्न भण्डारण कार्यक्रम—कम से कम अपने साल भर के खाने का अनाज तो किसान को अपने पास रखना ही चाहिए। इस हेतु परम्परागत कोठियाँ बनाई गईं। इस कार्य हेतु क्षेत्र में अन्न सुरक्षा अभियान चलाया गया।

5. ग्रामकोष—खरीफ की फसल आने पर दो गाँवों में ग्रामकोष के संग्रह की बात स्वीकार कर ली। इसके लिए ग्राम में ग्राम समिति की स्थापना की गई। वर्तमान में यह कार्य संघ द्वारा 35 गाँवों में चलाया जा रहा है।

6. आर्थिक संयोजना–1986 में काम किया, उसके खर्च के लिए 13500 रुपये मात्र संघ ने व्यक्तिगत सम्पर्क साधकर इकट्ठे किए। इस कार्य में भीकमपुरा के सैकड़ों ग्रामीणों ने सहयोग प्रदान किया। यह सहयोग का सिलसिला चलता रहा और इसी के परिणामस्वरूप आज संघ ने इसके सहयोग से अपने कार्यक्षेत्र में लगभग 400 जोहड़ों का निर्माण करा दिया जो विशेष उपलब्धि है।[11]

योगदान

1. बड़ी संख्या में जोहड़ों का निर्माण किया गया–जब संघ ने 1985 में गोपालपुरा गाँव में प्रवेश किया तो ग्रामीण व्यक्तियों से विचार-विमर्श के बाद इस बात को जाना कि ग्रामीणों का आर्थिक एवं सामाजिक स्तर ऊँचा पुनः जोहड़ों का निर्माण करके हो सकता है। संघ ने ग्रामीण व्यक्तियों के सहयोग से गोपालपुरा में जोहड़ निर्माण का कार्य शुरू कर दिया इससे गाँव का सामाजिक एवं आर्थिक स्तर में बदलाव आया और गाँव के व्यक्तियों ने जोहड़ को पुनः अपने जीवन का आधार स्वीकार कर लिया। इसलिए पहले वर्ष में ही इस गाँव में बनाए गए जोहड़ों को देखकर आसपास के क्षेत्र में अति उत्साह नजर आया। चारों तरफ के काम करने की इच्छा से लोग संस्था के कार्यकर्त्ताओं से सम्पर्क करने लगे।

ग्रामीणों में जोहड़ निर्माण के कार्य को देखने की जिज्ञासा हुई और आस-पास के लोगों ने जोहड़ों से हुए लाभ को देखा और समझा। ग्रामीण व्यक्ति कहने लगे कि 'जोहड़' बरसात के पानी को इकट्ठा करने की यहाँ की प्राचीन परम्परा है, जिसके ऊपर यहाँ की आर्थिक, सामाजिक, प्राकृतिक समृद्धि टिकी हुई थी और इस क्षेत्र में जल स्तर ऊँचा था, संस्था द्वारा जोहड़ों के निर्माण के पीछे निम्न उद्देश्य थे–

1. वह गाँव जिसके पीने के पानी के सब कुएँ सूख गए थे, उनमें पीने की समस्या का स्थाई हल करने तथा आस-पास के गाँवों में जल स्तर बढ़ाना।
2. भूमि कटाव की समस्या सदैव के लिए मिटाना।
3. पड़त भूमि से पैदावार लेना।
4. मिट्टी धूल-कण नहीं जायें तथा उसकी नमी एवं उपजाऊपन बना रहे।
5. नंगे पहाड़ों को हरा-भरा करने के लिए जल उपलब्ध हो सके।

संघ ने अपने संसाधनों और ग्रामीणों के सहयोग से धीरे-धीरे जोहड़ निर्माण का कार्य विस्तृत कर दिया। जोहड़ का निर्माण करने से इन सभी गाँवों की कायापलट

हो गई। जोहड़ों का जब निर्माण नहीं किया गया था तो गाँवों की आर्थिक स्थिति डावांडोल थी। पशुपालन जो इनकी आय का एकमात्र स्रोत रहा, वह सूखे के कारण जर्जर हो गया था। लोग पशुओं को छोड़ कर शहरों की तरफ भाग गये थे। अधिक चराई के कारण आस-पास की पहाड़ियाँ पहले ही बिल्कुल नंगी हो गयी थी।

सभी जोहड़ों का निर्माण ग्रामीण जनता के श्रमदान द्वारा हुआ तथा गरीब भूखे मजदूरों को रोकने के लिए, जो गाँव से पेट पालने के लिए शहरों की ओर पलायन कर रहे थे, ऐसे मजदूरों को गाँव में रोककर बेरोजगारी के समय में 'ग्राम पूँजी' का निर्माण किया तथा शुरू में 13 गाँवों में तालाब खुदे तथा 3 बाँध बने। इन तालाबों में 54000 मानव दिन श्रम हुआ तथा 10000 मानव दिवस के लिए प्रोत्साहन के रूप में 800 क्विंटल गेहूँ वितरित किया।

बाँधों की निर्माण की पूरी-प्रक्रिया का परिणाम यह हुआ कि गाँवों में भाईचारा बढ़ा तथा अच्छे संगठन बने, गाँव शत-प्रतिशत शराब मुक्त हुए तथा लोक-भलाई के चिन्तन की प्रक्रिया आरम्भ हुई। आपातकाल में दूसरों की तरफ नहीं देखना पड़े इसलिए ग्रामकोष का विचार पनपा।

सभी गाँवों की ग्रामसभा के द्वारा जल के साथ-साथ जंगल संरक्षण का काम भी आरम्भ किया व हजारों एकड़ गोचर का विकास किया। इसमें से हरी लकड़ी काटना बंद कर दिया तथा इस पर पशु दबाव भी कुछ कम किया जिसके कारण कुछ क्षेत्र में आरम्भ हुआ यह प्रयास आज भी मनमोहक लगता है। उन्होंने अपने बाँध, जोहड़ को स्थाई बनाये रखने हेतु उसके कैचमेन्ट को भी हरा-भरा करने का अभियान चलाया। हजारों बीघा क्षेत्र में चारों तरफ दीवार करके इसे बन्द कर दिया तथा इसमें पौधे बीजारोपण का कार्य किया

अब ईंधन के लिए महिलाओं को पेड़ काटने की आवश्यकता नहीं रहती, क्योंकि ईंधन के लिए अपनी फसल में ईंधन देने वाली ढेचा व अरहर को शामिल कर लिया है। इससे ईंधन के लिए महिलाओं की ऊर्जा व समय की बचत होती है। इस प्रकार पर्यावरण सन्तुलन की दिशा में एक ठोस कदम बढ़ा है।

जोहड़ों के निर्माण से तेजी से बदलाव आया। जमीन में जो बड़े-बड़े नाले बन गये थे, वे ठींक होने लगे, नीचे की तरफ भूमि का कटाव रुक गया। इससे लोगों का खोया हुआ आत्मविश्वास लौट आया। अब ये इतना अवश्य सोचने लगे हैं कि सरकार, संस्था, नेता कोई भी नहीं तो भी हम अपने कार्य स्वयं कर सकते हैं।

2. ग्राम सामलात देह के प्राचीन प्रबन्ध की खोज की—संघ द्वारा किये गये कार्यों को देखकर धीरे-धीरे गाँव के पढ़े-लिखे लोग भी जुड़ने लगे। जोहड़ निर्माण, गोचर जंगल बचाने जैसे कार्यों में रुचि लेने लगे। इन सबको जो अपने परिवेश से सीखने को मिल रहा था वह कम नहीं था, लेकिन गाँव का पूरा ज्ञान व समझ बिखरी पड़ी होने के कारण अधिक काम में नहीं आ रही थी। इसलिए यह निश्चय हुआ कि ग्राम के युवाओं को ही इसे तलाशने, जोड़ने व तराशने में लगाया जाये। इस हेतु संस्था के साथ रहकर सीखने का युवाओं को एक खुला आमन्त्रण दिया गया।[12]

3. वनवासियों को अपने हकों का अहसास कराया—संघ के द्वारा चल रहे जल, जंगल, जमीन बचाने के सामलाती प्रयासों का प्रभाव लोगों को दिखने लगा। प्राचीन सामलात देह का जो विकृत स्वरूप सामने आ रहा था उसको पुनः पहले की तरह करने के लिए ग्रामीण व्यक्ति संघ से मिले और दोनों के सहयोग से सरिस्का को एक अनूठा स्वरूप प्रदान किया। जिसके अन्तर्गत सरिस्का में असामाजिक तत्वों का जो जमघट पहले लगा रहता था वह रुका, ग्रामीणों का नौकरशाह द्वारा शोषण रुका, आस-पास के ग्रामीणों में पर्यावरण के प्रति चेतना जाग्रत हुई, जिसके सकारात्मक परिणाम सामने आए।

4. जैविक खाद-देशी बीज को बढ़ावा दिया—संघ द्वारा उपलब्ध फसलों के पुराने बीजों के संवर्द्धन हेतु प्रयास स्वरूप देशी बीजों को इकट्ठा करके, संवर्द्धन करने के लिए बुआई हेतु किसानों को वितरित किये गये। बीजों के भण्डारण हेतु क्षेत्र के 450 किसानों को इस्पात की कोठी बनाकर उपलब्ध कराई गई जिसमें वे तैयार बीजों को अगली फसल बोने हेतु सुरक्षित रख सके। स्थानीय परम्परागत कोठियों में सुधार किया गया, इससे किसानों में काफी उत्साह बढ़ा है।

किसानों को रासायनिक उर्वरकों के दुष्प्रभावों को समझा कर प्राकृतिक विधि से तैयार गोबर व घास-फूस, कूड़ा-करकट तथा फसलों के अवशेषों से बनी खाद कम्पोस्ट बनाने हेतु प्रेरित किया गया तथा लगभग 100 गड्ढे तैयार किये गये जिसमें 100 कृषकों को सीधा लाभ पहुँचा तथा भूमि व पानी प्रदूषण से बचाया जा सका।[13]

उपलब्धियाँ

1. व्यक्तिगत विकास—संघ ने जब अपने कार्य को शुरू किया था तब उसने इस बात को ध्यान रखा कि हर कार्य तभी किया जाएगा जब ग्राम के सभी व्यक्तियों

से विचार-विमर्श कर लिया जाएगा। हर कार्य ग्रामीणों के विचार-विमर्श से होता है जिससे उनका आत्म-विकास हुआ। हर व्यक्ति को उसके महत्त्व के बारे में बताया गया। इसी के साथ-साथ ग्रामसभा की स्थापना की गई जिसमें किसी भी सन्दर्भ में बातचीत अनौपचारिक होती थी, जिसका परिणाम हुआ कि ग्रामीण स्वयं संघ के कार्यकर्त्ताओं से सम्पर्क करते और अपने निर्णय जो स्वयं द्वारा किये गये, संघ को बताते। हर व्यक्ति में यह भावना आ गई कि अब वह अपने आस-पास के जोहड़ों व सामलात देह का संरक्षण स्वयं कर सकते हैं।

2. सामाजिक विकास—संघ ने जिन गाँवों में अपना कार्य किया है वहाँ हमें तेजी से सामाजिक बदलाव दिखाई पड़ता है। अशिक्षा, नशा और अन्य कुरीतियों बाल-विवाह, दहेज आदि में साफतौर पर परिवर्तन झलकने लगा है। ग्रामीण शिक्षा के महत्त्व को समझ गये हैं। लड़कों के साथ लड़कियों की शिक्षा पर ध्यान देना शुरू कर दिया है। अब गाँवों में नुक्ता 30 प्रतिशत रह गया है जो सिर्फ अपने रिश्तेदारों तक सीमित है। घर की चार दीवारी में घूंघट लगाये बैठी महिलाओं को जब ग्राम-स्वराज्य की समझ आई तो वे भी गाँव के हित में घर से निकलीं और अपने पर्दे का त्याग कर ग्राम-स्वराज्य के काम में जुट गई। अपनी समस्याओं को खुद सुलझाने लगी हैं।

3. आर्थिक विकास—जोहड़ों के निर्माण से गाँवों की काया पलट हो गई है। लोगों का शहरों की ओर पलायन रुका है तथा उनकी कृषि पैदावार में वृद्धि हुई है। ग्रामीणों को रोजगार मिला है। संस्था किसी जोहड़ का निर्माण तब शुरू करती है जब काम के संचालन की जिम्मेदारी तथा चौथाई श्रमदान गाँव वालों का हो।

4. सामुदायिक विकास—संघ ने सामुदायिक विकास को आगे बढ़ाया है। महिला साथिन, युवक मण्डल, ग्राम-सभा ने इसे गति प्रदान की है। जिससे ग्रामीणों ने अनुशासन को समझा है। सामुदायिक तरीके से आज ग्रामीण अपने जंगलों व जोहड़ों की स्वयं रक्षा कर रहे हैं।[14]

3. शुभम महिला प्रशिक्षण संस्थान, अलवर

राजस्थान के प्रमुख स्वैच्छिक संगठनों में शुभम महिला प्रशिक्षण संस्थान का विशेष स्थान है। संस्था अपने क्षेत्र की समस्याओं के सुलझाव के लिए प्रयासरत है। संस्था का विस्तृत विवरण इस प्रकार है—

ऐतिहासिक पृष्ठभूमि

अकाल की शहरी कच्ची बस्तियों एवं ग्रामीणों तथा महिलाओं और बालक-बालिकाओं एवं शोषित दलित जातियों का बढ़ता शोषण अलवर जिले के लिए एक विकट समस्या है। ग्रामीणों की इस स्थिति को अनुभव कर उनके समग्र विकास हेतु बदलाव की आवश्यकता को महसूस कर अलवर के कुछ युवाजनों ने संगठित होकर प्रगति, विकास और उत्थान के लिए शुभम महिला प्रशिक्षण संस्थान का वर्ष 1993 में गठन किया था, और शहरी कच्ची बस्तियों एवं ग्रामीण क्षेत्रों के लोगों के समग्र विकास के लिए काम करना आरम्भ कर दिया। संस्थान को वैधानिक दर्जा देने की दृष्टि से राजस्थान राज्य संस्था पंजीकरण अधिनियम, 1958 के तहत वर्ष फरवरी 1995-96 में पंजीकरण हेतु आवेदन किया। शुभम् महिला प्रशिक्षण संस्थान एक अलाभकारी व अव्यावसायिक एवं स्वैच्छिक संगठन है जो वर्तमान में महिला संगठन है, जो राजस्थान राज्य सोसायटी रजिस्ट्रीकरण अधिनियम 1958 के तहत जुलाई 21, 1995-96 में पंजीकृत हुई है। संस्थान अलवर की शहरी कच्ची बस्तियों और जिले के रामगढ़ ब्लाक के अधीन तीन ग्राम पंचायतों क्रमशः देसूला, चौरोटी पहाड़, एवं साहड़ोली ग्राम पंचायतों तथा थानागाजी पंचायत समिति के अन्तर्गत अजबगढ़ और सिलीबावड़ी और ग्राम पंचायतों के साथ उमरैण ब्लॉक के पाँच गाँवों में एवं ग्रामवासियों के समग्र विकास के लिए कटिबद्ध है। संस्थान विकास एवं आजीविका कार्यक्रम के साथ-साथ स्वास्थ्य विकास और बालश्रमिकों को शिक्षा से जोड़ने शिक्षा के प्रसार-प्रचार करने हेतु प्रयत्नशील है।[15]

क्षेत्रीय समस्याएँ

1. कृषि के पुराने पारम्परिक एवं अवैज्ञानिक तरीके।
2. गाँव से मुख्यमार्ग तक मार्ग का असुविधापूर्ण होना।
3. स्वास्थ्य सुविधाओं एवं स्वास्थ्य जागरूकता का अभाव।
4. महिलाओं की पारिवारिक एवं सामाजिक स्थिति का कमजोर होना
5. बाल मजदूरी एवं बाल विवाह की समस्या।
6. भूमिगत स्रोतों का अंधाधुंध दोहन।
7. ग्रामीण क्षेत्रों में शिक्षा का अभाव, ग्रामीण लोगों में संगठनात्मक भावना का अभाव।
8. आर्थिक लोगों में संगठनात्मक भावना का अभाव।

9. आर्थिक विषमता व विपन्नता से ग्रामीण जन जीवन त्रस्त।

10.पर्यावरण के प्रति पूर्णतः असावधानी।

11.क्षेत्र में अज्ञानता, अंधविश्वास और रूढ़िवादिता की व्यापकता सरकारी विकास योजनाओं के लाभ से वंचित।

12.महिलाओं की अपनी सेहत व स्वास्थ्य के प्रति अधिक उदासीनता।

13.ग्रामीणजनों एवं शहरी कच्ची बस्तियों के निवासियों का विभिन्न प्रकार के नशा व्यसनों में लिप्त रहना।

14.ज्ञान के अभाव के रहते महिलाओं का अपने अधिकारों के प्रति अनभिज्ञता।

15.तालमेल की कमी के कारण सरकारी योजनाओं का पूर्ण लाभ न मिल पाना व लिंग भेद से परिपूर्ण मानसिकता।

16.जलसंकट एवं मवेशियों के चारे की समस्या।

संस्थान का कार्यक्षेत्र–संस्थान समूचे राजस्थान में कार्य करने हेतु अधिकृत है, किन्तु सीमित साधनों के रहते संस्थान राजस्थान राज्य के अलवर जिले के रामगढ़ पंचायत समिति के अन्तर्गत तीन ग्राम पंचायत (देसूला, चौरोटी पहाड़ और साहड़ोली) में तथा थानागाजी ब्लॉक के अधीन अजबगढ़ व सिलीबावड़ी और प्रतापगढ़ ग्राम पंचायतों, उमरैन ब्लॉक के पाँच ग्रामों में और कच्ची बस्तियों के निर्धन निवासियों के विकास के लिए कार्य कर रही है। रामगढ़ ब्लॉक के अधीन गाँवों के निवासियों का जीवन आर्थिक रूप से अत्यन्त कमजोर है। अशिक्षा का गहरा अंधकार यहाँ व्याप्त है। यह क्षेत्र अनुसूचित जाति व जनजाति बाहुल्य क्षेत्र है। थानागाजी ब्लॉक में पथरीली जमीन होने से यहाँ की कृषि की स्थिति अच्छी नहीं है। यहाँ बाल श्रम व्याप्त है। शिक्षा की कमी ज्यादा है। आदिवासी लोग यहाँ अधिक हैं। यह क्षेत्र मीना बाहुल्य क्षेत्र है। इसके अतिरिक्त थानागाजी ब्लॉक की प्रतापगढ़, अजबगढ़ व सिलीबावड़ी ग्राम पंचायतों के अन्तर्गत गाँवों और ग्रामवासियों की स्थिति ज्यादा बदहाल है। थानागाजी से लगभग पैंतीस किलोमीटर दूर स्थित अजबगढ़ व सत्रह कि.मी. दूर सिलीबावड़ी ग्राम पंचायत के अधीन ग्राम आम सुविधाओं से वंचित हैं। मीणा बाहुल्य क्षेत्र होने के साथ अनुसूचित जाति व जनजाति के लोग भी अधिकतर हैं। विपन्नता, बालश्रम की व्यापकता साफ दिखाई देती है। जन जीवन का स्तर निम्नस्तरीय है। इस क्षेत्र में जीवन यापन का प्रमुख आधार मजदूरी, पशुपालन और थोड़े स्तर पर कृषि है। अजबगढ़ की समस्या यूँ तो प्रमुख रूप से आर्थिक तंगी है जिसकी वजह से यहाँ बालश्रम अधिक व्याप्त है। इसके

अतिरिक्त यहाँ आवागमन के लिए ऊँची-नीची, टूटी-फूटी सड़कें निवासियों का एक बड़ा भाग मजदूरी में लगा होने के कारण आर्थिक हालात अत्याधिक बिगड़े हुए हैं। यह मीणा बाहुल्य क्षेत्र है पारम्परिक ढंग से की जाने वाली कृषि का नतीजा बहुत लाभप्रद नहीं है। यहाँ की भूमि सख्त और पथरीली है, भूमिगत स्रोतों का अधिकाधिक दोहन, जल की कमी और रूढ़िवादिता व अंधविश्वास इस क्षेत्र में व्यापक रूप से व्याप्त है। जिले की उमरैण पंचायत समिति के अन्तर्गत गाँववासियों के जीविकोपार्जन का प्रमुख आधार कृषि और पशुपालन है। शिक्षा की कमी यहाँ अत्यधिक है। सरकारी जन कल्याणकारी योजनाओं से अनभिज्ञ यहाँ का जन सामान्य इन योजनाओं के लाभ से वंचित है। महिलाओं की सामाजिक स्थिति अच्छी नहीं है लेकिन पुरुषों की तुलना में वे अधिक महत्त्वपूर्ण हैं।

कार्य और उद्देश्य–शुभम महिला प्रशिक्षण संस्थान निम्नलिखित उद्देश्य को सामने रखकर कार्य संपन्न करता है–

1. शहरी कच्ची बस्तियों और गाँव की गरीब महिलाओं का सामाजिक व आर्थिक उत्थान।
2. ग्रामीण क्षेत्र में शिक्षा का प्रचार-प्रसार।
3. ग्रामीण क्षेत्रों की गरीब महिलाओं के समूहों का गठन और उन्हें स्वरोजगार की ओर अग्रसर करना।
4. गरीब ग्रामीण महिलाओं के स्वयं सहायता समूहों का अधिकाधिक गठन एवं संवर्द्धन।
5. महिला विकास में महिला संगठनों का बढ़ावा देना, उनमें जागरूकता लाना।
6. सरकार की आर्थिक, सामाजिक, स्वास्थ्य व परिवार कल्याण तथा शिक्षा-योजनाओं और स्वच्छ पर्यावरण संबंधी योजनाओं व अभिभावकों की कामयाबी के लिए सहयोग प्रदान करना।
7. ग्रामीण गरीब महिलाओं का आर्थिक विकास व स्वरोजगार कार्यक्रम को बढ़ावा देना।
8. नशाबंदी हेतु जन चेतना और जागृति के लिए कार्यक्रमों का आयोजन।
9. महिलाओं को तकनीकी प्रशिक्षण प्रदान कर उन्हें स्वावलम्बन की दिशा में आगे बढ़ाना।

10. महिलाओं की समाज में निर्णायक भूमिका को आगे लाने के लिए जागृति पैदा करना।
11. ग्रामीण क्षेत्रों में भूमि सुधार एवं जल संग्रहण व जल संरक्षण हेतु चेतना के कार्यक्रम आयोजित करना।
12. कच्ची बस्तियों के बालकों व महिलाओं के लिए शैक्षणिक चेतना का प्रसार
13. महिला समूह बनाकर उनमें बचत की आदत डालना
14. कृषि एवं बागवानी विकास हेतु कृषकों एवं ग्रामीण महिलाओं को प्रशिक्षण देना और तकनीकी की जानकारी देना।
15. ग्रामीण शिक्षा के कार्यक्रमों में साक्षरता, अनौपचारिक शिक्षा में सहायता करना।
16. मातृ शिशु सुरक्षा व अन्य बीमारियों के प्रति चेतना के कार्यक्रम करना।
17. समाज कल्याण एवं राष्ट्रीय महत्त्व के कार्यक्रम आयोजित करना
18. पर्यावरण हेतु जन जागरुकता एवं जन चेतना।
19. सम्पूर्ण कार्य ग्रामीण लोगों की सहमति व विचार-विमर्श के बाद ही हाथ में लिये जाते हैं।[16]

संस्थान की कार्यशैली

1. समस्त विकास के कार्य गरीब, उपेक्षित व वंचित वर्ग के लिए ही किये जाते हैं।
2. महिलाओं के समूह का गठन कर उन्हें आर्थिक सुधार व स्वावलम्बन की दिशा में आगे बढ़ने को प्रोत्साहन।
3. प्रत्येक गाँव में ग्रामीण विकास समिति का गठन।
4. कार्यों का लेखा-जोखा संस्थान के अध्यक्ष सचिव द्वारा रखा जाता है, जिसकी जानकारी प्रत्येक सदस्य को होती है।
5. प्रत्येक कार्य में ग्रामीणों का सहयोग अनिवार्य होता है जिसका निर्णय शुभम महिला प्रशिक्षण संस्थान के प्रतिनिधि व समूह आपस में बातचीत करके तय करते हैं।
6. ग्रामीणों को सृजनात्मक कार्यों के लिए तैयार करना।

7. बाल शिक्षा के लिए उनके अभिभावकों से मिलकर उनकी शिक्षा के प्रति सकारात्मक सोच बना कर बच्चों को शिक्षा से जोड़ना।
8. बंधुआ मजदूरों को शिक्षा से जोड़ना।
9. संस्थान की कार्यकारिणी में निर्णय लेकर संस्थान का उपलब्ध सीमित साधनों के माध्यम से अपने लक्ष्यों की पूर्ति करना।[17]

संसाधन

- भवन–एक
- दुपहिया वाहन–दो
- बुनाई मशीन–तीन
- मेज–दस
- कुर्सियाँ–अठारह
- फर्श बड़ी–दस
- बर्तन व बिस्तर सेट–बीस
- बुनाई मशीन पट्टा–तीन
- टेलरिंग पट्टा–दो
- सिलाई मशीन–छः
- टेलिफोन–एक
- स्टेशनरी–पर्याप्त
- बैनर–आठ
- ग्रामीण विकास संबंधी साहित्य–पर्याप्त
- अलमारी–चार
- कार्यालयिक आवश्यक सामग्री–पर्याप्त
- बुकशेल्फ–चार
- फुटसिविंग मोटर मशीन–एक

मानव संसाधन

- एक्जीक्युटिव सचिव

- एक्जीक्युटिव ऑफिसर
- कार्यक्रम निदेशक
- समन्वयक
- परियोजना अधिकारी
- इन्जीनियर (स्वैच्छिक)
- बालरोग चिकित्सक (स्वैच्छिक)
- महिला रोग विशेषज्ञ चिकित्सक (स्वैच्छिक)
- पशुचिकित्सक
- सामाजिक कार्यकर्ता
- सन्दर्भ व्यक्ति
- लेखाकार
- फील्ड वर्कर
- क्लर्क
- शैक्षणिक कार्यक्रम प्रभारी
- शैक्षणिक कार्यक्रम सहायक
- महिला प्रशिक्षिका
- सहायक कर्मचारी।[18]

संस्थान की 2002 -2003 की गतिविधियाँ

1. **बाल विकास के कार्य**—संस्था रामगढ़ ब्लाक की चौरोटी पहाड़ ग्राम पंचायत के अधीन ग्राम लोहरवाड़ी में 4 अप्रैल, 2002 से मेव बालिकाओं एवं बालकों को शिक्षा से जोड़ने हेतु संस्थानिक स्तर पर निःशुल्क रूप से प्राथमिक स्तर के विद्यालय का संचालन कर रही है। संस्थान द्वारा देसूला ग्राम पंचायत के अन्तर्गत ग्राम घेघोली में दिनांक 2 मई 2002 से 4 मई 02 तक बाल स्वास्थ्य शिविर का आयोजन किया गया जिसमें बाल स्वास्थ्य विशेषज्ञ डॉ. मदन लाल अरोड़ा ने बच्चों के स्वास्थ्य का निरीक्षण किया तथा उनके माता-पिता और अभिभावकों को बच्चों के स्वास्थ्य के प्रति सलाह और सुझाव दिये। बाल स्वास्थ्य शिविर के तीसरे दिन मई 21, 2002 को शिविर का समापन समारोह पूर्वक किया गया।

(2) बालक्रीड़ा प्रतियोगिता–रामगढ़ ब्लॉक की साहडोली ग्राम पंचायत के अन्तर्गत ग्राम बलवण्डका, ढेंगी का बास, भुवाका, केसरोली, भटसेरा आदि गाँवों के बालक-बालिकाओं में खेल की भावना विकसित करने के लिए संस्थान द्वारा 8 मई से 10 मई 2002 तक खेल प्रतियोगिता का आयोजन किया।

(3) अन्य संस्थाओं, संगठनों के साथ संस्थान के कार्य–संस्थान की सहयोगी संस्था जयपुर की अरावली और फ्रेण्ड्स ऑफ वर्ल्ड वूमन बैंक के साथ महिलाओं के आर्थिक एवं आजीविका कार्यक्रम को अधिक अच्छा बनाने हेतु स्वयं सहायता समूह का शैक्षणिक भ्रमण कार्यक्रम तय किया तथा इस हेतु प्रदेश की नौ संस्थाओं के साथ 22 से 26 अप्रैल 2002 तक इस कार्यक्रम के माध्यम से अन्य संस्थाओं के साथ अपने अनुभव बाँटे। 5 मई, 2002 को संस्थान द्वारा नेटवर्क की बैठक में अन्य सहयोगी संस्थाओं के साथ महिलाओं की न केवल स्थिति-परिस्थिति पर अपने अमूल्य विचारों की प्रस्तुति संस्थान द्वारा की गई अपितु महिला सशक्तिकरण हेतु महिला शिक्षा और कानूनी जागरूकता को लेकर प्रयासों की आवश्यकता पर प्रकाश डाला।

(4) बाल-विवाह उन्मूलन हेतु चेतना कार्यक्रम–ग्राम चौरोटी पहाड़ से दिनांक 15 जून, 2002 को आखातीज के उपलक्ष में बाल विवाह उन्मूलन हेतु चेतना रैली भी निकाली गई जिसमें आसपास के दस गाँवों-चौरोटी पहाड़, मालियों का वास, भटसेरा, लोहरवाड़ी, कैमाला, देसूला, खौड़, भूदर का वास ने भाग लिया और उक्त रैली समूची ग्राम पंचायत के अधीन गाँवों से होकर मालियों के वास में सम्पन्न हो गई जहाँ इसे एक विशाल जागरूकता संगोष्ठी में बदल दिया गया।[19]

(5) पर्यावरण चेतना संगोष्ठी–अलवर जिले के थानागाजी ब्लॉक रामजी का ग्वाड़ा गाँव में संस्थान की ओर से श्रीमती सुशीला देवी की अध्यक्षता में दिनांक 2 जून, 2002 को पर्यावरण चेतना संगोष्ठी का आयोजन किया गया। जिसमें स्वच्छ पर्यावरण के प्रति ग्रामीणजनों को चेतना प्रदान की। इस अवसर पर वृक्षों की कटाई, पॉलीथीन की थैलियों और प्रदूषणकारी पदार्थों का उपयोग बिल्कुल नहीं करने के संदर्भ में ग्रामीण महिलाओं ने संकल्प लिया तथा वृक्ष लगाए गये। इस अवसर पर समूचे गाँव की लगभग 40 महिलाओं ने भाग लिया।

(6) नशा मुक्ति कार्यक्रम–4 जुलाई, 2002 को थानागाजी तथा 13 सितम्बर, को नशा मुक्ति शिविर का आयोजन किया गया। जिसमें ग्रामीणों को नशे से मुक्त होने के लिए कहा गया तथा इस बुराई के नकारात्मक प्रभावों के बारे में बताया गया।

(7) देसूला ग्राम में महिला तकनीकी प्रशिक्षण कार्यक्रम—5 अगस्त, 2002 को महिलाओं को आर्थिक रूप से स्वावलम्बी बनाने हेतु तीन माह का लैदर वर्क प्रशिक्षण कार्यक्रम किया गया। इससे देसूला ग्राम की महिलाएँ लैदरवर्क में न केवल प्रशिक्षित हो गयी, बल्कि उनमें से कई तो इसे अपने व्यवसाय के रूप में अपनाने लगी और वर्तमान में वे लैदरवर्क से अपने परिवार की जीविकोपार्जन कर रही हैं।

(8) एड्स जागरूकता कार्यक्रम—संस्थान द्वारा 5 सितम्बर, 2002 को एड्स जागरूकता कार्यक्रम को एक अभियान का रूप देकर रामगढ़ ब्लॉक के संवेदनशील स्थानों पर इस कार्यक्रम का प्रचार-प्रसार किया। कार्यक्रम के अन्तर्गत ग्रामीणजनों तथा सैक्स वर्करों और वाहन चालकों को एड्स की विस्तृत जानकारी देते हुए एड्स से बचाव के सन्दर्भ में जानकारी प्रदान की गई।

(9) महिला चेतना शिविर—रामगढ़ ब्लॉक की चौरोटी पहाड़, साहडोली और देसूला ग्राम पंचायतों के अन्तर्गत गाँवों में महिलाओं को चेतना प्रदान करने हेतु संस्थान द्वारा दिनांक 7 अगस्त, 2002 को महिला चेतना शिविर का आयोजन ग्राम देसूला में किया गया, जिसमें प्रमुख रूप से महिलाओं के शिक्षित होने पर बल दिया।

(10) महिला शिक्षा कार्यक्रम—18 अगस्त से संस्थान ने लोहरवाड़ी ग्राम (अलवर) की महिलाओं को लिखाने-पढ़ाने का कार्य आरम्भ किया। यहाँ मेव विद्यालय की स्थापना की। विद्यालय पूर्ण रूप से अनौपचारिक एवं निःशुल्क संचालित किया जा रहा है जिसमें मेव बालिकाएँ एवं महिलाएँ नियमित रूप से शिक्षा प्राप्त कर रही हैं।

(11) उपभोक्ता चेतना संगोष्ठी—22 सितम्बर, 2002 को उपभोक्ता चेतना संगोष्ठी का आयोजन किया जिसमें उपभोक्ता संरक्षण मंच की पूर्व सदस्या शशि तिवाड़ी ने मुख्य आतिथ्य स्वीकारते हुए ग्रामीण उपभोक्ता को उनके कानूनी अधिकारों के प्रति जानकारी प्रदान की तथा अधिकारों के प्रति जागरूक रहने की आवश्यकता पर बल डालते हुए कानूनी मार्गदर्शन प्रदान किया।

(12) स्वयं सहायता समूह की महिलाओं की आर्थिक चेतना संगोष्ठी—थानागाजी ब्लॉक अजबगढ़ में संस्थान द्वारा गठित 10 स्वयं सहायता समूहों की महिलाओं को आर्थिक रूप से जागरूकता प्रदान करने के लिए एक संगोष्ठी का आयोजन 30 अगस्त, 2002 को किया गया।

(13) महिला स्वरोजगार कार्यक्रम–15 नवम्बर, 2002 को ग्राम बख्तल की महिलाओं ने सिलाई का कार्य आरम्भ किया जिसके लिए सिलाई मशीन संस्था के द्वारा प्रदान की गई। गाँव कैमाला (अलवर) की महिलाओं ने लैदरवर्क का काम शुरू किया जिसमें स्कूलों से सम्पर्क कर बच्चों के बैग बनाने का कार्य शुरू किया गया। बख्तल की चौकी (अलवर) की ग्रामीण महिलाओं ने स्वयं का रोजगार, जैसे-सब्जी की दुकान, चूड़ी की दुकान आदि प्रारम्भ की हैं तथा भैंस की डेयरी आरम्भ की। इसके लिए बैंक से ऋण संस्था के द्वारा दिलवाया गया।

(14) पर्यावरण जागरूकता कार्यक्रम–दिनांक 6 फरवरी, 2003 को राष्ट्रीय पर्यावरण जागारुकता अभियान 2002-03 की शुरुआत ग्राम पंचायत चौरोटी पहाड़ के ग्राम लोहरवाड़ी में समारोहपूर्वक की गई। जल संग्रहण एवं संरक्षण को लेकर उक्त कार्यक्रम के अन्तर्गत पानी के अभाव और पानी के अपव्यय के प्रति जन-जन में जागरूकता पर बल दिया।[20]

योगदान-संस्था का योगदान इस प्रकार है-

(1) बाल विकास का अनूठा प्रयास–राजस्थान के जिला अलवर के रामगढ़, उमरैण एवं थानागाजी ब्लॉक में लगभग सात ग्राम पंचायतों के अन्तर्गत 37 गाँवों और ढाणियों में संगठन बालक-बालिका के समग्र विकास हेतु प्रयत्नशील है। संस्थान रामगढ़ ब्लॉक की चौरोटी पहाड़ ग्राम पंचायत के अधीन ग्राम लोहरवाड़ी में 4 अप्रैल, 2003 से मेव बालिकाओं एवं बालकों को शिक्षा से जोड़ने हेतु संस्थानिक स्तर पर निःशुल्क रूप से प्राथमिक स्तर के विद्यालय का संचालन कर रही है जिसमें लगभग 40 मेव बालिकाएँ और 50 बालक अध्ययनरत हैं। इसके अतिरिक्त संस्था भारत सरकार के सहयोग से थानागाजी ब्लॉक के ग्राम अजबगढ़ व इसके आसपास के गाँवों के 50 बाल श्रमिकों को बालश्रम उन्मूलन, बालश्रमिक विशेष विद्यालय का संचालन कर रही है, इससे बालकों की स्थिति में सुधार हुआ है।

(2) महिलाओं की आर्थिक स्थिति में सुधार–संस्थान महिलाओं के सूक्ष्म वित्त विकास एवं आजीविका कार्यक्रम को दीर्घकाल से चला रही है। रामगढ़ ब्लॉक की चौरोटी पहाड़, देसूला एवं साहडोली ग्राम पंचायतों तथा थानागाजी पंचायत समिति के अन्तर्गत अजबगढ़ और सिलीबावड़ी ग्राम पंचायतों में स्वयं सहायता समूहों के गठन एवं संवर्द्धन के साथ-साथ संस्थान उक्त पाँच ग्राम पंचायतों के अन्तर्गत 33 गाँवों एवं ढाणियों की गरीब महिलाओं को स्वयं सहायता समूहों के माध्यम से आर्थिक स्वावलम्बन एवं आर्थिक विकास के साथ उन्हें स्वरोजगार की

दिशा में आगे बढ़ने को प्रेरित किया। संस्थान द्वारा गठित एवं संचालित स्वयं समूहों की संख्या 157 है जिन्हें बैंक ऋण योजनान्तर्गत बैंक से जोड़ चुका है। हाल ही में नाबार्ड के प्रयोजन से संस्थान द्वारा थानागाजी ब्लॉक की अजबगढ़, सिलीबावड़ी ग्राम पंचायतों के अधीन 16 ग्राम पंचायतों के अधीन 16 गाँवों में संस्थान द्वारा सहायता समूहों के गठन एवं संवर्द्धन का कार्य जारी है। इस क्षेत्र में संस्थान के नये-पुराने लगभग 19 स्वयं सहायता समूह गठित किये जा चुके हैं। संस्थान स्वयं सहायता समूहों के माध्यम से 2650 ग्रामीण महिलाओं से सीधे सम्पर्क में है। इस ऋण से महिलाओं ने छोटा-मोटा कार्य शुरू किया, जैसे-लैदर वर्क, ब्यूटीशियन, सिलाई-बुनाई का कार्य आदि इससे महिलाओं की आर्थिक स्थिति में सुधार हुआ।

(3) सामाजिक विकास–संस्था ने जिन गाँवों में अपना कार्य किया है, वहाँ हमें तेजी से सामाजिक बदलाव दिखाई पड़ता है। अशिक्षा, नशा और अन्य कुरीतियों बाल-विवाह, दहेज आदि में साफतौर पर परिवर्तन झलकने लगा है। ग्रामीण शिक्षा के महत्त्व को समझ गये हैं तथा लड़कों के साथ लड़कियों की शिक्षा पर ध्यान देना शुरू कर दिया है। महिलाओं में अपनी समस्याओं को खुद सुलझाने की प्रवृत्ति का विकास हुआ।

(4) सामुदायिक विकास–संस्था ने सामुदायिक विकास को आगे बढ़ाया है। बाल श्रम उन्मूलन कार्यक्रम, स्वयं सहायता का निर्माण व संवर्द्धन बाल-विवाह उन्मूलन हेतु चेतना कार्यक्रम, पर्यावरण चेतना, नशा मुक्ति शिविर, महिला समूह संगठन, महिला चेतना शिविर उपभोक्ता चेंतना संगोष्ठी ने इसे गति प्रदान की है। जिससे ग्रामीणों ने अनुशासन को समझा है। सामुदायिक तरीके से ग्रामीण अपनी समस्याओं को हल कर रहे हैं।[21]

4. सामाजिक कार्य एवं अनुसंधान केन्द्र, तिलोनिया (अजमेर)

राजस्थान के प्रमुख स्वैच्छिक संगठनों में सामाजिक कार्य एवं अनुसंधान केन्द्र (एस.डब्ल्यू.आर.सी.) का अपना विशेष स्थान है। इस संस्था द्वारा बंकर राय के नेतृत्व में किए गए ग्रामीण विकास के प्रयोग देश तथा विदेश में चर्चित हो चुके हैं। संस्था का विस्तृत विवरण इस प्रकार है–

ऐतिहासिक पृष्ठभूमि–सामाजिक कार्य एवं अनुसंधान केन्द्र (एस. डब्ल्यू. आर. सी.) जिसे बेयरफुट कॉलेज के नाम से भी जाना जाता है, ने अपनी शुरुआत 1972 में तिलोनिया नामक एक शांत गाँव से की थी, जो राजस्थान के अजमेर जिले में स्थित है।

आधार स्तम्भ—बंकर राय ने 1972 में एस.डब्ल्यू. आर.सी. की स्थापना की थी। 1966–67 के दौर में राय ने कुछ समय बिहार के अकाल पीड़ित क्षेत्रों में बिताया। अकाल की पीड़ा उनके दिल को छू गयी। इसके अलावा उनकी मुलाकात इस दौरान 'जय प्रकाश नारायण' से हुई जिनसे उनका हृदय परिवर्तन हो गया।[22]

दर्शन—एक सामान्य रोजगार के पीछे प्रयत्न करने के बजाय समान विचारधारा वाले अपने तीन अन्य साथियों के साथ मिलकर राय ने गरीबों के कल्याण के लिए कार्य करना बेहतर समझा। वह चाहते थे कि समाज कार्य की उस प्रथा को तोड़ा जाए जिसका रुख शहरी, मध्यम वर्गीय, शैक्षणिक लोगों से संबंधित हो और ग्रामीण गरीबों को अपने जीवन की नियति खुद तय करने पर मोड़ा जाय। शुरू में सभी ग्रामवासियों के साथ काम करने की सोच थी। धीरे-धीरे पता चला कि सभी गाँव वालों की स्थिति एक-सी नहीं है, गाँवों में भी कुछ लोगों का पुरानी व्यवस्था बनाए रखने का स्वार्थ था, जिससे कि सत्ता उनके ही हाथों में बनी रहे। उधर विकास की गतिविधियों का लाभ भी स्वयं वे लेते थे। एस.डब्ल्यू.आर.सी. की सबसे पहली समस्या ऐसे लोगों की पहचान करना था जो ग्रामीण गरीबों की तरह साधारण कपड़े पहनते थे व जीवन जीते थे।

क्षेत्र का मूल्यांकन करने पर ज्ञात हुआ कि पानी की कमी क्षेत्र की एक चिरस्थायी समस्या है, जिसकी वजह से यहाँ अकाल, भुखमरी, बेरोजगारी और गरीबी व्याप्त है। ग्रामीण विद्युतीकरण निगम के लिए एस.डब्ल्यू आर.सी. ने स्वयं सिलोरा खण्ड के 110 गाँवों के भू-जल-स्तर के सर्वेक्षण का कार्य अपने हाथों में लिया। इस कार्य में हालाँकि दो वर्ष लगे लेकिन इन गाँवों में विद्युतीकरण हो गया। इसके पश्चात् ग्रामीण उद्योग, कृषि विकास एवं विस्तार, भू-जल का पुनः उपयोग, जल संचयन, तकनीकी हस्तान्तरण, स्वास्थ्य शिक्षा, यहाँ तक कि ग्रामीण जीवन के हर क्षेत्र में परिवर्तन आया। एस.डब्ल्यू.आर.सी. का केन्द्र बिन्दु ग्रामीण गरीब ही रहा है।[23]

उद्देश्य

(1) ग्रामीणों का जीवन स्तर उठाना व उसमें सुधार लाना।

(2) ग्रामीणों का परम्परागत ज्ञान व कुशलता को प्रशिक्षण के द्वारा और अधिक विकसित करना।

(3) ग्रामीण समाज को वहाँ की आधारभूत सेवा नियन्त्रण के लिए और अधिक जवाबदेह बनाने हेतु परामर्श देना।

(4) न्याय पाने के लिए उन्हें संघर्ष हेतु प्रेरित करना।

(5) जनता के नाम पर जो पैसा लिया जाता है, उसकी पारदर्शिता एवं उसका लेखा-जोखा सबके लिए उपलब्ध कराना।

सैद्धान्तिक मूल्य–संस्था के सैद्धान्तिक मूल्य इस प्रकार हैं–

(1) समानता–बेयरफुट कॉलेज का मानना है कि समाज में प्रत्येक व्यक्ति का महत्त्वपूर्ण स्थान है, अतः प्रत्येक व्यक्ति का आदर होना चाहिए। कोई भी व्यक्ति चाहे वह किसी भी धर्म, सम्प्रदाय, शिक्षित-अशिक्षित वर्ग से हो, वह एक जिम्मेदार पद के योग्य है। तिलोनिया में जीवन के सभी पक्षों में इस सिद्धान्त का समावेश है। खाना-खाने के बाद सभी अपने बर्तनों को खुद साफ करते हैं। शारीरिक परिश्रम करने के साथ-साथ वे अपने घर व परिवार को भी साफ-सुथरा रखते हैं।

(2) सामूहिक निर्णय प्रक्रिया–यहाँ स्टॉफ के सभी सदस्यों को निर्णय लेने के लिए प्रेरित करने का प्रयास किया जाता है ताकि सभी लोग निर्णय प्रक्रिया में भाग ले सकें। इस वजह से तिलोनिया की स्थिति सुदृढ़ हुई है। यहाँ के लोगों द्वारा लिये गए निर्णय सर्वसम्मति से होते हैं जो कि व्यक्ति के स्वयं के विकास को मजबूती प्रदान करते हैं। संगठन का ढाँचा बड़ा व समतल है इस वजह से सूचनाओं के आदान-प्रदान की प्रेरणा मिलती है और सभी समूहों के लोग एक-दूसरे के प्रति उत्तरदायी होते हैं।

(3) विकेन्द्रीकरण–बेयरफुट कॉलेज सबसे निचले स्तर की योजनाबद्धता के लिए समर्पित है। ग्रामीण अपनी आवश्यकताओं की पहचान कर सकते हैं। वे अपना मुखिया खुद चुन सकते हैं व अपनी समस्या का समाधान भी कर सकते हैं, यदि उनकी पहुँच सूचना और राजनीति की शिक्षा तक हो। यही वजह है कि इस नीति पर कायम यह संगठन अधिक स्वायत्तता एवं स्वतन्त्रता के लिए हर स्तर के कार्यकर्ताओं को प्रेरित करता है।

(4) आत्मनिर्भरता–जब लोगों में आत्मविश्वास एवं योग्यता विकसित होती है और वे सामूहिक रूप से मिलकर अपने कौशल एवं ज्ञान का उपयोग करते हुए अपनी समस्याओं का समाधान करते हैं तो वे आत्मनिर्भर होना सीखते हैं। बेयरफुट कॉलेज का मुख्य ध्येय अपने कार्यकर्ताओं द्वारा व्यक्ति का आत्मविश्वास एवं उसे स्वयं पर निर्भर रहने का बढ़ावा देना है। थोड़ा शिक्षित कोई भी ग्रामीण व्यक्ति चाहे वह महिला हो या पुरुष, यदि इच्छुक हो तो उसे अत्याधुनिक तकनीक द्वारा प्रशिक्षित किया जाता है। ज्ञान एवं कुशलता के लिए बाहरी एजेंसियों पर निर्भरता न्यूनतम है। बेयरफुट के स्वास्थ्य कार्यकर्ता, अभियन्ता, लेखाकार एवं शिक्षक शहरी

व पेशेवर लोगों का स्थान ले चुके हैं, जबकि अन्य कई समाज आज भी उन पर आश्रित हैं।

(5) आत्मसंयम–संगठन के सभी कार्यकर्ता व कर्मचारी स्वयं साधारण जीवनयापन द्वारा ग्रामीण समाज की सामूहिक अपेक्षाओं को पूरा करने का प्रयास करते हैं न कि केवल व्यक्तिगत हितों की प्राप्ति के लिए। इसका फल यह हुआ कि गरीब ग्रामीण में भी बेयरफुट कॉलेज के लिए अपनत्व की भावना जागी। यहाँ विचारों तथा कार्य पद्धति दोनों में आत्मसंयम पर जोर दिया जाता है। लोगों को कार्य तथा उसको पूरा करने की चुनौती के लिए आमंत्रित किया जाता है न कि पैसे के लिए।

(6) सीखने के लिए खुलापन–यहाँ कार्यकर्ताओं को इस बात के लिए प्रोत्साहित किया जाता है कि वे अधिक से अधिक विधाओं में कार्य करके ज्ञान अर्जित करें। डब्ल्यू. आर. सी. में किसी ने कभी यह नहीं कहा कि यह मेरा काम नहीं है। जो लोग कई वर्षों से संस्था के साथ जुड़े हैं वे किसी समय कठपुतली वाला, लेखाकार, होम्योपैथ, चिकित्सक, खुदाई करने वाला अथवा शिक्षक रहे हैं। बेयरफुट कॉलेज लोगों को उनकी अपनी इच्छा एवं स्वतन्त्रता से सभी कार्य सीखने की स्वतंत्रता देता है।

(7) महिलाओं का सम्मान–यहाँ महिलाओं की क्षमता एवं कार्यकुशलता को अन्य सदस्यों के समान मानकर सम्मान की दृष्टि से देखा जाता है। एस.डब्ल्यू.आर.सी. ने कई परम्परागत बेड़ियों को तोड़, धारणाओं को बदला है। अर्द्धशिक्षित ग्रामीण महिलाओं ने कम्प्यूटर चलाकर, हैंडपम्प की मरम्मत करके व सौर ऊर्जा के उपकरणों को लगाने के अलावा वर्षा जल-संचयन के लिए टैंकों का निर्माण कर अपनी योग्यता का परिचय दिया है।[24]

कार्यक्षेत्र–एस. डब्ल्यू. आर. सी. ने अपने कार्य की शुरुआत एक गाँव तिलोनिया से की थी। आज संस्था का कार्य राजस्थान के अजमेर, जयपुर, सीकर, बाड़मेर तथा नागौर जिले के 110 गाँवों में है।

वित्तीय संसाधन–कपार्ट, केन्द्र सरकार, राज्य सरकार, विदेश व अपने संसाधन।[25]

कार्य व उपलब्धियाँ

(1) पेयजल–सामाजिक मतभेद के साथ-साथ संस्था के कार्यक्षेत्र की सबसे विकट समस्या पेयजल की है। अब तक संस्था द्वारा करीब 13 सौ से ज्यादा हैंडपम्प

लगवाए गए हैं। पहले सौ से सवा सौ फुट गहरायी पर पानी मिल जाता था लेकिन जल-स्तर गिरने से अब पानी दो सौ से ढाई सौ फुट नीचे चला गया है।

यह देख एस.डब्ल्यू आर.सी. ने वर्षा जल संचयन का अभियान चलाया। 1986 से लेकर अब तक करीब दो सौ टैंकों का निर्माण किया गया है जिनमें करीब डेढ़ करोड़ लीटर वर्षा जल संचित किया जा सकता है। इसके अतिरिक्त कई तालाब भी खोदे गये जिससे कि उनमें वर्षा जल को भरा जा सके। इससे भू-जल का स्तर ऊपर लाने में सहायता मिली। इसके अतिरिक्त गाँवों में टंकियाँ बनाकर पाइप लाइन द्वारा घर-घर पानी पहुँचाने का कार्य एस.डब्ल्यू.आर.सी. द्वारा किया गया। एस.डब्ल्यू.आर.सी. ने अपने इस प्रयोग में स्थानीय लोगों की सहायता ली। जिसने भी इस योजना को चाहा उसने धन व श्रम का योगदान दिया। जिसने जहाँ व जिस स्थान को चिन्हित किया वहाँ टैंक बनाकर पाइप लाइन द्वारा घरों से घरों को जोड़ा गया। राजस्थान की स्थिति यह है कि यहाँ एक साल वर्षा होती है और दो वर्ष सूखा पड़ता है। ये सभी विकल्प एक हद तक ही कारगर साबित हुए। यदि बरसात नहीं होती है तो सूखे की चुनौती से मुकाबला करने के लिए नयी तकनीकें अपनानी पड़ती हैं।

(2) सौर ऊर्जा—एस.डब्ल्यू.आर.सी. ने जब तिलोनिया में अपना काम शुरू किया तो वहाँ बिजली नहीं थी, यहाँ के घरों में या तो अंधेरा छाया रहता था या फिर कुछ घरों में लालटेन जलती थी। क्षेत्र के विद्युतीकरण के लिए संस्था ने कपार्ट की सहायता से सौर ऊर्जा कार्यक्रम की शुरुआत की। आज संस्था के 60 हजार वर्गफुट में फैले कार्यालय परिसर में सौर ऊर्जा की बिजली का प्रयोग किया जा रहा है। परिसर में 13 किलोवाट का सौर ऊर्जा संयंत्र स्थापित किया गया है। इसके अतिरिक्त चार पम्प भी हैं जो सौर ऊर्जा से चलते हैं। इन पम्पों द्वारा प्रतिदिन 60 से 70 हजार लीटर पानी निकाला जा सकता है। यदि 50 फुट गहराई से पानी निकालना हो तो करीब 18-20 हजार लीटर पानी खींचा जा सकता है।

(3) प्रशिक्षण कार्यक्रम—संस्था ने ग्रामीण गरीबों, अनपढ़ों तथा कम पढ़े-लिखे युवाओं को तकनीकी प्रशिक्षण देकर कुशल कारीगर बनाने में अप्रत्याशित सफलता प्राप्त की है। इसका सबसे बड़ा उदाहरण संस्था के करीब 60 हजार वर्ग फुट निर्माण क्षेत्र पर मात्र 30 रुपये प्रति फुट की दर से कारीगरों द्वारा निर्माण कार्य 1986-89 के मध्य तीन वर्षों में पूरा किया गया। संस्था अब तक करीब 600 ग्रामीणों को हैंडपम्प मरम्मत के लिए प्रशिक्षित कर चुकी है जो कि सरकारी व गैर-सरकारी संस्थाओं में हैंडपम्पों की मरम्मत का काम करते हैं इनमें से कई

तो राजस्थान सरकार के स्थायी कर्मचारी हो गये हैं। पिछले 25 वर्षों के दौरान संस्था ने करीब पौने दो सौ व्यक्तियों को प्रशिक्षण देकर सोलर इंजीनियर बनाया है। इनके अतिरिक्त करीब 30-40 लोगों को निर्माण कार्य से लेकर भवन का डिजाइन बनाने का प्रशिक्षण दिया गया, जो कार्य वास्तुकार ही करते हैं। 150 से ज्यादा दाई व 40 से ज्यादा डॉक्टर तैयार किये हैं। ये लोग घर-घर जाकर लोगों को स्वास्थ्य सेवाएँ उपलब्ध कराते हैं। ये बेयरफुट डॉक्टर छोटे-मोटे रोगों के अतिरिक्त क्षयरोग जैसे भयावह रोगों का उपचार तक करने में सक्षम हैं।

एस.डब्ल्यू.आर.सी. ने अब तक कम से कम 250 बेरोजगार युवकों को शिक्षक का प्रशिक्षण दिया है जो अब स्कूलों में बच्चों को पढ़ाने का कार्य कर रहे हैं। करीब 70 महिलाएँ जिन्हें बाल-सेविका कहा जाता है, जो बालवाड़ियों का संचालन कर रही हैं। संस्था के हस्तकला, वस्त्र निर्माण अभियान से जुड़े प्रशिक्षित पुरुष-महिलाओं की संख्या हजारों में है, इनमें से कुछ कबाड़ से जुगाड़ इकाई से जुड़े हैं। ये लोग रद्दी या कूड़े में फेंक दी गयी चीजों को एकत्र कर बच्चों के खिलौने से लेकर ढेर सारी चीजें बनाते हैं। इनमें से 50 से ज्यादा लोग कठपुतलियाँ बनाते व नचाते हैं।

एस.डब्ल्यू.आर.सी. ने अब तक 575 से ज्यादा सम्पर्ककर्ता प्रशिक्षित किए हैं जो विभिन्न स्वयंसेवी संगठनों में सक्रिय हैं। इनमें से कुछ नुक्कड़ नाटकों द्वारा अपने संदेश देते हैं। कुछ कैमरामैन हैं तो किसी ने वीडियो फिल्म बनाने में महारत हासिल कर रखी है। इसके अतिरिक्त कम्प्यूटर ऑपरेटर, मैकेनिक (जो टीवी व रेडियो की मरम्मत करते हैं), बढ़ई व कार मिस्त्री का भी प्रशिक्षण कई लोगों को दिया गया है। संस्था द्वारा चलाये जा रहे प्रशिक्षण कार्यक्रमों की सबसे बड़ी उपलब्धि यह रही कि वे कम पढ़े-लिखे लोगों को कुशल कारीगर बनाने में सफल रहे। ऐसा करने से जहाँ उनमें आत्मविश्वास बढ़ा वहीं उन्हें नौकरी ढूँढने से छुटकारा मिला है।

4. बालवाड़ी–एस.डब्ल्यू.आर.सी. ने वर्ष 1974 में तीन बालवाड़ियों की शुरुआत की। आज इनकी संख्या बढ़कर 40 तक पहुँच गयी है। पाँच वर्ष से कम उम्र के बच्चों की इन बालवाड़ियों में दो-दो बाल सेविकाएँ देखभाल करती हैं। यहाँ सिर्फ बच्चों की देखभाल ही नहीं की जाती बल्कि बड़े बच्चों को नर्सरी कक्षा की शिक्षा भी दी जाती है। संस्था द्वारा बालवाड़ी के बच्चों की देखभाल के साथ ही खाने की भी व्यवस्था की जाती है। हर साल इन बालवाड़ियों में करीब 1200 बच्चों की देखभाल की जाती है। बालवाड़ी से निकले करीब चार हजार

बच्चे अब सामान्य शिक्षा प्राप्त कर रहे हैं। इन बालवाड़ियों से सबसे अधिक वे महिलाएँ लाभान्वित हुई हैं जिन्हें मजदूरी करते समय बच्चे अपने साथ रखने पड़ते थे या फिर पीठ पर बांध कर काम करना पड़ता था।

5. रात्रिकालीन स्कूल एवं बाल संसद–करीब 60 प्रतिशत ग्रामीण व गरीब बच्चे दिन में चलने वाले स्कूलों में किन्हीं कारणों से नहीं जा पाते हैं। बेयरफुट कॉलेज ने 1975 में पहला रात्रिकालीन स्कूल इन्हीं बच्चों के लिए खोला। इन स्कूलों में उन्हें शिक्षा के अलावा कई अन्य कार्यों में दक्ष बनाया गया। मसलन उन्हें पोस्ट ऑफिस, बैंक, पुलिस स्टेशन, जमीन–जायदाद के रिकॉर्ड व अन्य कई व्यावहारिक शिक्षाएँ दी जाती हैं। इसके अतिरिक्त उनमें आत्मविश्वास बढ़ाने, स्वास्थ्य व समाज के प्रति जागरूक रहने की शिक्षा विभिन्न माध्यमों, जैसे–खेल, नाच–गाने आदि द्वारा निःशुल्क दी जाती है। प्रारम्भ में इन स्कूलों में आने वाले बच्चों को पाठ्य–पुस्तकें, लेखन सामग्री आदि भी निःशुल्क उपलब्ध करायी गयी। पर अब एक मामूली फीस अभिभावकों से लेना तय हुआ है जिससे वे स्कूल के प्रति और गम्भीर हों। आज 6 से 14 आयु वर्ग के करीब तीन हजार बच्चे शाम 7 बजे से रात 10 बजे तक करीब पाँच सौ वर्गमील क्षेत्र में फैले 150 स्कूलों में पढ़ रहे हैं। एक स्कूल के औसत बच्चों की संख्या 23 से 30 बैठती है।

6. दस्तकारी–एस.डब्ल्यू.आर.सी. का शायद सर्वाधिक चर्चित एवं लोकप्रिय अभियान कढ़ाई एवं दस्तकारी का ही रहा है। देश के बड़े शहरों एवं विश्व के कई देशों से तिलोनिया की हस्तशिल्प की दुकान में हाथ से बने कपड़े, लकड़ी व चमड़े के उत्पाद खरीदने के लिए भीड़ उमड़ पड़ती है। ग्रामीणों के व्यापक स्तर पर पारम्परिक आभूषण भी शहर के लोगों में काफी प्रसिद्ध हैं। तिलोनिया के कढ़ाई कार्य की माँग न सिर्फ दिल्ली, चेन्नई, मुम्बई बल्कि कनाडा, आस्ट्रेलिया, जर्मनी तथा अमरीका में भी है। जहाँ से एस.डब्ल्यू.आर.सी. को लगातार ऑर्डर प्राप्त हो रहे हैं।

पहले हस्तशिल्प से बनी वस्तुओं का बाजार सीमित था। पास के कस्बों एवं शहरों में ही इनकी बिक्री होती थी। प्रशिक्षण के जरिए धीरे–धीरे इन वस्तुओं की गुणवत्ता बढ़ाई गयी जिससे तिलोनिया का हस्तशिल्प लोकप्रिय होता चला गया। संस्था के गठन से पहले दरअसल स्थानीय दस्तकारों से बिचौलिए काम करवाकर भारी मुनाफा कमाते थे। संस्था ने इन बिचौलियों की भूमिका को जहाँ खत्म किया, वहीं परम्परागत दस्तकारी को जीवित बनाए रखा। संस्था ने दो सौ कार्यकर्ताओं का, विभिन्न हस्तशिल्पों तथा दो सौ महिलाओं, जो कढ़ाई तथा सिलाई–बुनाई करती

हैं का समूह तैयार किया है। संस्था अपने द्वारा तैयार हस्तशिल्प से बनी वस्तुओं के संवर्द्धन के लिए 'तिलोनिया' बाजार विभिन्न शहरों में लगाती है। पिछले 15 वर्षों से वार्षिक बिक्री का टर्न ओवर 50 लाख रुपये से ज्यादा चल रहा है। इसके अन्तर्गत सौ से अधिक उत्पाद शामिल हैं। बेयरफुट कॉलेज ने हस्तशिल्प के उत्पादों का एक नया स्तर तैयार किया है।

7. सूखा, अकाल राहत कार्य–संस्था ने जहाँ विकास के स्थायी प्रयास किए वहीं उसने शिक्षण-प्रशिक्षण का अभियान भी अपने हाथों में रखा है। सूखा और अकाल जैसी प्राकृतिक आपदाओं से भी मुकाबला करना संस्था अपना एक और कर्तव्य मानती है। अभी हाल ही में कपार्ट ने संस्था को क्षेत्र में सूखा-अकाल राहत कार्य चलाने के लिए बीस लाख रुपये दिए हैं।

इस राशि का प्रयोग अकाल प्रभावित पाँच गाँवों के लिए किया गया। सरकारी राहत कार्यों से अलग संस्था ने इलाके में 25 टैंक और करीब दो छोटे तालाब बनाकर न सिर्फ गरीब लोगों को रोजगार मुहैया कराया बल्कि इस कार्य के जरिए वर्षा जल संचयन का भी पूर्णतः इंतजाम किया।

संस्था के अकाल राहत अभियान के समन्वयक रामकरण कहते हैं कि, 'सारे कार्यकलापों का बिन्दु हम गाँव की महिलाओं को ही बनाते हैं। ईमानदारी एवं मेहनत से 6-7 घण्टे काम करने वाले मजदूरों को 60 रुपये दैनिक मजदूरी दी जाती है। सरकारी ठेकेदारों की तरह मस्टररोल का फर्जीवाड़ा संस्था नहीं करती।' नतीजा यह रहा कि खतौली, टोकड़ा, चून्दड़ी और सरदार सिंह की ढाणी आदि गाँवों के लोगों का कहना है कि, "ऐसा कार्य पिछले 50 वर्षों में कभी नहीं हुआ" रामकरण का कहना था कि, 'हमने मजदूरों को लेबर कार्ड जारी कर रखे हैं। उनकी मजदूरी का पैसा उनके बैंक खातों में जमा कराया जाता है। राहत कार्यों पर निगरानी रखने के लिए 9-10 स्थानीय लोगों को मिलाकर एक निगरानी समिति बनायी गयी है।''[25]

गाँवों में काम करने के दौरान संस्था को निम्न कठिनाइयों का सामना करना पड़ता है

गाँवों में काम करते समय पुरानी मान्यताएँ, रूढ़ियाँ तथा जाति-धर्म से जुड़े मुद्दों के कारण परेशानियों का सामना करना पड़ता है। शहर में रह रहे लोगों का यही मानना है कि वे ही सब कुछ कर सकते हैं, यह बात गाँव में रह रहे लोगों के मन में घर कर गयी है। यही कारण है कि वे लोग यह समझते हैं कि बाहर से

आकर कोई व्यक्ति उनकी समस्याएँ खत्म कर देगा। इस धारणा को बदलना एक मुश्किल कार्य है। महिलाओं एवं दलितों के प्रति विचार विकास में बाधा डालते हैं। स्थानीय राजनीति भी कभी-कभी समस्या बन जाती है। गाँव के लोगों पर भरोसा कर व उनका आत्मविश्वास जीत कर ही इन सब समस्याओं से निजात पायी जा सकती है।

चुनौतियाँ–संस्था ने अपनी विकास यात्रा में कई उतार-चढ़ाव देखे। इस दौरान कुछ अच्छे एवं कुछ बुरे अनुभव भी हुए। कुछ सरकारी संस्थाओं व उनसे जुड़े लोगों ने संस्था की भरसक सहायता की तो कुछ ने उसे कटघरे में भी खड़ा कर बाधाएँ डालने का प्रयास किया। विचारधारा के विरुद्ध आगे बढ़ने में कई संकट आते हैं। संस्था की मुश्किलें एवं चुनौतियाँ खत्म नहीं हुई हैं; जो इस प्रकार हैं-

(1) संस्था जिस सादगी की हिमायती है उसे लेकर कई सवाल हैं। उदाहरण के लिए संस्था के करीब तीन हजार कार्यकर्ताओं को वेतन, आज की उपभोक्तावादी समाज की माँग के हिसाब से कम है। आदर्श, नैतिकता तथा सत्यनिष्ठा बनाए रखना संस्था के समक्ष एक बड़ी चुनौती है।

(2) दूसरी सबसे बड़ी चुनौती पीने के पानी के अभियान की है। संस्था द्वारा लगाये गये हैंडपम्प व बिछाई गयी पाइप लाइन उतने कारगर नहीं हो पाये जितने की उम्मीद थी। इसकी मुख्य वजह जलस्तर का लगातार गिरना है। इसके कई कारण हैं जिनका समाधान करना सरकार व संस्था के लिए संभव नहीं है। एकमात्र उम्मीद वर्षा जल संचयन से है। वर्षा जल संचयन का लाभ तभी मिलेगा जब बरसात होगी। इसलिए लगता है कि पानी की दृष्टि से अभी और वैकल्पिक नीति तैयार करने की आवश्यकता है।

(3) संस्था की सौर ऊर्जा से चलने वाली लालटेन, ट्यूब और पम्पों की माँग उतनी नहीं है जितनी की बड़ी कम्पनियों की है। बड़ी देशी-विदेशी कम्पनियों से मुकाबला करने के लिए तकनीक जुटाना संस्था के समक्ष एक बड़ी चुनौती है।[26]

योगदान

(1) अकाल राहत कार्य–राजस्थान में अकाल राहत कार्य का लोगों की आजीविका में महत्त्वपूर्ण स्थान है। समाज कार्य व अनुसंधान केन्द्र ने आरम्भ से आजीविका के इस महत्त्वपूर्ण पक्ष पर ध्यान दिया है। केन्द्र से जुड़े एक महिला समूह की जुझारू सदस्यों ने अकाल राहत कार्यों पर न्यूनतम मजदूरी न मिलने की आवाज बुलन्द की।

पिछले तीन वर्षों से केन्द्र के कार्य क्षेत्र में अकाल की काली छाया मँडराती रही। केन्द्र ने अपनी सीमाओं के बीच जितना हो सके अपनी ओर से भी राहत कार्य प्रारम्भ किए। इन राहत कार्यों को आरम्भ करने से पहले सभी गाँववासियों का प्रतिनिधित्व करने वाली बैठक बुलाई जाती है जिससे क्या राहत कार्य होना है व कहाँ होना है, यह तय किया जाता है। गाँववासियों की अपनी समिति चुनी जाती है जिसमें गरीब लोगों व महिलाओं को प्राथमिकता दी जाती है। यह समिति राहत कार्य ठीक से चलाने का जिम्मा लेती है। दलित, गरीब महिलाओं को प्राथमिकता दी जाती है। पूरी ईमानदारी व पारदर्शिता बनी रहे इसका विशेष ध्यान रखा जाता है। जरूरी रिकॉर्ड सार्वजनिक तौर पर दिखाये जाते हैं। कई राहत कार्यों पर केन्द्र के डॉक्टर व स्वास्थ्य कार्यकर्ताओं द्वारा स्वास्थ्य जाँच की व्यवस्था भी की गई जिससे कि लोग किस हालत में कार्य कर रहे हैं इसका पता चले व उचित इलाज की सम्भावना भी बढ़े।

(2) महिला समूहों का निर्माण हुआ—केन्द्र से जुड़े 90 से अधिक महिला समूह तरह-तरह के सार्थक कार्यों में लगे हुए हैं। इन महिला समूहों ने जो कार्य किए हैं उनसे स्पष्ट होता है कि ग्रामीण महिलाओं के आगे आने से केवल महिलाओं की भलाई नहीं होती है, पूरे गाँव, समाज की भलाई होती है। महिला समूहों ने अकाल राहत कार्यों पर ठीक से काम होने के लिए, वहाँ न्यूनतम कानूनी मजदूरी की व्यवस्था के लिए, साफ पेयजल की उपलब्धि के लिए व सूचना के जन अधिकार के अभियान को आगे बढ़ाने के लिए महत्त्वपूर्ण कार्य किया है।

इन महिला समूहों ने बलात्कार और महिलाओं के विरुद्ध अत्याचार का जबरदस्त विरोध किया। इस विरोध के कारण ऐसे अत्याचार व जोर-जुल्म में कमी आई है। बालिकाओं व महिलाओं की शिक्षा को बढ़ावा मिला। अपने क्षेत्र में तरह-तरह के सार्थक कार्य करने के अतिरिक्त इन महिला समूहों ने दूर-दूर तक कई जन-आन्दोलनों में पहुँचकर उनका उत्साह बढ़ाया है, उनके कार्य में भागीदारी की है।

(3) गाँवों में छिपी प्रतिभाएँ सामने आईं—इस संस्था का गहरा विश्वास है कि कम पढ़े-लिखे और औपचारिक प्रशिक्षण से वंचित बहुत से ग्रामीणों में भी अपने आस-पास की समस्याओं की गहरी व्यावहारिक समझ होती है और अवसर मिलने पर वे ऐसा बढ़िया समाधान दे सकते हैं जो ऊँची डिग्री वाले शहरी बाबू नहीं दे सकते हैं। इतना ही नहीं, नवीनतम उच्च तकनीक को भी एक व्यावहारिक

स्तर पर अपनाने और अपनी जरूरतों के अनुसार उसका उपयोग करने की अनेक ग्रामीणों की क्षमता उससे कहीं अधिक है जितना कि आम तौर पर समझा जाता है। संस्था के अनेक प्रयोगों से यह सिद्ध हुआ है कि ग्रामीण युवाओं को जब ऐसी जिम्मेदारियाँ दी गईं तो उन्होंने उम्मीद से भी अधिक सफलता प्राप्त की।

संस्था द्वारा संचालित अनेक रात्रि पाठशालाओं में सौर-ऊर्जा का प्रकाश फैलाने, ऐसी ही व्यवस्था संस्था के अनेक फील्ड केन्द्रों में करने तथा सौर लालटेनों को बनाने का कार्य भी संस्था ने किया है। इस नई तकनीक के क्षेत्र में कुछ परामर्श तो समय-समय पर बाहरी विशेषज्ञों से प्राप्त करना ही पड़ता है और उससे समय-समय पर कई समस्याएँ भी आती रहती हैं, किन्तु फिर भी जितनी कुशलता से ग्रामीण कार्यकर्ताओं ने इस नई तकनीक को संभाला है उससे कई विशेषज्ञ स्वयं चकित रह जाते हैं।[27]

(4) नाच री कठपुतली और कोई अच्छी सी बात भी बता—समाज की समस्याओं के लिए व लोगों की समस्याओं से जूझने की प्रेरणा देने के लिए इस कला का उपयोग काफी हुआ। संस्था के कठपुतली कार्यक्रम की विशेषता यही है कि इसने अन्याय से लड़ने की और अनेक रचनात्मक कार्य करने की प्रेरणा दूर-दूर के गाँववासियों को दी है। बच्चे और बड़े सभी इन कठपुतलियों की बात बड़े ध्यान से सुनते हैं, उन्हें बड़े चाव से देखते हैं।

(5) देखो मुझे नई किताब मिली—रात्रि स्कूलों में कक्षाओं के छात्रों के लिए अब ऐसी सार्थक पुस्तकें तैयार हो रही हैं जिनमें बच्चों की विशेष आवश्यकताओं को ध्यान में रखा गया है। साथ ही केन्द्र की चलती फिरती लाइब्रेरी से भी छात्रों को नई-नई पुस्तकें पढ़ने को मिलती रहती हैं। पहले यह लाइब्रेरी, ट्रेक्टर के पीछे चलती थी, अब जीप पर सवार है। दूर-दूर के गाँवों में पुस्तकें ले जाने का यह बहुत अच्छा साधन है।

(6) रात्रिकालीन स्कूल एवं बाल संसद का निर्माण हुआ—ग्रामीण व गरीब बच्चे दिन में चलने वाले स्कूलों में किन्हीं कारणवश नहीं जा पाते। संस्था द्वारा रात्रिकालीन स्कूल ऐसे ही बच्चों के लिए खोले। इन स्कूलों में उन्हें शिक्षा के अलावा कई अन्य कार्यों में दक्ष बनाया गया जैसे उन्हें पोस्ट-ऑफिस, बैंक, पुलिस स्टेशन, जमीन-जायदाद के रिकार्ड व अन्य कई व्यावहारिक शिक्षाएँ दी जाती हैं। इसके अतिरिक्त उनमें आत्मविश्वास बढ़ाने, स्वास्थ्य व समाज के प्रति जागरूकता रहने की शिक्षा विभिन्न माध्यमों से जैसे खेल, नाच-गाने आदि द्वारा निःशुल्क दी

जाती है। आज 6 से 14 आयु वर्ग के करीब तीन हजार बच्चे शाम 7 बजे से रात 10 बजे तक करीब पाँच सौ वर्गमील क्षेत्र में फैले 150 स्कूलों में पढ़ रहे हैं। एक स्कूल के औसत बच्चों की संख्या 25 से 30 बैठती है।[28]

5. ग्राम भारती, जयपुर

राजस्थान के प्रमुख स्वैच्छिक संगठनों में ग्राम भारती का महत्त्वपूर्ण स्थान है। यह संस्था अपने क्षेत्र की समस्याओं व आवश्यकताओं के अनुसार कार्य कर रही है।

संस्था का विस्तृत विवरण इस प्रकार है–

ऐतिहासिक पृष्ठभूमि–1980 के दशक में कुछ वरिष्ठ गाँधीवादी सामाजिक कार्यकर्त्ताओं तथा कुछ व्यक्तिगत बौद्धिक व विचारशील व्यक्तियों का एक समूह था जो समाज को अपने रचनात्मक कार्यों के माध्यम से एक नई दिशा प्रदान करना चाहता था और यह एक ऐसी संस्था का निर्माण करना चाहते थे जिसके माध्यम से गाँधीवादी मूल्यों की क्रियान्विति हो सके और इस संस्था का दृष्टिकोण था कि राजनीति करने के लिए तो बहुत आते हैं परन्तु समाज को नई दिशा देने के लिए कोई नहीं आता। कुछ समय पश्चात् ही ऐसी सोच रखने वाले व्यक्तियों का समूह कुछ से अधिक हुआ और अपने विचारों को व्यावहारिक रूप देने के लिए अपने प्रयासों से 1983 में ग्राम भारती समिति की स्थापना की। समिति ने अपनी अब तक की अकिंचन यात्रा में अपने उद्देश्य के प्रति समर्पित रहते हुये विश्वसनीयता स्थापित करने का प्रयास किया है।

उद्देश्य–इस संस्था के निम्नलिखित उद्देश्य हैं–

(1) गाँधीवादी मूल्यों को अपने कार्यों के द्वारा व्यावहारिक रूप देना।

(2) मानवीय एवं लोकतान्त्रिक मूल्यों पर आधारित समाज की स्थापना।

(3) ग्रामीण क्षेत्र का समग्र एवं स्थायी विकास।

इस संस्था का मानना है कि जिन उद्देश्यों को लेकर हम चले थे, उनको हम प्राप्त करने में सफल रहे हैं और अपने प्रयासों द्वारा आगे भी इस दिशा में कार्य करते रहेंगे।[29]

सिद्धान्त–प्रत्येक स्वैच्छिक संगठन के अपने सिद्धान्त होते हैं, जिन पर वह खड़ी होती है। सिद्धान्त को ध्यान में रखकर ही संस्था द्वारा भविष्य में जो कार्य किए जाएँगे उनकी रूपरेखा बनाती है और उनके अनुसार संस्था कार्य करती है।

1983 में स्थापित यह संस्था अपने मजबूत सिद्धान्तों के कारण प्रगति के सोपानों पर चढ़ रही है। संस्था के निम्नलिखित सिद्धान्त हैं–

(1) ग्रामीण क्षेत्र का समग्र एवं स्थायी विकास–1983 में जब संस्था की स्थापना की गई तब संस्था का यह सिद्धान्त था कि वह ग्रामीण क्षेत्र का समग्र एवं स्थायी विकास करेगी। इसके लिए संस्था ने गाँधीवन नाम से अपने कार्यक्षेत्र का 'मॉडल' तैयार किया जिसमें उन्होंने गाँव की 25 हेक्टेयर भूमि को विकसित किया जिसमें अनेक प्रजातियों के पेड़-पौधे लगाए। अरावली की शृंखलाओं को हरा-भरा किया तथा चारों तरफ मेड़बन्दी की गई जिससे बंजर भूमि का कटाव रुका। इस बंजर भूमि को हरी-भरी करने के लिए ग्रामीणों को ही रोजगार दिलाया गया। ग्रामीण जनता को जन-शिक्षा प्रदान की गई, कुटीर-उद्योगों का महत्त्व बताया, काम के महत्त्व को बताने के लिए उन्हें काम दिलाया। गाँव के बेसहारा लोगों को अपने संसाधनों और राज्य सरकार द्वारा आर्थिक सहायता प्रदान की। पर्यावरण जन-जागरण को एक नई दिशा दी। गाँव की सामाजिक कुरीतियों से लड़ने के लिए प्रोत्साहित किया। उपरोक्त कार्यों को शुरू करने का मूल मन्तव्य ग्रामीण क्षेत्र का समग्र एवं स्थायी विकास करना है।

(2) मानवीय एवं लोकतान्त्रिक मूल्यों की स्थापना करना–मानवीय एवं लोकतान्त्रिक मूल्यों की स्थापना करना संस्था का एक प्रमुख सिद्धान्त है। इसकी शुरुआत उन्होंने इस तरह की-सबसे पहले उन्होंने ग्रामीण क्षेत्र की उन गतिविधियों को जाना जिससे इन मूल्यों की कि क्षति हो रही है। इसमें महिलाओं को अपने अधिकारों के प्रति जन-जागरण, लड़का-लड़की के पालन-पोषण में भेद न करना, बिचौलियों से बचने, शिक्षा की महत्ता, मतदान का महत्त्व, बाल-विवाह, सती प्रथा का दुष्परिणाम, अपने स्तर को ऊँचा उठाना, शराब को छोड़ने की जन जागृति, वेश्याओं को अपने कृत्य छोड़ने का आग्रह और बच्चों को इस कार्य में आने से रोकना आदि कार्य संस्था ने किए, उपरोक्त सिद्धान्त को व्यावहारिक रूप देने के लिए संस्था ने यह कार्य किए। इन कार्यों का मन्तव्य यही था कि किस तरह मानवीय एवं लोकतान्त्रिक मूल्यों को संस्था किस तरह बचा सकती है।

(3) गाँधीवादी मूल्यों की स्थापना–संस्था के प्रमुख सिद्धान्तों में यह प्रमुख सिद्धान्त है। संस्था की स्थापना के समय यह दृष्टिकोण इसके संस्थापकों का था कि हम राजनीति नहीं करना चाहते बल्कि समाज को एक नई दिशा देना चाहते हैं जिनका व्यावहारिक रूपान्तरण रचनात्मक कार्यों के माध्यम से होगा। जिसमें कुटीर-उद्योगों का विकास, स्वयं के द्वारा बनाई गई टाइल्स, वृक्षारोपण, शिक्षा की

महत्ता, समतापूर्ण समाज की स्थापना, संस्था में ऐसे कार्यकर्त्ताओं को शामिल करना जो कुछ करना चाहते हैं। इसमें श्रम के महत्त्व को बताया गया, आदिवासी जनजातियों की संस्कृति को लुप्त होने से बचाया और गाँधी दर्शन का उदाहरण अपने समक्ष रखा जिसके अन्तर्गत संस्था ने अपने कार्यक्षेत्र का नाम 'गांधीवन' रखा। यह वो जगह है जो 1991 में संस्था ने राज्य सरकार से लम्बी लड़ाई से प्राप्त की और उसे अपने व ग्रामीणवासियों के लिए विकास का एक नया मॉडल तैयार किया। गाँधीवन के अन्तर्गत जितने भी कार्य किए वो हमें इस बात की ओर इंगित करते हैं कि संस्था ने अपने कार्यों की शुरुआत 'गाँधीवन' की।

आज यह संस्था उपरोक्त सिद्धान्तों को व्यावहारिक रूप देने के कारण ही टिकी हुई है।[30]

कार्यक्षेत्र–राजस्थान के किसी भी जिले में कार्यक्रम चला सकते हैं।

अन्य संस्थाओं से सम्बन्ध–सहयोगी संबंध हैं। उनके अनुभवों के बारे में जानकारी प्राप्त करना, उनके क्षेत्र में जाकर उनकी कार्यकारिणी सीखते हैं। जब सामूहिक रूप से कार्यक्रम चलाना पड़ता है तो अन्य स्वैच्छिक संगठनों को अपने साथ जोड़ते हैं।

वित्तीय संसाधन-निम्न हैं–

(1) सदस्यता शुल्क

(2) कार्यकारिणी के सदस्यों द्वारा सहायता

(3) राज्य व केन्द्र सरकार से सहायता

(4) विदेशी सहायता।

कार्य-प्रणाली

(1) सर्वेक्षण–सबसे पहले क्षेत्र की समस्याओं की जानकारी करते हैं, जैसे- रोजगार, शिक्षा, चिकित्सा आदि।

(2) परियोजना परिकल्पना–इसके अन्तर्गत समस्या का पता लगने पर उसके सुलझाव की बात करते हैं।

(3) परिकल्पना के उद्देश्य–अर्थात् परिकल्पना के उद्देश्य स्पष्ट किए जाते हैं।

(4) प्रोजेक्ट के क्रियान्वयन के लिए सलाहकार कमेटी का गठन–इससे उस क्षेत्र के लोग जो समस्या से संबंधित हैं अर्थात् क्षेत्रगत लोगों को शामिल करते हैं और कुछ अनुभव विशेषज्ञ लोगों को इसमें शामिल करते हैं।

(5) परियोजना का क्रियान्वयन–जैसे पेयजल समस्या के लिए क्या प्रोग्राम होने चाहिए तथा इसके लिए चैक डेम बनाना, जोहड़ बनाना आदि।

(6) रणनीति का मूल्यांकन–जो प्रोग्राम बनाया है उस पर सतत जानकारी रखते हैं जैसे प्रोग्राम बनाया वो उतने पैसे व समय पर हो रहा है या नहीं। इसके लिए हर महीने मूल्यांकन किया जाता है कि जो लाभ सोचा था वो इस कार्यक्रम से हो रहा है या नहीं।

(7) उपलब्धियाँ–प्रोजेक्ट का जो उद्देश्य सोचा था वो आया या नहीं।[31]

मुख्य कार्य–ग्राम भारती समिति ने निम्न कार्य किए हैं–

(1) बंजर भूमि विकास–जयपुर जिले की जमवारामगढ़ तहसील के टोटावली गाँव की सीमा पर अरावली की तलहटी में राज्य सरकार द्वारा आवंटित 25 हेक्टेयर बंजर भूमि पर समिति ने जून 1991 से विकास कार्य प्रारम्भ किये, जो अभी तक निरन्तर चल रहे हैं। इस भूमि को संस्था ने राजस्थान सरकार से लम्बी कानूनी लड़ाई से प्राप्त किया। गाँधीवन नाम से परिभाषित इस परियोजना का उद्देश्य कुछ पौधे लगाना मात्र न होकर क्षेत्रीय पर्यावरण का विकास तथा स्थानीय लोगों के जीवन स्तर को समुन्नत बनाने में सहयोगी बनना है।

(2) समुदाय की भागीदारी तथा स्थानीय तकनीक का उपयोग–अपनी मूल नीति के अन्तर्गत समिति ने इस परियोजना में भी क्षेत्रीय समुदायों के पारस्परिक ज्ञान तथा स्थानीय तकनीक का समुचित उपयोग किया। कार्यक्रमों में स्थानीय लोगों, विशेषकर महिलाओं की भागीदारी का विशेष प्रयत्न किया गया है। यहाँ मुख्य रूप से लघु बाँध का निर्माण, खाइयों का भराव, पुनर्नवीनीकरण, लुप्त होती वृक्ष प्रजातियों की जड़ों का संरक्षण, मिट्टी और कूचों की बाड़, जैविक खाद का प्रयोग आदि कार्य किये गये।

(3) वृक्षारोपण–गाँधीवन स्थित बंजर भूमि पर वृक्षारोपण अपने आप में एक अभिनव प्रयोग है। यहाँ नर्सरी में ऐसे वृक्षों को विकसित किया गया है, जो फल, चारा, छाया तथा ईंधन की आवश्यकताओं की पूर्ति कर सकें। इससे केवल परियोजना क्षेत्र ही लाभान्वित नहीं हुआ, बल्कि आसपास के ग्रामवासी भी इन के महत्त्व को प्रत्यक्ष रूप से देख सके। नर्सरी में अब तक 1,30,000 पौधे तैयार किये जा चुके हैं, जो कि परियोजना क्षेत्र में लगाने के अलावा आसपास के 20 गाँवों में भी वितरित किये गये। जीवित पौधों का प्रतिशत 70 से 60 प्रतिशत रहा

है। छः साल की अल्प अवधि में इस बंजर भूमि की काया पलट हो गई। कल के सूने रेत के टीले आज हरियाली से आच्छादित हैं।

(4) भूमि क्षरण की रोकथाम–गाँधीवन परियोजना क्षेत्र में भूमि के प्राकृतिक स्वरूप को संरक्षित करते हुए भूक्षरण को रोकने के ठोस उपाय किये गये हैं। परियोजना क्षेत्र में छोटी-बड़ी अनेक खाइयाँ हैं, जिनसे होकर बहने वाला पानी अपने साथ उपजाऊ मिट्टी भी ले जाता था इसके समाधान के लिए। इन खाइयों में मिट्टी की मेड़ें बनाकर तथा सघन वृक्षारोपण कर भूक्षरण को सफलतापूर्वक रोका गया है।

(5) लुप्त होती वृक्ष प्रजातियों का संरक्षण–वृक्षों की अनेक ऐसी स्थानीय प्रजातियाँ जो रेतीले टीलों को बाँधे रखने में सक्षम होने के साथ-साथ बहु उपयोगी भी थीं, लुप्तप्राय हो गईं। इनकी जड़ों का विकसित रूप आज एक छोटे-मोटे जंगल के रूप में परिवर्तित हो गया और ये पौधे रेतीले टीलों को बाँधने में फिर से सक्षम हुये हैं। गाँधीवन के आसपास के ग्रामवासियों को शिविरों तथा समूह चर्चाओं के माध्यम से अपने खेतों की मेड़ों पर, घरों में तथा फालतू जमीन पर पेड़ लगाने के लिये प्रशिक्षित किया गया। इस प्रकार के शिक्षण-प्रशिक्षण के फलस्वरूप अब तक लगभग एक लाख पौधे लगाये जा चुके हैं।

(6) वर्षा जल का उपयोग–पास ही स्थित अरावली पहाड़ियों की तलहटी में एक लघु बाँध बनाकर वर्षा के निरर्थक बह जाने वाले पानी को संरक्षित किया गया। इससे आसपास के सैकड़ों पशु-पक्षियों के लिए तो पीने के पानी की सुविधा हुई ही, आसपास के कुओं का भूमिगत जलस्तर भी अप्रत्याशित रूप से बढ़ा।

(7) महिलाओं में उद्यमिता विकास–क्षेत्र की महिलाओं में उद्यमिता विकास के लिये एक प्रशिक्षण केन्द्र की स्थापना गाँधीवन में की गई। यहाँ पारम्परिक ग्रामीण उद्योगों में अब तक लगभग 300 महिलाओं को दरी, गलीचा, हथकरघा, सिलाई तथा एम.सी.आर टाइल्स (खपरैल) बनाने का प्रशिक्षण दिया जा चुका है। बैंक तथा अन्य स्रोतों की सहायता से 200 प्रशिक्षित महिलाओं की स्व-इकाइयाँ भी स्थापित कराई गईं, जो आज स्वावलम्बी रूप से कार्यरत हैं।

(8) कुष्ठ रोगियों तथा विकलांगों का पुनर्वास–समिति ने कुष्ठ रोगियों तथा विकलांगों को भिक्षावृत्ति से छुटकारा दिलाकर उनके सार्थक पुनर्वास की व्यवस्था की है। ऐसे 400 व्यक्तियों को विभिन्न कार्यों का प्रशिक्षण देकर पुनर्वासित किया गया, ये लोग आज सम्मानपूर्वक स्वावलम्बी जीवन जी रहे हैं।

(9) चिकित्सा एवं स्वास्थ्य—गाँधीवन के निकटवर्ती ग्रामीण क्षेत्र में चिकित्सा सुविधाओं का नितान्त अभाव है। प्रायः लोगों को छोटी-छोटी बीमारियों के लिये भी दूर-दूर तक चलकर जाना पड़ता है। इस दृष्टि से समिति समय-समय पर गाँधीवन में निःशुल्क चिकित्सा शिविरों का आयोजन किया जाता है। ऐसे शिविरों से अब तक लगभग 2000 लोगों को निःशुल्क चिकित्सा सुविधा उपलब्ध कराई जा चुकी है। इन गाँवों में परिवार नियोजन सेवायें भी उपलब्ध कराई जा रही हैं।

(10) यौन रोग तथा एच.आई.वी.एड्स—ग्राम भारती समिति राजस्थान में इस क्षेत्र में कार्य शुरू करने वाली पहली संस्था है। अधिकांश लोग जब एड्स के नाम से ही भयभीत थे और इस पर चर्चा करना भी शर्मनाक समझते थे, तब समिति ने न केवल इस क्षेत्र में कार्य प्रारम्भ किया, बल्कि अन्तर्राष्ट्रीय स्तर पर अपनी पहचान बनाई।

(11) वेश्यावृत्ति पर सर्वेक्षण—समिति ने राजस्थान के 10 जिलों में वेश्यावृत्ति का विस्तृत सर्वेक्षण किया। राजस्थान में इस समस्या से लिप्त लगभग 4000 महिलाओं से साक्षात्कार कर समस्या का गहन अध्ययन किया गया। इस दौरान पता चला कि ग्रामीण क्षेत्र में वेश्यावृत्ति में शामिल कुछ जनजातियाँ प्रायः पूरी तरह तिरस्कृत एवं उपेक्षित हैं। यहाँ तक कि उन्हें जीवन की प्राथमिक आवश्यकता शुद्ध पेयजल तक उपलब्ध नहीं है। जिस जमीन पर वर्षों से कब्जा है, उसके स्वामित्व का उन्हें कोई अधिकार नहीं है। बिजली, सड़क, बच्चों की शिक्षा तथा चिकित्सा सुविधा के बारे में तो सोचा भी नहीं जा सकता। समिति ऐसे 30 केन्द्रों पर इस समुदायों के साथ मिल कर कार्य कर रही है।

(12) शिक्षण एवं परामर्श—सर्वेक्षण के बाद 5 जिलों-जयपुर, अजमेर, टोंक, भरतपुर तथा धौलपुर के प्रभावित क्षेत्रों में यौन रोगों एच. आई. वी. या एड्स के बारे में शिक्षण तथा परामर्श का कार्य किया गया। वर्तमान में समिति इन जनजातियों में शिक्षण के साथ-साथ उनके दैनिक जीवन की आवश्यकताओं, जैसे-बस्ती में शुद्ध पेयजल, बच्चों के लिये अनौपचारिक शिक्षा, सामान्य तथा यौन रोगों की चिकित्सा आदि की पूर्ति का प्रयत्न भी कर रही है। इस अत्यन्त पिछड़े एवं शोषित-दलित समुदाय को समाज की मुख्य धारा में लाना समिति का मुख्य ध्येय है। इस दृष्टि से उन्हें यौन-रोगों तथा एच.आई.वी. या एड्स के संक्रमण से बचने के लिए सुरक्षित यौन व्यवहार अपनाने, किशोर वय की लड़कियों को देह व्यापार से अलग रखने, परिवार को सीमित करने, स्वावलम्बी एवं आत्म-सम्मान युक्त जीवन जीने के लिए प्रेरित एवं प्रोत्साहित किया जा रहा है।

(13) मरुस्थलीकरण के विरुद्ध जंग—मरुस्थलीकरण के विरुद्ध जंग छेड़ने में ग्राम भारती ने उल्लेखनीय भूमिका का निर्वाह किया है। अप्रैल 9–11, 1998 को जैसलमेर में एक सेमिनार का आयोजन किया गया जिसमें ग्यारह राज्यों ने भाग लिया। इस सन्दर्भ में दूसरी सेमिनार 29 अप्रैल को कोटा में आयोजित की गई और तीसरी सेमिनार 5 मई 1999 की शिमला के सोलन जिले में आयोजित की गई। इन सेमिनारों का प्रतिनिधित्व ग्राम भारती ने किया। इन सेमिनार में यही विषय केन्द्र बिन्दु बना रहा कि किस तरह मरुस्थलीकरण को रोका जाए? स्वैच्छिक संगठन इसमें क्या भूमिका निभा सकते हैं? केन्द्र या राज्य सरकार इस सन्दर्भ में स्वैच्छिक संगठन की क्या सहायता कर सकती है? ग्राम-भारती ने इस कार्य को आगे बढ़ाने के लिए जो पहल की है वो वास्तव में महत्त्वपूर्ण है, क्योंकि किसी कार्य की शुरुआत करना भी एक महत्त्वपूर्ण कार्य है।

(14) आग पीड़ितों की सहायता—तीन वर्ष पहले जयपुर के डोहला, रत्नपुर, मेदहु गाँव में गर्मी के मौसम में आग लग गई। किसानों की फसल जलकर राख हो गई, बच्चे दाने-दाने को तरस गए, उनके कच्चे घर जल गए और बच्चों को रहने के लिए घर भी नहीं रहा। ग्राम-भारती ने इन आग पीड़ित लोगों के दुःख दर्द को सुना उनकी आवश्यकताओं को जानने का प्रयत्न किया और उनकी दुःख की घड़ी में उन्हें धैर्य दिलाना, उनकी मूलभूत आवश्यकताओं की पूर्ति की, जो एक प्रशंसनीय कार्य है। घायलों को प्राथमिक चिकित्सा प्रदान की और घायलों को अस्पतालों में ले जाया गया, साथ ही जिनके घर जल गए थे उनको दुबारा घर बनाने के लिए आर्थिक सहायता प्रदान की गई।

(15) ग्रामीण विद्यार्थियों को पानी उपलब्ध करवाया—ग्राम भारती को जब यह पता चला कि 'अर्जुनपुर' गाँव (जयपुर) में सुशील पब्लिक स्कूल के विद्यार्थी पानी पीने के लिए अपने स्कूल से आधा किलोमीटर दूर जाते हैं तो इस संस्था ने सामुदायिक सहायता द्वारा स्कूल के पास ही पानी की व्यवस्था कर दी जो एक महत्त्वपूर्ण कदम है।

(16) आदिवासी संस्कृति को बचाने की पहल—ग्राम भारती के कार्यकर्ताओं ने आदिवासी जनजातियों को उनकी संस्कृति का महत्त्व बताया। ग्राम भारती को इस सन्दर्भ में केन्द्र और राज्य सरकार से प्रोजेक्ट मिला हुआ है। अजमेर, टोंक, जयपुर व सवाईमाधोपुर जिले की आदिवासी जनजातियों का सर्वेक्षण किया। इसमें संस्था ने यह जानकारी प्राप्त की कि आदिवासी लोगों की संस्कृति लुप्त क्यों हो रही है? इसके लिए उन्होंने उनका सामाजिक, सांस्कृतिक, ऐतिहासिक,

आर्थिक व शैक्षणिक अध्ययन किया और उन्हें अपनी संस्कृति के महत्त्व व उसको बचाने के लिए जागरूक किया। इसका परिणाम सकारात्मक निकला और आदिवासी संस्कृति को एक नया आयाम प्राप्त हुआ।

(17) ग्रामीण बच्चों के विकास के लिए जागरूकता प्रदान की–ग्राम-भारती ने इस सन्दर्भ में अपने संसाधनों के अनुसार ग्रामीण बच्चों के विकास के सन्दर्भ में उनके माता-पिता को जानकारी प्रदान की। छोटे बच्चों का आहार, उनकी शिक्षा, उनका रहन-सहन, बच्चों की बीमारियाँ, बच्चों को श्रम न करने का संकल्प, बच्चों को प्रत्येक दिन स्कूल भेजना और लड़की व लड़के के पालन-पोषण में भेदभाव न करना।[32]

ग्राम-भारती की उपलब्धियाँ

(1) गाँधीवन, विकास का एक उत्कृष्ट नमूना–यह जयपुर से 52 किलोमीटर दूर प्रतापगढ़ हाइवे पर है। ग्राम-भारती के कार्य का यह बेजोड़ नमूना है जो 25 हेक्टेयर क्षेत्र में फैला हुआ है। 1991 में ग्राम-भारती ने राजस्थान सरकार से इस भूमि को लम्बी कानूनी लड़ाई से प्राप्त किया। जब यह भूमि इन्हें प्राप्त हुई तब यह भूमि पूरी तरह बंजर ऊसर थी। परन्तु इस संस्था ने इस भूमि पर एक लाख विभिन्न प्रजातियों के पेड़-पौधों को लगाया जो संरक्षण का एक बेजोड़ नमूना है। ग्रामीणों से इस सन्दर्भ में जानकारी प्राप्त की तो उनका कहना है कि इससे हम पर्यावरण के प्रति सजग हुए हैं साथ ही हमें ईंधन के विकल्प के रूप में 30 हजार पौधे लगाने के लिए प्रेरित किया। गाँधीवन का सर्वेक्षण करने पर निष्कर्ष निकला कि यह पर्यावरण संरक्षण का हमारे सामने एक छोटा नमूना है परन्तु यह तो शाश्वत सत्य है कि इन छोटे-छोटे प्रयोगों द्वारा हम पर्यावरण संरक्षण हेतु एक नई क्रान्ति को जन्म दे सकते हैं, क्योंकि शुरुआत एक चिंगारी से ही होती है। ग्राम भारती के संयोजक श्री भवानी शंकरजी का कहना है कि यदि हमें इस तरह की और भूमि मिले तो अनेकों 'गाँधीवन' हम अपने श्रम व योग्यता से स्थापित कर सकते हैं। साथ ही हम इस प्रयोग से सन्तुष्ट हैं, क्योंकि इससे मिट्टी का क्षय रुका है, गाँव के पशुओं को चारा प्राप्त हुआ है।[33]

(2) युवा पीढ़ी को एक नई दिशा प्रदान की–ग्राम भारती ने ग्रामीण युवा पीढ़ी से बातचीत की और उन्होंने ग्रामीण युवकों की महत्त्वपूर्ण समस्या बेरोजगारी के सन्दर्भ में जानकारी प्राप्त की। संस्था के संयोजक ने बताया कि जिन ग्रामीण इलाकों में हमने काम किया वहाँ से यह तथ्य सामने आया कि ग्रामीणों के पास

खेती की जो जमीन थी वह कम हो गई है। कारण, बँटवारे के कारण जमीन अनेकों हिस्सों में बँट गई है जिससे उनका गुजारा नहीं हो रहा है और जिनके पास भूमि है उनके पास संसाधन नहीं हैं। इस सन्दर्भ में ग्राम-भारती ने ग्रामीणों को यह समझाया कि भूमि के अनेकों हिस्से होने पर उसकी उत्पादन क्षमता पर प्रभाव पड़ता है अत: उन्होंने साझी खेती करने पर बल दिया।

(3) महिलाओं का चयन–ग्राम भारती ने गाँव की 200 महिलाओं का चयन किया और उनके बैच बनाये। प्रत्येक बैच में 50-50 महिलाओं को शामिल किया। जिनको दरी, बैग, गलीचा बनाने का कार्य सौंपा। इसके अन्तर्गत ग्राम भारती ने पैसा बैंक द्वारा और कुछ अपने संसाधनों द्वारा ग्रामीणों को प्रदान किया। ग्राम भारती ने इन सबको खरीदा फिर उन्हें उचित दामों पर एक्सपोर्टर को बेचा, उचित दाम प्राप्त हुआ और ग्रामीणों को उनका पैसा दिया। उसके बाद ग्राम-भारती ने यह कार्य ग्रामीण महिलाओं को समझा दिया। इससे ग्रामीणों का शोषण रुका, क्योंकि इससे पहले महिलाएँ ये कार्य करती थीं परन्तु बिचौलियों द्वारा इनका शोषण होता था उचित दाम प्राप्त नहीं होता था।

(4) शराबबन्दी को नई दिशा–ग्राम भारती ने दरी गलीचा आदि का कार्य महिलाओं को इसलिए दिया, क्योंकि उन्होंने अपने सर्वेक्षण से यह जानकारी प्राप्त की। ग्रामीण पुरुष अपनी आय से शराब खरीदते हैं। यदि इस कार्य के लिए उन्हें चुना तो वह इस दिशा में और आगे बढ़ेंगे। महिलाओं के इस कार्य से जो आय प्राप्त हुई उनसे उनका जीवन-स्तर सुधरा और पुरुषों के सामने उनकी नई छवि उभरकर आई और पुरुषों को कार्य करने के लिए महिलाओं ने प्रेरित किया और शराबबन्दी को कुछ सीमा तक एक नई दिशा मिली। संस्था के संयोजक का मानना है कि हम अपने कार्य के प्रति पूर्ण रूप से सन्तुष्ट हैं, क्योंकि इस कार्य में हम सफल हुए हैं परन्तु बैग बनाने का जो कार्य हमने महिलाओं को दिया उसमें हम सफल नहीं हुए, क्योंकि महिलाएँ बैग बनाने के कार्य में दक्ष नहीं हैं। साथ ही यह बैग बाजार में प्रतिस्पर्द्धा में पिछड़ गए, उन्हें उचित दाम नहीं मिला और बैगों में गुणात्मकता नहीं थी इसलिए हमें इस कार्य को बन्द करना पड़ा।[34]

(5) एड्स–ग्राम भारती ने इस कार्य को अपनी क्षमता व योग्यता के अनुसार किया। इस कार्य की मुख्य संचालिका संस्था की सचिव, जिन्होंने बताया कि हमने पहले अनेकों नुक्कड़ नाटकों द्वारा ग्रामीण जनता को यह बताया कि एड्स क्या है? यह कैसे होता है? इससे कैसे बचाव किया जा सकता है? साथ ही उन्होंने इस बात पर विशेष बल दिया कि जानकारी ही बचाव है। संचालिका (संस्था की सचिव

कुसुम) का यह मानना है कि हम कार्य से सन्तुष्ट हैं, क्योंकि उनका मानना है कि इससे पहले ग्रामीण जनता में एड्स के प्रति जो भ्रान्तियाँ थीं उनको हम एक सीमा तक दूर करने में सफल हुए हैं।

(6) वेश्यावृत्ति–ग्राम-भारती ने इस सन्दर्भ में महत्त्वपूर्ण कार्य किया है। हमारे कार्यकर्ताओं ने उनकी सम्पूर्ण जीवन-शैली को जाना और एक रोचक तथ्य यह सामने आया कि कुछ घर ऐसे हैं जहाँ बेटियों से वेश्यावृत्ति करवाई जाती है, बहुओं से नहीं। इस कार्य को मुख्य रूप से कन्जर जाति करती है। यह वो इलाके हैं जो जयपुर के आस-पास के हाइवे पर हैं और ट्रक ड्राइवर यहाँ आते हैं। संस्था की सचिव कुसुम भारती ने कहा ''हमने वेश्यावृत्ति में लिप्त परिवारों से पूछा कि व्यक्ति कैसे जानेगा कि बहू और बेटी कौन है? तो जवाब मिला बहु हमेशा घूंघट में रहती है, नंगे पैर रहती है और खाट पर नहीं बैठती है, हमेशा घर का कार्य करती है। कुसुम भारती ने कहा, वेश्याएँ यह वेश्यावृत्ति छोड़ना चाहती हैं परन्तु वो कहती हैं हमें कौन अपनायेगा? हम क्या करेंगे, सरकार यदि हमारी सहायता करे तो यह कार्य हम छोड़ सकते हैं। इस सन्दर्भ में ग्राम-भारती ने वहाँ स्कूल भी खुलवाए, अस्पताल की व्यवस्था की और उन्होंने यह आग्रह किया कि आने वाली पीढ़ी को इस कार्य में ना लगाएँ। परन्तु संस्था की सचिव कहती हैं कि हमें कार्य में बहुत कम सफलता मिली है, क्योंकि हमारे पास ऐसे संसाधन नहीं हैं कि उन्हें यह कार्य छोड़ने के लिए कह सकें। हमने राज्य सरकार से बात की परन्तु उन्होंने इस सन्दर्भ में कोई सन्तोषजनक उत्तर नहीं दिया।

(7) पल्स पोलियो अभियान में भूमिका–पल्स पोलियो अभियान में ग्राम-भारती ने अपनी अहम भूमिका का निर्वाह किया है। ग्रामीण इलाकों के वह क्षेत्र जहाँ यातायात व संचार के साधन विद्यमान नहीं हैं वहाँ से अपने संसाधनों के द्वारा ग्रामीण बच्चों को पोलियो के प्रति कोई जानकारी नहीं है। उन्हें इससे अवगत कराया और पोलियो से किस तरह बचा जा सकता है इसके लिए उन्होंने टीके के महत्त्व को बताया।[35]

योगदान

(1) गाँधीवन पर्यावरण संरक्षण की अनूठी मिसाल–यह जयपुर से 52 किलोमीटर प्रतापगढ़ हाइवे पर है। ग्राम-भारती के कार्य का यह बेजोड़ नमूना है जो 25 हेक्टेयर क्षेत्र में फैला हुआ है। 1991 में ग्राम भारती समिति ने राजस्थान सरकार से यह भूमि लम्बी कानूनी लड़ाई से प्राप्त की। जब यह भूमि इन्हें प्राप्त हुई तब पूरी भूमि बंजर ऊसर थी। परन्तु इस संस्था ने इस भूमि पर एक लाख

विभिन्न प्रजातियों के पेड़-पौधों को लगाया जो पर्यावरण संरक्षण का एक बेजोड़ नमूना है। ग्रामीणों से इस सन्दर्भ में जानकारी प्राप्त की तो उनका कहना है कि इससे हम पर्यावरण के प्रति सजग हुए हैं साथ ही हमें ईंधन के विकल्प के रूप में 30 हजार पौधे लगाने के लिए प्रेरित किया। गाँधीवन का सर्वेक्षण करने पर यह निष्कर्ष तो निकला कि यह पर्यावरण संरक्षण का हमारे सामने एक छोटा नमूना है परन्तु यह तो शाश्वत सत्य है कि इन छोटे-छोटे प्रयोगों द्वारा हम पर्यावरण संरक्षण हेतु एक नई क्रान्ति को जन्म दे सकते हैं। संस्था ने इसे अपनी योग्यता व श्रम से विकसित किया है। इससे मिट्टी का क्षय रुका है, गाँव के पशुओं को चारा प्राप्त हुआ है।[36]

(2) युवा पीढ़ी को एक नई दिशा प्रदान की—ग्राम-भारती ने ग्रामीण युवा पीढ़ी से अनेकों बार बातचीत की और उन्होंने ग्रामीण युवकों की महत्त्वपूर्ण समस्या बेरोजगारी के सन्दर्भ में जानकारी प्राप्त की। यह तथ्य सामने आया कि ग्रामीणों के पास खेती की जो जमीन थी वह कम हो गई है। कारण यह है कि बँटवारे के कारण जमीन अनेकों हिस्सों में बँट गई जिससे उनका गुजारा नहीं हो रहा है और जिनके पास भूमि है उनके पास संसाधन नहीं हैं। इस सन्दर्भ में ग्राम-भारती ने ग्रामीणों को यह समझाया कि भूमि के अनेकों हिस्से होने पर उसकी उत्पादन क्षमता पर प्रभाव पड़ता है अतः उन्होंने साझी खेती करने पर बल दिया।

(3) महिलाओं की स्थिति में सुधार—ग्राम-भारती ने गाँव की 200 महिलाओं का चयन किया और उनके बैच बनाये। प्रत्येक बैच में 50-50 महिलाओं को शामिल किया। उनको दरी, बेग, गलीचा बनाने का कार्य सौंपा। इसके अन्तर्गत ग्राम भारती ने पैसा बैंक द्वारा और कुछ अपने संसाधनों द्वारा ग्रामीणों को प्रदान किया। ग्राम भारती ने इन सबको खरीदा फिर उन्हें उचित दामों पर एक्सपोर्टर को बेचा, उचित दाम प्राप्त हुआ और ग्रामीणों को उनका पैसा दिया। उसके बाद ग्राम-भारती ने यह कार्य ग्रामीण महिलाओं को समझा दिया। इससे ग्रामीणों का शोषण रुका, क्योंकि इससे पहले महिलाएँ ये कार्य करती थी परन्तु बिचौलियों द्वारा इनका शोषण होता था और उचित दाम प्राप्त नहीं होता था।

(4) स्वयं सहायता समूह का निर्माण—महिलाओं की इससे आर्थिक स्थिति मजबूत हुई, क्योंकि स्वयं सहायता समूह के द्वारा जो पैसा एकत्रित होता था उससे वो जीविकोपार्जन के लिए कोई भी व्यवसाय अपनातीं। कई महिलाओं ने इस पैसे से अपनी लड़की का विवाह किया, किसी ने दुकान खोली और किसी ने भैंस खरीदी।

(5) एड्स के बारे में जानकारी–ग्राम भारती ने इस कार्य को अपनी योग्यता व क्षमता के अनुसार किया। शोधार्थी ने एक ग्रामीण से पूछा संस्था ने आपको कैसे जानकारी दी? ग्रामीण ने बताया संस्था ने अनेकों नुक्कड़ नाटकों द्वारा ग्रामीण जनता को यह बताया कि एड्स क्या है? यह कैसे होता है? इससे कैसे बचाव किया जा सकता है? साथ ही उन्होंने इस बात पर विशेष बल दिया कि जानकारी ही बचाव है। ग्रामीणों का मानना है कि एड्स के प्रति जो भ्रान्तियाँ थीं वो काफी हद तक दूर हो चुकी हैं।

(6) पल्स पोलियो अभियान में भूमिका–ग्रामीणों से यह जानकारी प्राप्त हुई कि ग्रामीण इलाकों के वह क्षेत्र जहाँ यातायात व संचार के साधन विद्यमान नहीं है और ग्रामीणों को पोलियो के प्रति जानकारी नहीं है उन्हें इससे अवगत कराया और पोलियो किस तरह बच्चे के लिए सम्पूर्ण जीवन को नरक बना सकता है इसके लिए उन्होंने टीके के महत्त्व को बताया।[37]

(7) निःशुल्क चिकित्सा एवं स्वास्थ्य शिविर–गाँधीवन के निकटवर्ती ग्रामीण क्षेत्र में चिकित्सा सुविधाओं का नितान्त अभाव है। प्राय: लोगों को छोटी-छोटी बीमारियों के लिये भी दूर-दूर तक चलकर जाना पड़ता है। इस दृष्टि से समिति समय-समय पर गाँधीवन में निःशुल्क चिकित्सा शिविरों का आयोजन किया जाता है। ऐसे शिविरों से अब तक लगभग 2000 लोगों को निःशुल्क चिकित्सा सुविधा उपलब्ध कराई जा चुकी है। ग्रामीण समिति के इस कार्य को बेहद उपयोगी मानते हैं।

(8) आग पीड़ितों की सहायता–यहाँ के ग्रामीणों ने यह जानकारी दी कि तीन वर्ष पहले जयपुर के डाडला, रत्लपुर, मेदहु गाँव में गर्मी के मौसम में आग लग गई। किसानों की फसल जलकर राख हो गई, बच्चे दाने-दाने को तरस गए, उनके कच्चे घर जल गए और बच्चों को रहने के लिए घर भी नहीं रहा। ग्राम भारती ने इन आग पीड़ित लोगों के दुख-दर्द को सुना, उनकी आवश्यकताओं को जानने का प्रयत्न किया और इनकी दुख की घड़ी में धैर्य दिलाया, उनकी मूलभूत आवश्यकताओं की पूर्ति की, जो एक प्रशंसनीय कार्य है। घायलों को प्राथमिक चिकित्सा प्रदान की और घायलों को अस्पतालों में ले जाया गया साथ ही जिनके घर जल गए थे उनको दुबारा घर बनाने के लिए आर्थिक सहायता प्रदान की गई।

(9) ग्रामीण विद्यार्थियों को पीने का पानी उपलब्ध करवाया–ग्रामीणों का कहना है कि जब ग्राम भारती को यह पता चला कि 'अर्जुनपुर' गाँव (जयपुर) में सुशील पब्लिक स्कूल के विद्यार्थी पानी पीने के लिए अपने स्कूल से आधा

किलोमीटर दूर जाते हैं तो इस संस्था ने सामुदायिक सहायता द्वारा स्कूल के पास ही पानी की व्यवस्था कर दी जो एक महत्त्वपूर्ण कदम है।

(10) कुष्ठ रोगियों तथा विकलांगों का पुनर्वास–ग्रामीणों ने यह जानकारी दी कि समिति ने कुष्ठ रोगियों तथा विकलांगों को भिक्षावृत्ति से छुटकारा दिलाकर उनके सार्थक पुनर्वास की व्यवस्था की है। ऐसे 400 व्यक्तियों को विभिन्न कार्यों का प्रशिक्षण देकर पुनर्वासित किया गया। ये लोग आज सम्मानपूर्वक स्वावलम्बी जीवन जी रहे हैं।[38]

(11) राजनट जनजातीय संस्कृति का सर्वेक्षण, प्रलेखन तथा शहरी शिक्षित वर्ग में प्रसार–सामान्य बोलचाल में वेश्या के नाम से परिभाषित देह व्यापार में लगी कुछ जनजातीय महिलायें भी ऐसे ही सामाजिक अभिशाप की शिकार हैं। यद्यपि वे किसी पुरुष को बुलाकर अपने पास नहीं लातीं, न किसी के घर जाकर 'सेक्स अपील' करती हैं, बल्कि स्वयं पुरुष अपनी काम-वासना की पूर्ति के लिए शहर, गाँव से दूर एकान्त में बसी उनकी बस्तियों तक चलकर जाता है, फिर भी उन्हें हेय और घृणा की दृष्टि से देखा जाता है। दिन के उजाले में चोरी छुपे या रात के अंधेरे में यौन-तृप्ति के लिये इन जनजातीय महिलाओं के पास जाने वाले व्यक्ति ही, जो लगभग सभी जातियों, धर्मों या वर्गों के होते हैं, इन्हें कथित सभ्य समाज के लिए कलंक और खतरा मानते हैं। यह कोई भी स्वीकार नहीं करता कि इनके देह व्यवसाय जैसे कार्य में लिप्त रहने के लिये हमारा समाज और शासन भी किसी हद तक जिम्मेदार है।

अतः इस प्रकार के जनजातीय समुदायों के साथ काम करना न केवल कठिन था, बल्कि आम लोगों की नजर में अजीब और अनौचित्यपूर्ण भी था। कठिन तो इसलिये कि जो लोग कभी समाज की मुख्यधारा में नहीं रहे, अंधेरी बंद गली की तरह जिनका जीवन रहा हो, उनके साथ घुल-मिलकर काम करना कल्पना से भी परे की बात है। अनौचित्यपूर्ण इसलिये कि जन सामान्य जिन महिलाओं को सिर्फ देह मानकर भोग की वस्तु समझता रहा हो तथा पारिवारिक, सामाजिक और राष्ट्रीय दृष्टि से जिन्हें नितान्त अवांछनीय मानता रहा हो, उनके मन से इस अवधारणा को निकाल पाना अत्यन्त दुष्कर था।

लेकिन समिति की संयुक्त मंत्री श्रीमती कुसुम जैन, जिन्होंने आलोचना-प्रत्यालोचना की परवाह किये बिना सतही जिज्ञासा से ऊपर उठकर मानवीय दायित्व का निर्वाह करते हुये इस राजनट जनजातीय संस्कृति के बारे में सर्वेक्षण-अध्ययन का कार्य जब शुरू किया तो अंधेरी बन्द गली के द्वार स्वतः खुलते चले गये।

उनके कार्यकर्ताओं-सहयोगियों की समर्पित टोली के अथक प्रयत्नों के फलस्वरूप ही यह अनूठी परियोजना फलीभूत हो सकी।

सर्वेक्षण के बाद 'शहरी शिक्षित वर्ग में इसका प्रसार किया जाना भी आसान काम नहीं था। सरकारी-गैर सरकारी सभी व्यक्ति राजनट जनजाति के बारे में एक विशिष्ट प्रकार की मानसिकता बनाये हुए हैं। इस समुदाय की महिलाओं का देह व्यवसाय में संलग्न होना, इस हेतु आयोजित सेमीनारों में अनुभव हुआ। लेकिन इस सवाल का कि जब वे इस देश में पैदा होती हैं, यह पलती-बढ़ती और मरती हैं, तो क्या उन्हें नागरिक तथा मानवीय अधिकारों से वंचित करना न्याय संगत है? इसका जवाब किसी के पास नहीं था। अन्ततः वे मानने को तैयार हुये कि एक हद तक समाज भी उनकी वर्तमान स्थिति के लिये जिम्मेदार है।[39]

समस्याएँ–ग्राम भारती के संयोजक से 10 मार्च, 2004 को बात की तो उन्होंने यह बताया कि हमारे सामने अनेक ऐसी समस्याएँ हैं जिनके कारण हमारे कार्यों में अवरोध आता है।

(1) पर्याप्त संसाधनों का अभाव–हमारे पास संसाधन नहीं हैं जिसके कारण हम अपने कार्य का विस्तार नहीं कर पाते हैं। यदि हमारे पास पर्याप्त संसाधन होते तो वेश्याओं को अपने प्रयास द्वारा दूसरे कार्यों में लगा सकते थे।

(2) जनसहयोग का अभाव–जब हम शुरू में अपना कोई विकास का कार्य क्षेत्र चुनते हैं तो वहाँ की ग्रामीण जनता यह सोचती है कि पता नहीं कौन लोग हैं और न जाने हमसे क्या चाहते हैं? इसलिए पहले वह हमें जानकारी देने में कतराते हैं परन्तु धीरे-धीरे हम जनसहयोग प्राप्त करते हैं। जैसे गाँधीवन की जो जमीन थी उसमें हमें शुरू में कार्य करने में बहुत दिक्कतों का सामना करना पड़ा था, क्योंकि वहाँ की जनता ने हमें कार्य करने में काफी रूखा रवैया दिखाया परन्तु बाद में अथक प्रयासों से हमने जनसहयोग हासिल किया।

(3) सरकारी मशीनरी की अड़ंगा नीति–अनेकों कार्य करने के लिए सरकारी मशीनरी की आवश्यकता होती है। कई बार शासन द्वारा हमारे व्यवहार को परिवर्तित करने के प्रयास किये जाते हैं और इससे दोनों में अवरोध पैदा होता है। इसके कारण हमें अनेकों बार नई कठिनाइयों का सामना करना पड़ता है, जैसे गाँधीवन की जमीन को हमने लम्बी कानूनी प्रक्रिया से प्राप्त किया है।

(4) समर्पित कार्यकर्ताओं का अभाव–हमें अनेकों बार ऐसे कार्यकर्ता मिले हैं जो सेवा नहीं करना चाहते हैं, उन्हें सिर्फ वेतन चाहिए अतः दक्ष प्रशिक्षित,

समर्पित कार्यकर्ता जब नहीं मिलते हैं तो हमारे कार्य को एक नया रूप नहीं मिल पाता है।

6. सिकोन डिकोन, जयपुर

राजस्थान के प्रमुख स्वैच्छिक संगठनों में सिकोन डिकोन का अपना विशेष स्थान है। संस्था का विस्तृत विवरण इस प्रकार है–

ऐतिहासिक पृष्ठभूमि

सिकोन डिकोन (सेन्टर फोर कम्यूनिटी एण्ड डवलपमेन्ट कन्सलटेन्ट सोसायटी) सामुदायिक आर्थिक विकास एवं परामर्श केन्द्र की स्थापना 1981 में राजस्थान के जयपुर जिले के चाकसू तहसील में ढूढ़ और मोरेल नदी में बाढ़ आने से एक राहत कार्य को लेकर स्थापना हुई। इस समय संस्था ने लगभग 32 गाँवों में राहत कार्य प्रारम्भ किया। इन गाँवों में जन, धन, जमीन, जानवर, मकान आदि नष्ट हो गये। इस समय इन लोगों के लिए कई राहत सामग्री जुटाई जा रही थी। इस सामग्री से लोगों के मन में काम न करने जैसी भावना उत्पन्न हो रही थी तथा कुछ लोग गाँवों से शहर की ओर पलायन करने लगे तभी सिकोन डिकोन के संस्थापक सदस्य श्री शरद जोशी, डॉ. जे.आर. सिंह व श्री गिरवर सिंह ने मिलकर लोगों के साथ स्थाई रूप से कार्य करने के उद्देश्य को लेकर सिकोन डिकोन की स्थापना की।

बाढ़ से प्रभावित क्षेत्र–महाराजपुरा, यादगारपुरा, पुरा, विशालपुरा, नया रनावता, लाड़पुरा व राजपुरा आदि क्षेत्रों में संस्था ने राहत कार्य किया था।

कार्य करने का ढंग

(1) सम्पर्क–अलग-अलग गाँव जाकर लोगों से सम्पर्क करना।

(2) चौपाल–सम्पर्क के पश्चात् ग्रामीण जनता के साथ चौपाल का आयोजन करना।

(3) ग्राम की समस्या जानना–चौपाल में ही सदस्यों व गाँवों के लोगों से समस्या की जानकारी लेना।

(4) कार्य करना–गाँवों के लोगों की एक कमेटी बनाकर उन्हीं के द्वारा कार्य को करवाया जाता।

सिकोन डिकोन की यात्रा–सिकोन डिकोन आज अपनी यौवन अवस्था में आ पहुँचा है, समर्पित कार्यकर्त्ताओं की शक्ति-स्फूर्ति, लगन, मेहनत के सुखद परिणाम

के कारण संस्था जो 10 कार्यकर्त्ताओं की शक्ति, स्फूर्ति के साथ शुरू हुई थी। आज 160 कार्यकर्त्ताओं के साथ मिलकर 650 गाँवों में प्रत्यक्ष रूप से तथा अन्य साथी संस्थाओं स्वयं सेवकों के सहयोग से उत्तर भारत के 11 राज्यों में अपने कार्यों का सम्पादन कर रही है।

इस सफर की शुरुआत वर्ष 1981 में जयपुर जिले की चाकसू तहसील में आई बाढ़ से निपटने के लिए कुछ दृढ़ निश्चयी युवा सामाजिक कार्यकर्त्ताओं द्वारा की गई। इस छोटे से समुदाय ने मिलकर बाद में चाकसू में एक कार्यालय की स्थापना की जिसका नाम सामुदायिक, आर्थिक एवं विकास परामर्श केन्द्र रखा गया। संस्था का मुख्य उद्देश्य स्थानीय समुदाय का सशक्तिकरण तथा पुनर्वास निर्धारण करना था, क्योंकि बाढ़ से खेत, कुएँ, तालाब, चारागाह सभी नष्ट हो गये थे। अतः संस्था द्वारा सर्वप्रथम भूमि सुधार संबंधी गतिविधियों पर ज्यादा ध्यान दिया गया।

1983 में क्रिश्चियन चैरिटी फण्ड के सहयोग से प्रथम परियोजना 'एग्रोएक्शन फैमिली हैल्पर परियोजना' प्रारम्भ की गई। इस परियोजना से चाकसू तहसील के 12 गाँवों के लगभग 500 परिवार लाभान्वित हुये। इस परियोजना के तहत इन गाँवों में बालबाड़ी केन्द्रों की स्थापना की गई, जिसमें शिक्षा से वंचित बच्चों को औपचारिक शिक्षा से जोड़ा गया। इस सम्बन्ध में सम्पूर्ण प्रयास को व्यवस्थित करने के लिए ग्राम विकास समितियों का गठन किया गया। इसी समय भीषण अकाल था और संस्था ने इसके तहत पेयजल व्यवस्था, तालाब गहरा करवाने का कार्य किया। 1983 में स्थानीय पंचायत ने संस्था के कार्यालय हेतु 'शीलकी' में स्थान उपलब्ध कराया। जिसके पश्चात् सिकोन डिकोन विभिन्न राष्ट्रीय व अन्तर्राष्ट्रीय संस्थाओं के सहयोग से जल संकट के दीर्घकालीन समाधान के कार्य में संलग्न हो गई। इसमें संस्था ने जल संग्रहण, वृक्षारोपण, मेड़बन्दी आदि कार्य हाथ में लिए तथा 1986 में गतिशील व जल संरक्षण इकाई की शुरुआत की गई। इस कार्य से 80 गाँव लाभान्वित हुए तथा 1986 में ही संस्था ने वृहत स्तर पर घुमक्कड़ जाति (गाडुलिया लुहार) के साथ काम किया। इसके अन्तर्गत इस समुदायों के बच्चों के लिए बालबाड़ी केन्द्र व स्वास्थ्य क्लिनिक स्थापित किये गये। जल व भू संरक्षण तो संस्था के कार्य का मुख्य भाग बन गया था, जिसके परिणामस्वरूप 1989 में इस क्षेत्र में नई तकनीक व अभियान्त्रिक की कुशलता हासिल कर ली गई और संस्था जल संग्रहण परियोजना पर आधारित हो गई। 1982 में महिला सहभागिता को शामिल किया गया। फागी तहसील के विभिन्न समुदाय के साथ महिलाओं की सामाजिक संगठनों के माध्यम से भूमि व जल संसाधन प्रबन्धन परियोजना प्रारम्भ

की गई। 1990 को बालिका वर्ष घोषित किये जाने के समय बालिका अभियान में सहयोग दिया तथा 1990 में ही एडवोकेसी व नेटवर्किंग गतिविधियाँ प्रारम्भ की गईं। इनका उद्देश्य साझा सामाजिक मुद्दों को उठाने के लिए है। इन्हीं प्रयासों ने प्रदेश की साथी संस्थाओं के साथ मिलकर एक औपचारिक ढाँचा तैयार किया जो 'डी.सी.एन.सी' (डवलपमेन्ट कोर्डिनेशन नेटवर्क कमेटी) के नाम से कार्यरत है और बाद में यह महसूस किया गया कि इस प्रयास को राजस्थान से बाहर भी फैलाने की आवश्यकता है जिसके परिणामस्वरूप देश के हिन्दी भाषी राज्यों में एडवोकेसी प्रयासों को गति प्रदान करने के लिए एक मंच 'पैरवी' संस्था के रूप में उदय हुआ। आज यह संस्था देश के 11 राज्यों की संस्थाओं के साथ मिलकर कार्य कर रही है। इसी प्रकार 1996 में विश्व बैंक की जिला गरीबी उन्मूलन परियोजना के अन्तर्गत बाराँ जिले के सामाजिक अंकेक्षण का कार्य तथा इसी समय 'जल प्रहरी' के नाम से एक पानी गठबंधन गठित हुआ। इस नेटवर्क का मुख्य उद्देश्य प्राकृतिक संसाधन प्रबंध से सम्बन्धित राज्य स्तरीय नीतियों में 'निर्माण प्रक्रिया शक्ति' को सुनिश्चित करना था।

1997 में सामाजिक अंकेक्षण के आधार पर सामने आई समुदाय की आवश्यकता के अनुसरण के क्रम में शाहबाद तहसील में संस्था ने अपने कार्यालय की स्थापना की।

1989 में कार्यनीति परिवर्तन के परिणामस्वरूप संस्था ने अपने कार्यों को पाँच क्षेत्रों में विभाजित किया- 1. संस्थागत विकास कार्यक्रम 2. स्वास्थ्य 3. शिक्षा व बाल-विकास 4. जैण्डर व लघु साख 5. प्राकृतिक संसाधन प्रबन्धन।

1989 में ही किसान सेवा समिति के नाम से अलग संस्था स्थापित की गई। जिसका उद्देश्य समाज के जनजाति, सीमान्त किसान व ग्रामीण महिलाओं को अपने विकास की दिशा स्वयं तय कर सकने एवं संसाधनों के विवेकपूर्ण प्रबन्धन कर सकने में सक्षम बनाना। 1999 में ही संस्था नवीन परियोजना में भी संलग्न हुई जिसके अन्तर्गत सवाई माधोपुर, जयपुर तथा टोंक में बाल श्रमिक परियोजना के तहत लगभग 500 बाल श्रमिकों के मूलभूत अधिकारों के लिए प्रयासरत है। इसके अतिरिक्त युवाओं की शक्ति को दिशा प्रदान करने के लिए 'स्माइल' कार्यक्रम के द्वारा संस्था जयपुर शहरी, जयपुर ग्रामीण, अलवर, टोंक, अजमेर, बाराँ के युवाओं के बीच कार्यरत है।

1999 में नगरीय स्वशासन निकायों के सहयोग से इन्दौर में संस्था ने कार्य प्रारम्भ किया तथा 1999 में जिला गरीबी उन्मूलन सर्वेक्षण के परिणामस्वरूप संस्था विश्व बैंक द्वारा संस्था को टोंक जिले में 'जिला गरीबी उन्मूलन परियोजना' को लागू करने की जिम्मेवारी सौंपी गई तथा सन् 2000 में यह परियोजना टोंक जिले की उनियारा व टोडारायसिंह तहसीलों में प्रारम्भ हुई।

2001 में रंग व जाति भेद पर आधारित भेदभाव विरोधी विश्व सम्मेलन जो 'डरबन सम्मेलन' के नाम से विश्व-विख्यात हुआ। इसके परिणामस्वरूप 2001 में राजस्थान में जयपुर में 'सेन्टर फॉर दलित ह्यूमन राइट्स' की स्थापना की गई और 2003 में जयपुर में ही 'स्वराज' के नाम से सिकोन डिकोन की एकेडेमिक यूनिट (इकाई) की स्थापना की गई।[40]

सिकोन डिकोन के विजन मिशन

विजन–हम ऐसा विकास प्राप्त करना चाहते हैं जो वंचित वर्ग के लोगों की आवश्यकताओं, जो समाज में स्वीकार्य हों, आर्थिक रूप से व्यवहार्य हों और वातावरण से मजबूत हों, की पूर्ति प्रभावपूर्ण ढंग से करना चाहते हैं।

मिशन–सिकोन डिकोन के साथी समुदायों–अनुसूचित जाति, वंचित वर्ग, भूमिहीन किसान, वंचित महिला व बच्चों का क्षमता विकास प्रत्यक्ष व अप्रत्यक्ष गतिविधियों से इस प्रकार करना जिससे वे स्वतन्त्र व प्रभावी रूप से निर्णय ले सकें और उनके दीर्घकालीन कल्याण को प्रोत्साहन मिल सके।

मूल्य-

समुदाय-आत्म विश्वसनीयता

साझेदारी

निष्पक्षता

लिंग समानता

लोकतंत्र

कल्याणकारी सहायता[41]

लक्ष्य–सिकोन डिकोन का लक्ष्य समाज के सबसे निम्न स्तर के व्यक्तियों को जैसे अनुसूचित जाति व जनजाति, सीमान्त विकास ग्रामीण महिलाओं को अपने विकास की दिशा स्वयं तय कर सकने एवं संसाधनों के विवेकपूर्ण प्रबन्धन कर

सकने में सक्षम बनाना है। सिकोन डिकोन अपने लक्ष्यों को प्राप्त करने के लिए निम्न क्षेत्रों में कार्यरत है-

(1) प्राकृतिक संसाधन प्रबन्धन

(2) शिक्षा

(3) स्वास्थ्य

(4) संस्थागत विकास[42]

संस्था के उद्देश्य

(1) समाज के विभिन्न स्तरों पर सामाजिक न्याय के साथ प्रगति की विचारधारा के क्रियान्वयन में सहायक होना। जिसमें दलित एवं पिछड़े वर्ग के परिवार विशेषत: महिलायें, बालक, वृद्ध तथा शारीरिक एवं मानसिक रूप से विकलांग व्यक्ति लघु एवं सीमान्त कृषक भूमिहीन, श्रमिक इत्यादि सम्मिलित हैं।

(2) समाज के कमजोर वर्ग के अधिकारों की रक्षा तथा उनकी सर्वांगीण उन्नति के लिए सक्रिय विभिन्न प्रान्तीय, राष्ट्रीय एवं अन्तर्राष्ट्रीय संस्थाओं की गतिविधियों एवं कार्यक्रमों में समन्वय स्थापित करना तथा उनके द्वारा समर्पित कार्यक्रमों का संचालन करना।

(3) दलगत राजनीति से दूर रहकर विभिन्न स्तरों पर जन शक्ति को जाग्रत कर जन-कल्याण के रचनात्मक कार्यों में उसके उपयोग की पहल करना।

(4) समाज के विभिन्न पहलुओं, समस्याओं जैसे कुपोषण, कृषि, पशुपालन, दहेज, अस्वच्छता, गन्दी बस्ती, जनसंख्या वृद्धि, बेरोजगारी, शिक्षा आदि से सम्बन्धित तथ्यों तथा विभिन्न कल्याण कार्यक्रमों की प्रभावशीलता से सम्बन्धित तथ्यों का संकलन कर प्रतिवेदन तैयार करना।

(5) समाज के जरूरतमन्द लोगों, बालक-बालिकाओं, महिलाओं, युवक-युवतियों, वृद्धों आदि के सामाजिक, आर्थिक व शैक्षणिक उन्नति के लिए सुविधायें एवं साधन जुटाना।

(6) औपचारिक एवं अनौपचारिक शिक्षा एवं प्रशिक्षण उन्नति के लिए सुविधायें एवं साधन जुटाना।

(7) औपचारिक एवं अनौपचारिक शिक्षा एवं प्रशिक्षण हेतु विभिन्न कार्यक्रमों एवं संस्थाओं का संचालन करना।

(8) विकास कार्यों में संलग्न अन्य संस्थाओं, व्यक्तियों और शासकीय तन्त्रों की सहायता करना व पक्ष में वातावरण बनाने में सहायता करना।

(9) सामाजिक प्रतिरक्षा, ग्रामीण विकास, स्वास्थ्य सेवायें, कृषि, बाल एवं महिला कल्याण, वृद्ध कल्याण, अनुसूचित जाति एवं जनजाति व अन्य पिछड़ी जातियों के कल्याण जैसे कार्यक्रमों का संचालन करना।

(10) विकलांग व्यक्तियों व कुष्ठ रोगियों के पुनर्वास व विकास के लिए प्रयत्न करना।

(11) ऐसी संस्थाओं जिनका उद्देश्य समाज के पिछड़े वर्ग का कल्याण एवं विकास करना है को आवश्यकतानुसार, जैसे-योजना निर्माण, अनुदान प्राप्त करने में, मूल्यांकन एवं अन्य क्षेत्रों में आवश्यकतानुसार मार्गदर्शन एवं सेवायें प्रदान करना।

(12) अन्तर्राष्ट्रीय अनुदान संस्थाएँ जो विकास कार्यक्रम में सक्रिय हैं के साथ मिलकर विकास कार्यक्रम पिछड़े वर्ग के लिए बनाना या बनाने में सहायता करना।

(13) उपरोक्त उद्देश्यों की पूर्ति हेतु उचित कदम उठाना, इस दिशा में कार्य करने, कोष एकत्रित करने, अन्यों से सहायता लेने, प्रतिनिधियों को आमन्त्रित करना अथवा भेजना इत्यादि सभी आवश्यक कार्य करना जो कि इस संस्था के उद्देश्यों की पूर्ति में सहायक हो।

नीतियाँ-संस्थागत

(1) यह सुनिश्चित करना कि सिकोन डिकोन के मानव संसाधन की नेतृत्व क्षमता, कार्यकर्त्ता और समुदाय के सदस्य प्रोत्साहित हैं और अपना कार्य प्रभावी ढंग से कर सकते हैं।

(2) यह सुनिश्चित करना कि सिकोन डिकोन के पास पर्याप्त मात्रा में सुरक्षित वित्तीय संसाधन हैं।

(3) सिकोन डिकोन का बाहरी सम्प्रेषण को और अधिक सुधारना।

(4) सरकार की बदलती भूमिका के कारण सामने आई चुनौतियों को समझना।

(5) संस्था की प्रभावपूर्णता को सुधारना।

विकास नीतियाँ-

(i) ग्राम स्तर की संस्थाओं का मजबूतीकरण।

(ii) सुनिश्चित करना कि साथी समुदाय के पास विकास प्रक्रिया की पूर्ण जिम्मेदारी है।

(iii) सभी कार्यकर्ताओं में जेन्डर की भूमिका बढ़ाना।

(iv) साथी समुदायों के साथ एडवोकेसी मुद्दों पर कार्य करना।

(v) सरकारी सुविधाओं को साथी समुदायों को उपलब्ध कराना।

(vi) मानव संसाधन व वित्तीय संसाधन के उपयोग को सुनिश्चित करना।

(vii) समान उद्देश्यों वाली अन्य संस्थाओं से सम्बन्ध स्थापित करना।

सिकोन डिकोन की उपलब्धियाँ

(1) राष्ट्रीय स्वैच्छिक कार्यवाही अवधि के दौरान सिकोन डिकोन को स्वैच्छिक संगठनों द्वारा उठाये जाने वाले मुद्दों और अपने द्वारा किये जाने वाले कार्य को सारी दुनिया में एक साथ प्रदर्शित करने का मौका मिला और जयपुर जिले के शालिग्रामपुरा की श्रीमती शकुन्तला की अमरीकी राष्ट्रपति श्री बिल क्लिण्टन से वार्ता और अमरीका आने का निमन्त्रण एक उपलब्धि ही है।

(2) जयपुर 5 मार्च 2002 को भारतीय प्रतिष्ठान (नेशनल फाउण्डेशन ऑफ इण्डिया) द्वारा क्रियान्वित किये जाने वाले "सार्वजनिक मामले एवं स्थानीय अभिशासन कार्यक्रम के तहत जयपुर की अग्रणी स्वैच्छिक संस्था सिकोन डिकोन का राष्ट्रीय स्तर के पुरस्कार के लिए चयन।

गैर सरकारी संगठन का कानूनी स्तर—भारत सरकार व राजस्थान के एक्टों में से किसी भी कार्य या संगठन, चाहे वह लाभकारी हो या अलाभकारी, उसे कार्य करने के लिए लाइसेन्स लेना पड़ता है जो निम्नलिखित एक्टों के तहत करवाया जाता है।

(1) सेन्ट्रल सोसायटी एक्ट, 1860

(2) सोसायटी एक्ट, 1860 व राजस्थान सोसायटी एक्ट, 1958

(3) कोपरेटिव सोसायटी एक्ट, 1972

(4) इण्डियन ट्यूरिस्ट एक्ट, 1822

(5) कम्पनी एक्ट, 1956

(6) चैरिटेबल रिलीजन्स ट्रस्ट एक्ट, 1920

(7) ट्रेड यूनियन एक्ट, 1926

(8) पार्टनरशिप एक्ट, 1932

उपरोक्त एक्टों में से सिकोन डिकोन सोसायटी रजिस्ट्रेशन एक्ट 1860, 1958 के तहत 9 जून 1982 को पंजीकृत हुई।[43]

सिकोन-डिकोन की पारिवारिक इकाई

डी.सी.एन.सी.	सन् 1990
पैरवी	सन् 1996
सी.डी.एच.आर.	सन् 2001
स्वराज	सन् 2003

डी.सी.एन.सी.–'डवलपमेन्ट कोर्डिनेशन नेटवर्क' कमेटी के तहत सम्पूर्ण राजस्थान के गैर सरकारी संगठनों का विकास कर उनके माध्यम से अपने क्षेत्रों की समस्या को समझने के लिए स्थानीय जनता को जागरूक करना' उनको इस योग्य बनाना कि वे अपनी समस्या को समझकर उस समस्या के निदान के लिए सरकार पर दबाव बनाएँ, इसके लिए उन संगठनों के साथ बैठकों का आयोजन करना, उन्हें प्रशिक्षण देना, उनको भ्रमण करवाना व संस्थागत विकास के लिए उनकी आर्थिक सहायता करना।

रणनीति

(1) नये सामुदायिक संगठनों व गैर सरकारी संगठनों को उनके विकास व वृद्धि के लिए प्रोत्साहन व सहयोग देना।

(2) सदस्य सामुदायिक संगठनों व गैर सरकारी संगठनों का उनके स्वप्न व लक्ष्यों की प्रभावी पहचान के लिए क्षमता बढ़ाने के लिए प्रशिक्षण देना।

(3) सदस्यों, संगठनों को संसाधन जुटाने के लिए सहायता देना।

(4) सामुदायिक संगठनों व गैर सरकारी संगठनों के बीच सहभागिता व साझा मंचों को मजबूत करना ताकि वे संयुक्त गतिविधियों द्वारा अपनी क्षमता बढ़ा सकें।

गतिविधियाँ

(1) बैठकों का आयोजन,

(2) भ्रमण करवाना,

(3) कार्यशालाओं का आयोजन,

रणनीति–नये-पुराने सदस्यों की नेटवर्किंग कार्यशाला आयोजित कर डी.सी.एन.सी. को मजबूत करना।

पैरवी–देश के हिन्दी भाषी राज्यों में एडवोकेसी प्रयासों को गति प्रदान करने के लिए एक मंच 'पैरवी' संस्था के रूप में उदय हुआ। आज यह संस्था देश के 11 राज्यों की संस्थाओं के साथ मिलकर कार्य कर रही है।

उद्देश्य–उत्तर भारत के हिन्दी भाषी प्रदेशों में चल रहे संगठनों और आन्दोलनों की पैरवी क्षमताओं को बढ़ाना ताकि वे वंचितों व कमजोरों के पक्ष में विशेषत: जाति, वर्ग, लिंग, पर्यावरण व मानवाधिकारों के मुद्दों को प्रभावशाली रूप से आगे ला सकें।

गतिविधियाँ

(1) पैरवी के सदस्य संगठनों को संगठित व संचालित अभियानों को सशक्त करना व सहयोग देना।

(2) प्रशिक्षण कार्यशालाओं व प्रशिक्षु कार्यक्रमों का आयोजन करना।

(3) सूचना वितरण व दस्तावेजीकरण करना।

सी.डी.एच.आर.–दलित मानवाधिकार केन्द्र सिकोन डिकोन के सहयोग से जयपुर में स्थापित किया गया है। सिकोन डिकोन सतत विकास व सामाजिक न्याय के क्षेत्र में कार्य करने वाला गैर सरकारी प्रतिष्ठान है। अनुभवी व्यक्तियों का समूह दलित मानवाधिकार केन्द्र को सक्रियता प्रदान कर रहा है। ये सभी सदस्य सामाजिक न्याय व मानव अधिकार आन्दोलन में गहन अनुभवी हैं तथा इनका सामाजिक एडवोकेसी समूहों तथा सशक्तिकरण के साथ वृहद् समन्वय है।

केन्द्र का संचालन पाँच सदस्यों की कोर टीम श्री पी.एल.भीमरोठ (कन्वीनर, राष्ट्रीय दलित मानवाधिकार अभियान) मानवाधिकार प्रतिरक्षक के नेतृत्व में किया जा रहा है।

दलित मानवाधिकार केन्द्र

दलित मानवाधिकार केन्द्र दलित कार्यकर्त्ताओं का क्षमतावर्द्धन करने, संविधान में वर्णित समुचित कानूनी सहायता व सामाजिक सहायता तथा सामाजिक न्याय के अन्य उपकरणों के द्वारा गरीबों, विशेषकर दलित जो समाज का उत्पीड़ित व शोषित वर्ग है। इनके अधिकारों की प्रतिरक्षा, संरक्षण एवं स्थापना करने के प्रयास की शुरुआत है।

मिशन व उद्देश्य–दलित मानवाधिकार केन्द्र का उद्देश्य है कि दलित व पीड़ितों को अपने अधिकारों की माँग करने से रोकने वाले सामाजिक अवरोधों को समाप्त कर विधिक जानकारी बढ़ाना और न्याय प्रणाली को संवेदनशील बनाना।

इस केन्द्र की स्थापना के पीछे मात्र यह उद्देश्य नहीं है कि अत्याचार व हिंसा के मामलों को उजागर करें बल्कि उन्हें रोकने के लिए सृजनात्मक, प्रतिषेधात्मक तरीके भी खोजे जायें, जिससे असमानता व जातिगत हिंसा व अत्याचार को रोका जा सके।

दलित उत्पीड़न को समाप्त करने के लिए विधि कानून प्रणाली को सामाजिक परिवर्तन का वाहक बनाने के उद्देश्य से केन्द्र की स्थापना की गई। इसके लिए गरीबों को उनके मानवाधिकार के लिए लड़ने में समर्थ बनाना होगा।

मानवाधिकार से तात्पर्य सम्पूर्ण मानवजाति की समानता, स्वतन्त्रता, गरिमा से है। साथ ही केन्द्र का लक्ष्य जातिगत समानता के कारण उत्पन्न होने वाली राजनैतिक, सामाजिक व आर्थिक उत्पीड़न के सभी रूपों को खत्म करने के लिए संघर्ष करना है।

मुख्य कार्य

(1) मुख्य मानव अधिकार हनन के मामलों की मॉनिटरिंग करना विशेष रूप से जाति आधारित अत्याचार व विभेद के मामलों की।

(2) दलित व अभावग्रस्त लोगों के मानव अधिकार हनन के अतिवादी मामलों के खिलाफ संगठित होकर मुद्दा उठाकर उन मामलों की छानबीन करना, ऐसे प्रकरण की तथ्यात्मक रिपोर्ट तैयार कर सरकार, प्रशासन, राज्य मानवाधिकार आयोग, महिला आयोग के साथ उनका अवलोकन, अनुगमन कर पीड़ित पक्षों को न्याय दिलवाना।

(3) गम्भीर प्रकृति के मामलों में स्थानीय न्याय प्रणाली के असफल होने पर यह केन्द्र व अन्तर्राष्ट्रीय फोरम तक पहुँचने में नहीं हिचकिचाएगा, ताकि सरकार पर न्याय के लिए दबाव डाला जा सके।[44]

स्वराज

स्वराज सिकोन डिकोन की एकेडेमिक यूनिट है जो जयपुर जिले में कार्यरत है इसका उद्देश्य गैर सरकारी संगठनों, स्वैच्छिक संस्थाओं को अनुभवी प्रोफेशनल कार्यकर्त्ता उपलब्ध कराना है।

विजन—सभी स्वैच्छिक संस्थाओं में पेशेवर व्यक्तियों को तैयार करना कि पेशेवर कार्यकर्त्ता, जो सभ्य समाज में परिवर्तन ला सकें जिससे कि समाज में सामाजिक न्याय हो। मानवाधिकार हों, जेण्डर समानता हो एवं लोकतान्त्रिक हो।

मिशन–पेशेवर व्यक्तियों का विकास करना जो कि सामाजिक परिवर्तन के घटक हैं, जो लगातार बदलते विकास के सन्दर्भ में अपनी समझ रखता हो और जो सर्वोत्तम मानव विकास के द्वारा प्राप्त किया जा सके।

पहचान–स्वराज एक अध्ययन और प्रशिक्षण का सम्मिश्रण है जो कि मानव-संसाधन और सामाजिक कार्य से प्राप्त किया जा सकता है एवं गुणवत्ता युक्त शिक्षा प्रदान कर पेशेवरों की दक्षता बढ़ाना।

सम्बन्ध–देवी अहिल्या विश्वविद्यालय इन्दौर, मध्य प्रदेश।

संचालित पाठ्यक्रम

(1) सर्टीफिकेट इन मेनेजमेन्ट एन.जी.ओ. (कोर्स) समयावधि- 6 माह, छात्र -22 अध्ययनरत हैं।

उत्तरदायित्व

सचिव

(1) संगठन को प्रभाव शक्ति प्रदान के लिए संस्था के विजन-मिशन के अनुसार नियोजन, संगठन नेतृत्व और नियन्त्रण करना, रणनीति बनाना तथा प्रशासनिक नीतियों को बढ़ावा देना व सत्ता को विकेंद्रीकरण करना।

(2) संगठन को विशिष्ट प्रबन्ध के द्वारा आउटपुट देना जिससे विभिन्न प्रकार के कार्यों व व्यक्तिगत संसाधनों के द्वारा जवाबदेही, प्रभाव व गुणवत्ता, आवश्यकताओं के अनुरूप हो।

(3) सिकोन डिकोन का सरकार, मीडिया के समक्ष अन्य संगठनों के साथ मिलकर प्रतिनिधित्व करना। बाजार व वित्त के अनुसार राष्ट्रीय स्तर पर प्रतिनिधित्व करना व वित्त की व्यवस्था करना।

(4) प्रबन्ध और विकास करने में सक्षम मानवीय संसाधनों को तात्कालिक व संकटकाल के समय प्रेमाचार व स्नेह उपयोग में लेना व सिकोन डिकोन की सहयोगी समस्याओं के सामने प्रस्तुत करना।

(5) सभी विधानों का प्रयोग करना तथा अपना एक अधिकारी सत्ता नियुक्त करना जो संस्था के कार्यों को देखने में सक्षम व योग्य हो तथा सहयोगी संस्थाओं के समक्ष गरीब लोगों की बात रख सके।

(6) उन सभी तात्कालीन मुद्दे, कार्यक्रम के अनुसार जिन्हें स्थापित किया गया है, जैसे-पैरवी, सीडी. एच. आर. व स्वराज इन्हें आत्म -निर्भर बनाना, संसाधनों का प्रबन्धन करना व अन्य संस्थाओं के साथ सम्बन्ध बनाना।

निदेशक

(1) संस्थान के प्रत्येक कार्यों का प्रबन्धन व दिशा निर्देशन करना जैसे कार्यक्रम की योजना बनाना एवं मूल्यांकन करना।

(2) सरकारी एवं गैरसरकारी संस्थाओं व मीडिया के साथ सम्पर्क करना व वित्त हेतु प्रयास करना, यह केवल राष्ट्रीय स्तर पर नहीं बल्कि अन्तर्राष्ट्रीय स्तर पर भी प्रयास करना।

(3) प्रभावी प्रबन्ध हेतु दिन-प्रतिदिन प्रत्येक यूनिट से सम्पर्क करना।

यूनिट प्रभारी

(1) कार्यक्रमों का प्रबन्धन करना जिससे कार्यक्रम में प्रभावशाली गुणवत्ता का सुधार हो सके।

(2) अपने क्षेत्र के बारे में पूर्व कल्पना कर विशेष रूप से कार्यक्रम की गतिविधियों का प्रचार-प्रसार करना।

(3) कार्यक्रमों को सही दिशा प्रदान करना।

(4) अन्य कार्यक्रमों की आवश्यकताओं को पहचान कर सहयोग प्रदान करना।

कार्यक्रम समन्वयक

(1) अपने कार्यक्षेत्र में जो इस तरह का संगठन कार्य कर रहा है, उनके साथ सम्बन्ध स्थापित करना, कार्यक्रम की प्रगति व विकास हेतु क्षेत्रीय कार्यकर्त्ताओं से समन्वय स्थापित करना।

(2) स्टाफ के क्षमतावर्द्धन हेतु बजट का प्रावधान करवाना जिससे कार्य में सुधार आ सके।

(3) अन्य गतिविधियों में आवश्यकतानुसार सहयोग करना।

समन्वयक

(1) कार्यक्रम का मूल्यांकन व प्रबंधन करना।

(2) क्षेत्रीय कार्यकर्ताओं के साथ मिलकर कार्यक्रम निष्पादन करना।

(3) क्षेत्रीय स्तर पर परियोजना बनाना, उसे लागू करवाना।

विषय विशेषज्ञ

(1) प्रशिक्षण आयोजित करवाना, सम्बन्धित संसाधन जुटाना।

(2) नवाचार एवं गुणवत्ता युक्त सुधार करना।

(3) विभागीय समन्वयन स्थापित करना।

(4) रिपोर्ट लेखन, तथा

(5) सम्बन्धित विषय के कार्यक्रम का सफलतापूर्वक क्रियान्वयन करवाना।

(6) शाखा कार्यालय समस्त सूचनाएँ एकत्रित कर सम्बन्धित यूनिट हैड को तथ्य व रिपोर्ट संकलित करना।

कार्यकर्ता

(1) संगठित समुदाय व संगठन से सम्पर्क करना।

(2) गतिविधियों के सम्पादन करने में सहयोग करना।

(3) रिपोर्ट लेखन व तथ्यों का संकलन करना।

(4) कार्यों का अवलोकन करना।

(5) सूचनाओं का आदान-प्रदान करना।

(6) सरकारी एवं गैर सरकारी संगठनों से तालमेल स्थापित करना।[45]

सिकोन-डिकोन के प्रमुख कार्यक्रम निम्न हैं-

(1) प्राकृतिक संसाधन प्रबन्धन

(2) बाल-विकास

(3) स्वास्थ्य कार्यक्रम

(4) संस्थागत विकास कार्यक्रम

प्राकृतिक संसाधन प्रबन्धन

परिचय

ग्रामीण लोगों का जीवनयापन प्रत्यक्ष रूप से उपलब्ध स्थानीय प्राकृतिक संसाधनों की उत्पादकता पर निर्भर रहता है। जब इन संसाधनों का ह्रास होता है तो

लोगों के जीवनयापन पर प्रभाव पड़ता है। स्थानीय समुदाय के लाभ के लिए इन संसाधनों की सतत उत्पादकता को बढ़ाया जाता है। विभिन्न परियोजना में से प्राकृतिक संसाधन प्रबन्ध कार्यक्रम सिकोन डिकोन के शुरुआत से ही मुख्य कार्यक्रम रहा है। प्रथम चरण में प्राकृतिक संसाधन प्रबन्धन कार्यक्रम का लक्ष्य परियोजना लाभार्थियों की क्षमता विकास करने का था जैसे ग्राम विकास समितियाँ जिससे ये प्राकृतिक संसाधन प्रबन्ध में प्रभावशाली तरीके से सहभागिता निभा सकें।

प्राकृतिक संसाधन प्रबन्धन के प्रथम चरण में टोंक जिले की निवाई, मालपुरा एवं बाराँ जिले की शाहबाद तहसीलों के चयनित गाँवों में कार्य को जारी रखने के साथ राष्ट्रीय एवं राज्य स्तर पर नेटवर्किंग एवं एडवोकेसी पर अधिक ध्यान दिया गया।

पृष्ठभूमि

प्राकृतिक संसाधन प्रबन्ध कार्यक्रम के लक्ष्यों की तरफ प्रभावपूर्ण तरीकों से बढ़ने के लिए प्रथम चरण में पाँच रणनीतियाँ शुरू की गईं जिसमें समुदाय की गतिशीलता जिससे लाभार्थी तकनीकी, प्रबन्धकीय एवं संगठनात्मक पहलुओं में आत्मनिर्भर हो सके, शीर्ष संगठनों जैसे किसान सेवा समिति की क्षमता का विकास करना जिससे वे कार्य की शुरुआत करके, सभी विकास गतिविधियों में लिंग परिदृश्य को विकसित एवं परियोजना की सहभागी प्रबन्धन को सुनिश्चित करना। 1981 में जब चाकसू तहसील के 52 गाँवों में बाढ़ आयी थी उस समय संस्था का उद्देश्य पूर्ति करना था अर्थात् जिस कार्य की कमी होती थी उसी कार्य को करवाकर उसकी पूर्ति करती थी। जैसे भूमि सुधार कार्यक्रम चलाना, भूमि सुधार हेतु किसानों को नई-नई तकनीकी का ज्ञान देना। 1991 में संस्था ने 'वॉटर सेड' का कार्यक्रम करना प्रारम्भ किया इसके लिए तालाब बनवाना, कुँओं को गहरा करवाना आदि तथा 2002 के आस-पास संस्था नीति अर्थात् सरकार पर दबाव डालने लगी जिससे किसानों का हित हो। इसके लिए मुद्दा उठाकर उस मुद्दे को लेकर सरकार पर दबाव बनाना। इसके लिए संस्था गाँवों में किसान सेवा समिति, ग्राम विकास समितियाँ, महिला मण्डल आदि के साथ चौपाल व बैठकों के माध्यम से एकजुट कर उन्हें समस्या के बारे में जानकारी देना।

प्राकृतिक संसाधन कार्यक्रम की प्रमुख गतिविधियाँ

1. समुदाय का निर्माण-सिकोन डिकोन द्वारा किसानों के मन में प्राकृतिक संसाधन प्रबन्धन की महत्ता को बैठाया गया। ग्रामीण इन संसाधनों का उपयोग नहीं

समझ पा रहे हैं। इसके लिए सम्मिलित रूप से संस्था द्वारा साधनों का विकास करवाया जा रहा है। इसके लिए आपसी सम्बन्धों को मजबूत कर गाँवों में तालाब, कुओं आदि का निर्माण करवाया जाता है।

2. क्षमता विकास—इसके लिए गाँवों में किसान सेवा समिति, ग्राम विकास समिति, स्वयं सहायता समूह का निर्माण कर उनके साथ चौपाल करके उनको प्रशिक्षण, भ्रमण आदि के द्वारा उनकी क्षमता का विकास किया जाता है।

3. भौतिक हस्तक्षेप—इसका मुख्य उद्देश्य प्राकृतिक संसाधनों में हस्तक्षेप कर उनका प्रबन्ध करना।

(i) भूमि विकास—इसके लिए गाँवों के आस-पास की भूमि के कटाव को बचाने के लिए मेड़बन्दी संरचना, पत्थर की सुरक्षा, दीवार, नाली अवरोधक, गोवियन संरचना, सरप्लस वेयर आदि के द्वारा भूमि का विकास किया जाता है।

(ii) इसमें पीने का पानी, सिंचाई के पानी का प्रबन्ध करना मुख्य उद्देश्य है। इसके लिए वर्षा के बहते पानी को बचाने के लिए एनिकट का निर्माण, तालाब बनवाना, छत वर्षा जल संरचना, मिट्टी के बाँध आदि के माध्यम से जल का संरक्षण करना।

4. कृषि विकास—इसके लिए किसानों को तकनीकी कृषि के लिए प्रोत्साहित करना है जिसमें वर्मी कम्पोस्ट बनाना, फल, फूल, सब्जी औषधि की खेती करना आदि के लिए किसानों को प्रशिक्षण के माध्यम से जागरूक करना।

5. पशुधन विकास—राजस्थान की अधिकांश जनसंख्या पशुधन व खेती पर आधारित है। इसके लिए किसानों को पशुओं की अच्छी नस्ल के लिए जागरूक करना व पशुधन कैम्पों के माध्यम से उनकी रक्षा करना।

6. साझा रूप में वनों का विकास—संस्था किसानों व सरकार के साथ मिलकर वनों की रक्षा हेतु साझा प्रयास कर रही है। इसके लिए चारों तरफ वनों का निर्माण करना।

7. एडवोकेसी एवं नेटवर्किंग—इसके लिए संस्था सरकारी नीतियों को लागू करवाने के लिए सरकार पर दबाव बनाकर उसे लागू करवाती है।

8. जेण्डर एवं प्राकृतिक संसाधन प्रबन्धन कार्यक्रम में सहायक—कार्यक्रम के सहयोगी समुदाय में ग्राम विकास समिति, किसान सेवा समिति में महिलाओं की 50 प्रतिशत भूमिका होना अनिवार्य समझा।

मुख्य उपलब्धियाँ

(1) समुदाय की सहभागिता।

(2) 85 प्रतिशत प्राकृतिक संसाधनों का विकास।

(3) कार्यक्रम की राज्य स्तर पर पहुँच।

कार्यक्रम के लक्ष्य

साथी समुदाय का इस तरह से क्षमता विकास करना कि वह अपने प्राकृतिक संसाधनों का प्रबन्ध कर सके और उनका उत्पादन बढ़े, जिससे उनका विकास हो सके और वह अपनी समस्याओं व जरूरतों को स्वयं ही सुलझा सके।

अपेक्षित परिणाम

(1) प्राकृतिक संसाधनों की उर्वरता बढ़ी है।

(2) प्राकृतिक संसाधनों का दुरुपयोग रुका।

(3) ग्रामीणों का आर्थिक विकास हुआ।

(4) साथी समुदाय में इस तरह की क्षमता का विकास हुआ कि वह स्वयं के कार्य का प्रबन्ध कर सके।[46]

बाल विकास कार्यक्रम

पृष्ठभूमि

1991 तक राजस्थान राज्य शिक्षा की दृष्टि से पिछड़ा राज्य कहलाता था। बिहार के बाद राजस्थान का दूसरा स्थान है। अभी भी यहाँ महिलाओं की साक्षरता चिन्ताजनक है। शिक्षा के विकास के लिए सरकार द्वारा निरन्तर प्रयास जारी है। शिक्षा के प्रसार हेतु विभिन्न परियोजनाओं के माध्यम से, जैसे-लोक जुम्बिश, शिक्षाकर्मी, डीपीईपी, राजीव गाँधी पाठशालाओं के माध्यम से लक्ष्य प्राप्त करने का प्रयास किया जा रहा है। 2000 से 2001 में शिक्षा की सुविधा उपलब्ध कराने हेतु विशेषकर बालिका शिक्षा को बढ़ावा देना आदि।

नई संरचना में 'बाल विकास की पहल इस उद्देश्य के साथ की गई कि सिकोन डिकोन की सहभागी समुदाय का क्षमता विकास किया जावेगा ताकि वे अपने बच्चों का प्रभावी रूप से शैक्षणिक विकास कर सके और बालश्रम की समस्याओं का मुकाबला कर सके तथा प्रभावी रूप से अन्य विकास की आवश्यकताओं एवं मुद्दों का सामना कर सके। बाल विकास कार्यक्रम टोंक जिले के टोंक शहर, निवाई, मालपुरा विकास खण्डों में कई विविधताओं के साथ शुरू किया गया है। समुदाय

की आवश्यकताओं के अनुसार 60 अनौपचारिक शिक्षा केन्द्र अलग-अलग गाँवों में प्रारम्भ किये गये तथा समाज के लोगों द्वारा ही संचालित किये गये। इसके अलावा परियोजना क्षेत्र में समुदाय को गतिशील किया गया। बाल अधिकारों के प्रति जागरूक किया गया तथा बाल विवाह के मुद्दों पर उन्हें संवेदनशील किया गया। इस चरण में विशिष्ट रणनीति लागू की गई।

1. सहभागी में सिकोन डिकोन के बाल विकास कार्यक्रम को गतिशील बनाने हेतु जागरूकता पैदा की गई।

2. सहभागी को सहायता करने के लिए उनकी क्षमता का विकास किया गया।

3. लक्ष्य आधारित गाँवों में ग्राम शिक्षा समिति और टास्क फोर्स को आवश्यक सहायता तथा मार्गदर्शन किया गया।

4. सिकोन डिकोन के बाल-विकास कार्यक्रम में विशेषकर बच्चों के विकास में सहभागी समुदाय को मॉडल के रूप में व्यापक स्तर पर केन्द्रित किया गया और इस प्रकार रणनीति को गतिविधियों के साथ सुनियोजित कर कार्य प्रारम्भ किया गया।

कार्यक्रम का उद्देश्य

बाल विकास कार्यक्रमों एवं इससे जुड़े मुद्दों के सम्बन्ध में सहभागी समुदायों में जागरूकता लाना तथा आवश्यक कदम उठाना तथा उन्हें जागरूक बनाकर आवश्यक कार्यवाही करना।

गतिविधियाँ

बाल विकास से सम्बन्धित मुद्दों पर समुदाय में जागरूकता लाना

1. जागरूकता शिविर–बच्चों से सम्बन्धित मुद्दों पर जड़स्तर से जागरूकता लाने के लिए जागरूकता शिविर अलग-अलग स्थानों पर लगाये।

2. विकास के लिए रंगमंच–रंगमंच बच्चों के विकास से सम्बन्धित एक आधार उपलब्ध कराता है।

3. संस्थागत क्षमता निर्माण प्रक्रिया–ग्राम स्तर पर ग्राम शिक्षा समिति व बच्चों के विकास के प्राथमिक बिन्दु-

(i) शिक्षा का सुअवसर

(ii) पाठ्यक्रम विकास

(iii) बाल श्रम

(iv) बालिका शिक्षा केन्द्र

(v) नीति विश्लेषण

(vi) अध्यापकों को प्रोत्साहित करना

(vii) अन्य कार्य।

4. गतिविधियाँ

(i) क्षमता विकास—समितियों को प्रशिक्षण दिया जायेगा।

(ii) विशिष्ट उद्देश्यों के लिए समुदाय का क्षमता विकास—कुछ मुद्दे विशेष समझ वाले होते हैं, जैसे-बालश्रम, बाल विवाह, बच्चों का यौन उत्पीड़न आदि। जानकारी के अभाव में तथा कानूनी प्रक्रिया के बारे में जब समूह को जानकारी नहीं होती तो इन प्रशिक्षणों के माध्यम से जानकारी दी जाती हैं।

(ii) गतिविधियों का आयोजन।

(iii) ग्राम शिक्षा कोष का गठन।

5. गतिविधियाँ

(i) बाल केन्द्रित कार्यक्रमों का विकास,

(ii) वंचित वर्ग पर ध्यान केन्द्रित करना,

(iii) स्टॉफ का क्षमता विकास।

उद्देश्य

1. सहभागी समुदायों के क्षमता निर्माण के लिए आवश्यक कार्यवाही करना जिसमें–

(i) अनौपचारिक शिक्षा केन्द्रों को सशक्त करना एवं चालू करना।

(ii) शिक्षकों का क्षमता विकास।

(ii) समुदाय सदस्यों का क्षमता विकास।

2. ग्राम शिक्षा समिति को आवश्यक सहायता और मार्गदर्शन प्रदान करना ताकि वे शैक्षिक और बाल श्रमिक जैसे मुद्दों पर कार्य कर सकें।

3. सिकोन डिकोन के बाल विकास कार्यक्रम में विशेषकर वंचित बच्चों के विकास में सहभागी समुदाय को मॉडल के रूप में व्यापक स्तर पर केन्द्रित किया जा सकेगा।

स्वास्थ्य कार्यक्रम

उद्देश्य

1. अपने क्षेत्र के समुदायों में स्वास्थ्य सुविधा स्थापित करना।

2. संस्था स्वास्थ्य सेवा तक ही स्थायी न रहकर समुदाय में स्वास्थ्य सेवा लोगों की पहुँच तक बनाते हुए समुदाय की संस्थागत शक्ति को भी बढ़ाना है।

3. संस्था की सोच के अनुसार समुदाय में अच्छे तथा टिकाऊ स्वास्थ्य हेतु लोगों की क्षमता बने एवं वे स्वयं ही अपनी स्वास्थ्य समस्याओं का समाधान निकालें। इसके लिए लोगों के ज्ञान को विकसित करना।

4. अप्रत्यक्ष रूप से समुदाय की संस्थागत शक्ति का विकास सरकारी स्वास्थ्य सेवा में सुधार करवाना।

कार्यक्रम का लक्ष्य–सिकोन डिकोन के सहभागी समुदायों के लम्बे समय तक के स्वास्थ्य स्तर में वृद्धि के साथ-साथ उन्हें ऐसी संस्थागत शक्ति प्रदान करना, जो स्वतंत्र रूप से अन्य संबंधित गतिविधियों को संपादित कर सके।''

कार्यक्रम की पृष्ठभूमि–संस्था के सहभागी समुदायों का स्वास्थ्य स्तर बहुत खराब है, भारत के सभी राज्यों में से राजस्थान का स्वास्थ्य काफी खराब है तथा गाँवों की स्थिति तो और ज्यादा खराब है। संस्था ने शुरुआत में सुविधाहीन गाँवों में स्वास्थ्य कार्यक्रम प्रारम्भ किया। कार्यक्रम के अन्तर्गत स्वास्थ्य शिविर एवं प्रशिक्षण कार्यक्रम आदि संस्था ने किए हैं। संस्था ने इसके लिए अपने कार्यक्षेत्र में स्वास्थ्य केन्द्र भी खोले हैं। संस्था ने 1987 में कई स्वास्थ्य केन्द्र, स्वास्थ्य शिविर और प्रशिक्षण कार्यक्रम किए।

1989 में संस्था ने चाकसू तहसील में 12 केन्द्र खोले जिसका मुख्य उद्देश्य महिलाओं तथा बच्चों को स्वास्थ्य सुविधाएँ प्रदान करना था। 1990 में परिवार परामर्श केन्द्र की स्थापना की जिसमें परिवार के आपसी मामलों को सुलझाया जाता है।

1994 में संस्था ने विज्ञान एवं प्रौद्योगिकी विभाग के साथ एक डिफ्लोराइडेशन की परियोजना शुरू की तथा 1997 में संस्था ने समुदायों में लम्बी अवधि के स्वास्थ्य के लिए एडवोकेसी एवं नेटवर्किंग गतिविधि शुरू की है। इसका मुख्य उद्देश्य लोगों की शक्ति को जानकारियों द्वारा वृद्धि करते हुए सरकार पर स्वास्थ्य सेवा मुहैया कराने के लिए जोर देना है।

सिकोन डिकोन के सम्भागी समुदायों में स्वास्थ्य सम्बन्धित समस्यायें

राजस्थान के गाँवों की स्वास्थ्य स्थिति अत्यन्त ही दयनीय है। शिशु मृत्यु दर की अधिकता भी स्वास्थ्य स्थिति की दयनीयता को साबित करती है।

1. प्राथमिक स्वास्थ्य केन्द्रों में डॉक्टर्स का नहीं होना।
2. उपकेन्द्रों में ए.एन.एम. का नहीं होना।
3. केन्द्रों पर दवाइयों की अत्यधिक कमी।
4. स्वास्थ्य केन्द्रों का गाँवों से अधिक दूर होना।
5. गर्भवती महिलाओं का नियमित चैकअप नहीं होना।

सिकोन डिकोन का कार्यक्षेत्र

(अ) जयपुर जिला—यहाँ पानी में अत्यधिक फ्लोराइड पाया जाता है। 13.5 मिलियन पानी के असुरक्षित होने से अधिकतर लोग फ्लोरोसिस और हड्डी की बीमारियों से ग्रस्त हैं।

(ब) बाराँ जिले की शाहबाद तहसील—शाहबाद की सहरिया जाति अत्यन्त पिछड़ी हुई है जिनको स्वास्थ्य सेवाओं का ज्ञान नहीं है।

स्वास्थ्य कार्यक्रम की रणनीति—समस्या के प्रति लोगों को जाग्रत कर, अर्थपूर्ण सहभागिता के लिए प्रयास करना जो इस प्रकार है–

(i) जागृति शिविर
(ii) चौपाल बैठक
(iii) गृह सम्पर्क
(iv) गाँव की क्षमता का विकास करना
(v) लक्षित गाँवों में स्वास्थ्य कमेटी के विकास पर जोर देना।
(vi) सामुदायिक स्वास्थ्य कार्यकर्ता एवं दाइयों का प्रशिक्षण।
(vii) समुदायों की आवश्यक सहायता करना, जब वे स्वास्थ्य सम्बन्धी समस्याओं एवं सम्बन्धित मुद्दों के प्रति सक्रिय हो जायें।
(viii) स्वास्थ्य शिविर का आयोजन करना।
(ix) स्वास्थ्य केन्द्रों की स्थापना।
(x) पानी को फ्लोराइड से मुक्त करना ।
(xi) सहभागियों को स्वास्थ्य की सरकारी सुविधाओं से जोड़ना एवं स्वास्थ्य सुविधा में परिवर्तन के लिए सहयोग करना।

(xii) सिकोन डिकोन अपने स्वास्थ्य कार्यक्रम को इस तरह से चलाएगी जिसका लाभ समुदाय में हर किसी को मिले।

सिकोन डिकोन का कार्यक्रम के सम्बन्ध में मूलमंत्र

मूलमंत्र

(i) लक्ष्य समूह का क्षमता संवर्द्धन करना ताकि वे अपने दीर्घकालीन हित को प्रभावी रूप से प्राप्त कर सकें।

(ii) अन्य संगठनों के मूलमंत्र को सिद्ध करने के लिए क्षमता संवर्द्धन

(iii) स्थानीय समुदाय का सीधा क्षमता संवर्द्धन

(iv) समाज की संस्थाओं और व्यवस्थाओं को बदलने के लिए कदम उठाना।

संस्था के प्रमुख कार्यक्रम–

1. संस्थागत विकास कार्यक्रम
2. बाल विकास कार्यक्रम
3. स्वास्थ्य कार्यक्रम
4. प्राकृतिक संसाधन प्रबन्धन कार्यक्रम[47]

संस्थागत विकास कार्यक्रम–

पृष्ठभूमि–सिकोन डिकोन की स्थापना बाढ़ में राहत देने हेतु हुई थी परन्तु संस्था ने लोगों के साथ स्थायी रूप से कार्य करना चाहा। संस्था सन् 1982 से ही ग्रासरूट पर कार्य करती है। इसके लिए संस्था गाँवों के विकास हेतु ग्राम स्तर पर संस्थागत विकास, ग्राम स्वास्थ्य समिति, ग्राम शिक्षा समिति, महिला मण्डलों का निर्माण कर इन्हीं के माध्यम से गाँव का अलग-अलग क्षेत्रों में विकास, धीरे-धीरे इन समितियों का विकास करने हेतु सिकोन डिकोन ने संस्थागत विकास कार्यक्रम प्रारम्भ किया जिसके तहत इन समितियों की क्षमता का आवश्यकतानुसार विकास किया गया ताकि सिकोन डिकोन के न होने पर ये स्वयं का विकास स्वयं कर सकें। इसके लिए इन्हें प्रशिक्षण व भ्रमण, बैठकों के माध्यम से इनकी क्षमता का विकास किया जाता है।

सिकोन डिकोन के समान उद्देश्यों वाली गैर सरकारी संस्थाएँ कार्य करने में असक्षम नजर आती हैं। उनके साथ कार्य करने के लिए उनकी आवश्यकतानुसार क्षमता का विकास कर संस्था एडवोकेसी एवं नेटवर्किंग का कार्य सम्पादित करती है।

कार्यक्रम के उद्देश्य

(i) समुदाय पर आधारित संगठनों, गैर सरकारी संगठनों का क्षमता विकास कर 'एडवोकेसी' सम्बन्धी कार्य कराना।

(ii) समान उद्देश्य वाली संस्थाओं का क्षमता विकास कर उनकी अच्छी रिपोर्ट बनाना, अच्छा कार्य करवाना।

लक्ष्य

राजस्थान सहित उत्तरी भारत में कार्यरत नए सामुदायिक एवं गैर सरकारी संगठन के विकास को प्रोत्साहित करना, उनकी क्षमताओं का निर्माण व संवर्द्धन करना ताकि वे अधिक प्रभावी रूप से कार्य कर सकें तथा सिकोन डिकोन के विकास पैरवी मुद्दों में सहयोगी हो सके। सिकोन डिकोन के अपने लक्ष्य समूहों का क्षमतावर्द्धन करना ताकि वे अपने दीर्घकालीन हितों को प्राप्त कर सकें और अपने क्षेत्र में इसे बढ़ा सकें।

गतिविधियाँ

1. समूहों के साथ उनके भावी संगठनों को परिभाषित करने के लिए कार्य करना।
2. समूहों को संसाधन जुटाने में सहायता करना ताकि वे अपने कार्यों को चला सकें।
2. समूहों को वैध संगठनों के रूप में खड़े करने के लिए आवश्यक औपचारिक प्रक्रियाएँ पूरी करने में सहायता करना।

रणनीति

ऐसे सामुदायिक संगठनों और गैर सरकारी संगठनों को तकनीकी और संसाधनगत सहायता देना जो सिकोन डिकोन के अप्रत्यक्ष लक्ष्य समूह के दीर्घकालीन हित के लिए उनका क्षमतावर्द्धन कर रहे हैं।

1. संगठनों को कार्यरत समस्याओं के समाधान में सहायता करना।

2. संगठन को उनके कार्यक्षेत्र में ही क्रियान्वयनपूर्ण परामर्श देना।

3. नेटवर्किंग बैठकों, कार्यशाला व सम्मेलनों का आयोजन कर संगठनों को भीतरी, आपसी अन्य संगठनों व विभागों आदि के साथ सूचना आदान-प्रदान और सम्पर्क स्थापना में सहयोग देना।

4. समय-समय पर प्रशिक्षण, कार्यशाला, अध्ययन भ्रमण का आयोजन करना ताकि सिकोन डिकोन के लक्ष्यों से सहमति रखने वाले सामुदायिक संगठन तथा

नए संगठन बनाने को संकलित समूह अधिक प्रभावी और सक्षम रूप से काम कर सकें।

गतिविधियाँ-

1. सामान्य नेटवर्किंग व औपचारिक बैठकों के जरिये संगठनों की प्रशिक्षण आवश्यकताओं की पहचान करना।

2. संगठनों द्वारा अभिव्यक्त आवश्यकताओं के अनुरूप विषयवार प्रशिक्षण व कार्यशाला आयोजित करना।

3. कार्यशाला में विचारित विचारों और विषयों को पुष्ट करने वाले सफल कार्यों के अवलोकन के लिए संगठनों के कार्यकर्ताओं का अध्ययन, भ्रमण आयोज्ञित करना।

4. संगठनात्मक शिक्षण व विकास के लिए कार्यशालाओं का आयोजन करना।

रणनीति

समान विचार वाले सामुदायिक संगठनों व गैर सरकारी संगठनों के सहायक नेटवर्क को विकसित और प्रोत्साहित करना जहाँ वे प्रभावी रूप से अपने विचारों व अनुभवों का आदान-प्रदान कर सकें, सामूहिक कदम उठा सकें और क्षमता निर्माण कर सकें।

रणनीतियों के आपसी सम्बन्ध

1. जड़स्तर पर कार्यरत समूहों को संगठन के रूप में खड़े होने के लिए तकनीकी और संसाधनगत सहायता देना।

2. कम विकसित सामुदायिक संगठनों और गैरसरकारी संगठनों के लिए प्रशिक्षण कार्यशाला व अध्ययन भ्रमण आयोजित करना।

3. छोटे व कम विकसित सामुदायिक संगठनों और गैर सरकारी संगठनों को सहयोग देना।

4. जड़ स्तर पर कार्यरत समूहों को संगठन के रूप में खड़े होने के लिए तकनीकी और संसाधनगत सहायता देना।

सिकोन डिकोन के सहयोगी दल

1. ट्रेनिंग यूनिट

2. पॉलिसी और एनालाइसिस यूनिट

3. मॉनिटरिंग और इवेल्यूवेशन यूनिट

4. जेण्डर यूनिट

ट्रेनिंग यूनिट–सिकोन डिकोन द्वारा संचालित सभी कार्यक्रमों का आवश्यकतानुसार प्रशिक्षण देना जैसे किसानों को भूमि सुधार हेतु वर्मी कम्पोस्ट उत्पादन का प्रशिक्षण देना।

पॉलिसी और एनालाइसिस–इसके अन्तर्गत भी संस्था द्वारा संचालित कार्यक्रमों की पहल कर सरकार के प्रति दबाव बनाना जैसे अभी बाजरा मूल्य पर सरकार पर दबाव बनाकर बाजरे के मूल्य में वृद्धि की गई।

मॉनिटरिंग और इवेल्यूवेशन यूनिट–इसके अन्तर्गत प्रत्येक कार्यक्रम का मासिक मूल्यांकन कर उस कार्यक्रम की स्थिति का पता लगाकर उसमें सुधार हेतु रणनीति बनाना।

जेंडर यूनिट–संस्था द्वारा संचालित सभी कार्यक्रमों में जेण्डर समानता लाना।

जेण्डर विकास कार्यक्रम

पृष्ठभूमि–राजस्थान के परिप्रेक्ष्य में महिलाओं की स्थिति, सामान्य रूप से माने जाने वाले मानक सूचकों के अनुसार काफी निराशाजनक रही है और इस तथ्य को सिद्ध करने वाले आँकड़े भी मौजूद हैं। यदि सिकोन डिकोन के कार्यक्रमों और समुदाय की स्थितियों को ध्यान में रखकर महिलाओं की स्थिति का विश्लेषण करें तो हम पायेंगे कि सहभागी समुदाय में स्थानीय प्राकृतिक संसाधन बहुत महत्त्वपूर्ण हैं और उनकी आर्थिक निर्भरता इससे ही जुड़ी हुई है। इससे यह अर्थ निकलता है कि जिन लोगों के पास इन संसाधनों पर पहुँच व अधिकार है, वे लोग प्रभावित करने वाले होंगे तथा धनी होंगे परन्तु गतिविधि में मुख्य भूमिका निभाने के बावजूद भी महिलाओं का इन सभी के उपयोग व प्रबन्धन की निर्णय प्रक्रिया में कोई भागीदारी नहीं है जिसकी वजह से महिलाओं को कुछ हद तक ग्रामीण समाज में निम्न स्तर पर रखा गया है।

महिला सशक्तिकरण की प्रक्रिया को सिर्फ प्राकृतिक संसाधन प्रबंधन तक ही सीमित नहीं रखा जा सकता, क्योंकि और भी ऐसे मुद्दे हैं, जैसे–महिला स्वास्थ्य की स्थिति सुविधाओं, जानकारी के अभाव तथा उपेक्षा के कारण दयनीय है।

शिक्षा को सशक्तिकरण का महत्त्वपूर्ण माध्यम माना गया है। इस स्तर पर भी महिलायें बहुत पीछे हैं।

महिलाओं का रोजगार मुद्दा भी आवश्यक है, क्योंकि वित्त अवसरों के अभाव में अभी तक वे वंचित हैं। उपरोक्त सामान्य विचारों और संकल्पनाओं को ध्यान में रखते हुए, सिकोन डिकोन जेण्डर विकास कार्यक्रम के अन्तर्गत महिलाओं के साथ चार घटकों पर कार्य करता है। जो इस प्रकार हैं–

1. महिला और प्राकृतिक संसाधन प्रबन्धन।
2. महिला और शिक्षा।
3. लघु उद्यमिता विकास महिला उद्यमी हेतु।
4. महिलाओं का राजनैतिक विकास।

महिलायें एवं ग्रामीण क्षेत्र–

कुछ तथ्य राजस्थान के ग्रामीण क्षेत्रों में महिला विकास को अवरुद्ध करने वाले कारक हैं। जिनसे ऐसी परिस्थितियों का उदय हो रहा है जो महिलाओं के निम्न स्तर के लिए जिम्मेदार हैं। जैसे–

सामाजिक प्रतिबन्ध

ग्रामीण क्षेत्रों की महिलाओं पर कई दबाव रहते हैं, जैसे–पर्दा–प्रथा, बालविवाह, अशिक्षा, दहेज प्रथा आदि के कारण ग्रामीण क्षेत्रों की महिलायें पिछड़ रही हैं और महिलाओं को घर से बाहर नहीं निकलने दिया जाता है। उन्हें पूरी शिक्षा नहीं दिलायी जाती है। अपने परिवार वालों की इच्छा अनुसार बच्चे पैदा करने के लिए महिलाओं को मजबूर किया जाता है और उनकी इच्छा पूरी नहीं होती है तो महिला को जला दिया जाता है। उसे तलाक दे दिया जाता है। लड़की को पराये घर की समझा जाता है। गर्भ के समय पूर्ण पोषाहार व पूर्ण आराम नहीं मिल पाता है। उपरोक्त कारण महिलाओं को पीछे धकेलने का काम करते हैं।

सिकोन डिकोन के दूसरे कार्य

1. जिला गरीबी उन्मूलन कार्यक्रम
2. युवा विकास कार्यक्रम
3. शहरी विकास कार्यक्रम
4. व्यावसायिक प्रशिक्षण स्थल

जिला गरीबी उन्मूलन कार्यक्रम–जिला गरीबी उन्मूलन कार्यक्रम सिकोन डिकोन ने अगस्त 2000 से कार्य की शुरुआत की, सिकोन डिकोन टोंक जिले की दो तहसीलों में कार्यरत है।

1. उनियारा में 38 गाँवों में कार्यरत है।

2. टोडारायसिंह में 21 गाँवों में कार्यरत है।

टोटल स्टाफ 9, 4 एक्सपर्ट, 2 ब्लॉक कोर्डिनेटर, 1 जिला कोर्डिनेटर, 1 ऑफिस अटेन्डेंट, 1 – कम्प्यूटर ऑपरेटर,

पैरो स्टाफ–उनियारा 16, टोडा रायसिंह–17

कार्य–गरीबी उन्मूलन परियोजना के अन्तर्गत मुख्य रूप से कार्य को 4 गतिविधियों में विभाजित किया है।

1. भूमि आधारित गतिविधि–इसके अंतर्गत कुएँ खुदवाना, तालाब बनवाना, एनीकट बनवाना, भूमि सुधार हेतु मेड़बन्दी कराना आदि।

2. लघु उद्यम आधारित गतिविधि–इसके तहत नगीना घिसाई, सिलाई मशीन, टेन्ट हाउस, पत्तल दोने, लकड़ी का कारखाना, आयरन कार्यशाला आदि के माध्यम से लोगों की गरीबी दूर करते हैं।

3. सामाजिक सेवा–इसके अन्तर्गत फ्लोराइड समस्या के समाधान हेतु फ्लोराइड टंकी देना, महिला स्नानागार आदि कार्य करके समाज का विकास करना।

4. आधारभूत गतिविधियाँ–इसके अन्तर्गत चयनित गाँवों में स्कूल भवन बनवाना सार्वजनिक कार्य करवाना। इसके तहत गाँवों की समस्या का समाधान करने के साथ-साथ उन्हें स्वरोजगार भी दिलाना।

लाभार्थी–1997 में चयनित परिवारों की श्रेणी में आने वाले लोग चाहे वो अनुसूचित-जाति, अनुसूचित-जनजाति या सामान्य किसी भी जाति का हो उसके साथ कार्य किया जाता है। इसमें लाभार्थी से 10 प्रतिशत अनुदान लेकर उन्हें स्वयं की इच्छा अनुसार रोजगार के साधन उपलब्ध कराये जाते हैं। इसके लिए शुरू में स्वयं सहायता समूह बनाये जाते हैं।

व्यावसायिक प्रशिक्षण केन्द्र

सिकोन डिकोन के कार्यक्षेत्र के गाँवों के वे बच्चे जो शिक्षा से वंचित हों, जिनकी आर्थिक स्थिति कमजोर हो उन बच्चों को व्यावसायिक, प्रशिक्षण जैसे-टेबल बनाना, कुर्सी, खिड़की, पलंग व अन्य लकड़ी व लोहे के उद्योग जो वर्तमान में अच्छी आय के साधन हैं, का प्रशिक्षण दिया जाता है।

इन बालकों को व्यावसायिक प्रशिक्षण के साथ-साथ उनकी क्षमतावर्द्धन हेतु शिक्षा भी दी जाती है।

युवा विकास कार्यक्रम

सिकोन डिकोन द्वारा चलाये जा रहे युवा विकास कार्यक्रम का मुख्य उद्देश्य युवाओं की क्षमता का विकास करना है।

कार्यक्षेत्र

सिकोन डिकोन युवा विकास कार्यक्रम जयपुर ग्रामीण, जयपुर शहरी, टोंक, बाराँ, अजमेर, नागौर और अलवर जिलों में प्रगति पर है।

चयन प्रक्रिया—वे युवा जो सामाजिक कार्यों से जुड़े हों और अपना विकास करना चाहते हों, उनके लिए एक दिवसीय कार्यक्रम होता है। उसमें युवाओं का चयन होता है। उसके पश्चात् उन युवाओं को चार दिवसीय प्रादुर्भाव कार्यक्रम में आमंत्रित कर उन्हें कार्यक्रम से स्थायी रूप से जोड़ दिया जाता है। उसके पश्चात् एक्सपोजर भ्रमण करवाकर युवाओं का विकास किया जाता है ताकि जो उन्होंने सीखा है उसको समाज तक पहुँचाने में सक्षम हों।

नगरीय विकास कार्यक्रम

10 अप्रैल से सिकोन डिकोन द्वारा इंदौर नगर के तंग बस्ती क्षेत्र हेतु नगरीय बाल स्वास्थ्य कार्यक्रम का आरम्भ किया गया। यह कार्यक्रम अपने प्रथम चरण में इन्दौर नगर के वंचित तंग बसावटों की बहुतायत वाले 4 प्रमुख क्षेत्रों में स्थित 34 तंग बस्तियों में निवासरत लगभग 10000 घरों के बच्चों के समग्र स्वास्थ्य एवं पोषण की परवाह करेगा।

इन्दौर नगर ने मध्यप्रदेश की व्यावसायिक राजधानी का दर्जा पाने की बहुत बड़ी कीमत भी चुकाई है। मध्यप्रदेश का सर्वाधिक जनसंख्या वाला यह नगर बहुत कम क्षेत्रफल में बसा हुआ होने के कारण यहाँ की लगभग 40 प्रतिशत जनसंख्या तंग बस्तियों या इनसे मिलती-जुलती घनी बसावटों में निवास करती है। यह कार्यक्रम विभिन्न समुदाय आधारित संगठनों के सहयोग से चलाया जा रहा है। बाल स्वास्थ्य का ही मुख्य लक्ष्य होते हुए भी इसकी समग्रता की दृष्टि से गर्भवती महिलाओं, शिशुओं की माताओं एवं विवाह योग्य किशोरियों को भी इस कार्यक्रम के अन्तर्गत समुचित रूप से लाभान्वित करने की योजना बनाई गई है, क्योंकि महिलाओं के स्तरीय स्वास्थ्य के अभाव में शिशुओं का स्वस्थ रह पाना असंभव है। यहाँ यह तथ्य भी उल्लेखनीय है कि ग्रामीण क्षेत्र के शिशुओं की तुलना में शहरी तंग बस्ती

में जन्मे शिशु को स्वास्थ्य की दृष्टि से बहुत अधिक प्रतिकूलताओं का सामना करना पड़ता है।

सिकोन डिकोन की इंदौर शाखा तंग बस्तियों में जन्मे अबोध शिशुओं की स्वास्थ्य एवं पोषण सुरक्षा सुनिश्चित करने हेतु प्रतिबद्ध है।[48]

योगदान

1. **समुदाय का निर्माण**–संस्था ने किसानों के मन में प्राकृतिक संसाधन प्रबन्धन सामग्री का दर्जा बढ़ाया। ग्रामीण इन संसाधनों का उपयोग नहीं समझ पा रहे थे। इसके लिए सम्मिलित रूप से संस्था द्वारा साधनों का विकास करवाया गया। इसके लिए संस्था ने आपसी सम्बन्धों को मजबूत कर गाँवों में तालाब, कुओं, भूमि आदि का निर्माण करवाया।

2. **क्षमता विकास**–इसके लिए गाँवों में किसान सेवा समिति, ग्राम विकास समिति, स्वयं सहायता समूह का निर्माण कर, उनके साथ चौपाल करके उनको प्रशिक्षण भ्रमण आदि के द्वारा किसानों की क्षमता का विकास किया।

3. **भूमि विकास**–इसके लिए गाँवों के आस-पास की भूमि के कटाव को बचाने के लिए मेड़बन्दी संरचना, पत्थर की सुरक्षा दीवार, नाली अवरोधक तैयार कर भूमि का विकास किया।

4. **कृषि विकास**–इसके लिए संस्था ने तकनीकी कृषि के लिए किसानों को प्रोत्साहित किया जिसमें वर्मी कम्पोस्ट बनाना, फल, फूल, सब्जी, औषधि की खेती करना आदि के लिए किसानों को प्रशिक्षण के माध्यम से जागरूक किया।

5. **पशुधन विकास**–किसानों को संस्था ने पशुओं की अच्छी नस्ल के लिए जाँगरूक किया। इसके लिए समय-समय पर कैम्पों का आयोजन किया गया।

6. **समुदाय की सहभागिता**–प्राकृतिक संसाधन कार्यक्रम के माध्यम से समुदाय की सहभागिता में अभिवृद्धि हुई। इससे 85 प्रतिशत प्राकृतिक संसाधनों का विकास हुआ।

7. **बाल-विकास**–बाल विकास कार्यक्रम टोंक जिले के निवाई, मालपुरा विकास खण्डों में कई विविधताओं के साथ शुरू किया गया। समुदाय की आवश्यकताओं के अनुसार 60 अनौपचारिक शिक्षा केन्द्र अलग-अलग गाँवों में प्रारम्भ किये गये तथा समाज के लोगों द्वारा ही अनौपचारिक शिक्षा केन्द्र अलग-अलग गाँवों में प्रारम्भ किये गये तथा समाज के लोगों द्वारा ही संचालित किये

गये। बाल अधिकारों के प्रति जागरूक किया गया तथा बाल-विवाह के मुद्दों पर उन्हें संवेदनशील किया गया। बाल विकास से सम्बन्धित मुद्दों पर समुदाय में जागरूकता लाने का प्रयास किया। अनौपचारिक शिक्षा केन्द्रों को सशक्त किया। ग्राम शिक्षा समिति को आवश्यक सहायता और मार्गदर्शन प्रदान किया ताकि समिति शैक्षणिक और बाल श्रमिक जैसे मुद्दों पर कार्य कर सकें।

8. स्वास्थ्य सुधार–इसके लिए संस्था ने अपने समुदायों में स्वास्थ्य सुविधा उपलब्ध करवाई। संस्था ने शुरुआत में सुविधाहीन गाँवों में स्वास्थ्य कार्यक्रम प्रारम्भ किया। 1989 में संस्था ने चाकसू तहसील में 12 केन्द्र खोले जिसका मुख्य उद्देश्य महिलाओं तथा बच्चों को स्वास्थ्य सुविधाएँ प्रदान करना था। 1990 में 'परिवार परामर्श केन्द्र' की स्थापना की जिसमें परिवार के आपसी मसलों को सुलझाया जाता। अब तक संस्था द्वारा स्वास्थ्य सम्बन्धी विभिन्न कार्यक्रम चलाये जिससे ग्रामीणों के स्वास्थ्य में सुधार हुआ। उनमें स्वास्थ्य के प्रति जागरूकता आई।

9. युवकों का विकास–संस्था द्वारा युवकों के विकास के लिए जो कार्यक्रम चलाए गये उनके माध्यम से युवकों की क्षमता का विकास हुआ।

10. गरीबी उन्मूलन का प्रयास–इसके लिए संस्था ने गरीबी उन्मूलन के लिए अगस्त 2000 से कार्य की शुरुआत की। यह कार्यक्रम टोंक जिले की दो तहसीलों में कार्यरत है। इस कार्यक्रम से गरीबी उन्मूलन की एक आशा नजर आई है। कार्यक्रम का परिणाम आसपास के गाँवों में सकारात्मक रहा।

11. अकाल में अनूठे प्रयास–अकाल से निपटने के लिए संस्था ने निम्न प्रयास किए–

i. समन्वय बैठकें–सिकोन डिकोन ने राजस्थान वॉलन्ट्री हैल्थ एसोसिएशन के माध्यम से एवं अरावली राजस्थान के साथ मिलकर अकाल पीड़ितों की समस्याएँ एक मंच से उठाई हैं एवं इन संगठनों के सदस्यों ने सरकार द्वारा चलाये जा रहे राहत कार्यों की समीक्षा की है।

ii. तत्काल अकाल सहायतार्थ कार्यक्रम–सिकोन डिकोन ने अकाल से निपटने के लिये तात्कालिक सहायतार्थ कार्यक्रम की शुरुआत शाहबाद, निवाई, मालपुरा, चाकसू, फागी तहसील में की। उपरोक्त तहसील में स्वास्थ्य, पेयजल, पशु चारा एवं मानव खाद्यान्न हेतु तत्काल सहायता पहुँचाई है। सिकोन डिकोन ने इन योजनाओं को सक्रिय रूप से संचालित करने हेतु दीर्घ एवं अल्पावधि योजनाएँ बनाई हैं।

iii. पशु चारा आपूर्ति–लगातार अकाल के कारण समस्त राजस्थान में पशुओं का अभाव हो गया है। ग्रामीणों की आय का स्रोत पशु पालन है अतः पशुओं की सुरक्षा की जिम्मेदारी को सिकेान डिकोन ने सहर्ष स्वीकार किया है। सुरक्षा के तहत डिपो पर कम दाम में चारा उपलब्ध करवाया है जिससे ग्रामीणों ने आसानी से चारा प्राप्त कर पशुधन को नष्ट होने से बचाया है।

iv. ग्रामीणों तालाबों का जीर्णोद्धार–राहत कार्यों के तहत सिकोन डिकोन ने ग्रामीण क्षेत्र में तालाबों का जीर्णोद्धार करवाया है ताकि उसमें पानी एकत्रित हो सके। इसके अतिरिक्त कुओं की साफ-सफाई, उनका गहरीकरण तथा नये छोटे-छोटे तालाबों का निर्माण करवाया है।

v. खराब हैण्डपम्पों का जीर्णोद्धार–ग्रामीण क्षेत्रों में हैण्डपम्प के द्वारा पीने के पानी की आपूर्ति की जाती है। सिकोन डिकोन की टीम ने ऐसे बन्द हैण्डपम्पों को चालू करवाया है। इन हैण्डपम्पों के रख-रखाव की जिम्मेदारी समुदाय को सौंपी है।

कुआँ अकाल से पीड़ित क्षेत्रों का स्रोत है। सिकोन डिकोन ने ऐसे क्षेत्रों में कुओं को गहरा करवाया है।

ii. पशुओं के लिये खेल का निर्माण–पशुओं को पेयजल उपलब्ध करवाने के लिये खेल बनवाये हैं। पशु कृषकों की रीढ़ की हड्डी होते हैं अतः संस्था ने जगह-जगह खेल का निर्माण कर पशुओं की प्यास को तृप्त किया है।

iii. उपचार हेतु स्वास्थ्य शिविर–पशुओं को बीमारी से दूर रखने एवं ग्रसित पशुओं के उपचार हेतु गाँवों में स्वास्थ्य शिविर लगवाये हैं।[49]

7. आस्था, उदयपुर

आस्था राजस्थान का प्रमुख स्वैच्छिक संगठन है। यह संस्था अपने क्षेत्र की समस्याओं व आवश्यकताओं के अनुसार कार्य कर रही है। संस्था का विस्तृत विवरण इस प्रकार है–

ऐतिहासिक पृष्ठभूमि–संस्था के संस्थापक ओमजी ने उदयपुर में सेवा मंदिर के साथ जब काम करना प्रारम्भ किया तो उन्होंने सर्वप्रथम आदिवासी बाहुल्य खैरवाड़ा में प्रौढ़ शिक्षा के अभिनव प्रयोग की शुरुआत की। साक्षरता व प्रौढ़ शिक्षा के कार्य के साथ ही ओमजी ने सेवा मंदिर संस्था के विकास कार्य को नये आयाम देने एवं फैलाने में महत्त्वपूर्ण योगदान दिया। 1970 से 1986 के दौरान सेवा मंदिर में युवा वर्ग को जोड़ने एवं उन्हें विकास कार्यकर्त्ता बनाने का श्रेय ओमजी को

जाता है। इस दौरान तैयार हुए कार्यकर्ता दक्षिणी राजस्थान ही नहीं बल्कि पूरे देश में पूरी कटिबद्धता से गरीबों के साथ कार्य कर रहे हैं। समय के साथ-साथ विचारों में परिपक्वता और सोच में रचनात्मक एवं सकारात्मक परिवर्तन अवश्यंभावी होते हैं। ओमजी ने अपने 9 साथियों के साथ सामूहिकता से आस्था संस्थान की स्थापना की। आस्था के साथ ओमजी ने आदिवासियों की आजीविका से सीधे जुड़े मुद्दों पर बहुत गहराई से कार्य किया। तेन्दूपत्ता, जेवर मुक्ति, अकाल प्रबंधन, लघुवन उपज, विस्थापन, जंगल-जमीन, पंचायती राज, शिक्षा, स्वास्थ्य, भ्रष्टाचार उन्मूलन और आदिवासी स्वशासन आदि ऐसे कई मुद्दे हैं जिन पर आस्था के साथियों को उनकी प्रेरणा व मार्गदर्शन मिलता रहा।[50]

आस्था अब तक

पहला चरण वर्ष 1986-1991 तक-प्रारंभिक पाँच वर्षों में संस्था ने गाँव स्तर के महिला-पुरुष समूह निर्माण, पंचायत स्तर की कमेटी एवं क्षेत्र स्तर पर लोगों की समस्याओं और मुद्दों पर लोगों को संगठित करने का कार्य किया।

दूसरा चरण वर्ष 1992-1997 तक-विस्थापन, वन उपज संग्रहण, अभ्यारण में लोगों के अधिकार, महिला सशक्तिकरण आदि मुद्दों पर मुद्दा आधारित जनसंगठनों का निर्माण, ब्लॉक स्तर पर आदिवासी विकास मंच का उद्‌भव हुआ।

तीसरा चरण वर्ष 1998-2003 तक-जिला एवं संभाग स्तर के व्यापक जनसंगठनों का निर्माण, मंच और फैडरेशन का बनना, जनसंगठनों को लम्बे समय के लिए टिकाऊ बनाने के लिए पंजीकृत सहयोगी समितियों का गठन।[51]

विचार

आस्था की आस्था लोगों में है, उनके मूल्यों और उनकी संगठित शक्ति में है जो उन्हें अन्याय के विरुद्ध लड़ने में बल प्रदान करते हैं। आस्था का विश्वास है कि गरीब, वंचित व शोषित लोगों में सोचने, समझने और अपनी परिस्थितियों को बदलने की शक्ति है। बहुधा यह शक्ति ज्ञान, चेतना एवं सामूहिकता की कमी के कारण नहीं उभर पाती है।

अतः आस्था का मानना है कि लोगों के साथ उनकी परिस्थितियों का विश्लेषण, सामूहिक कार्य के आयोजन व मुद्दा आधारित कार्य परिवर्तन की प्रक्रिया को शुरू करता है। इस प्रक्रिया में लोग अपने सामूहिक व संगठित प्रयास से शक्तिहीनता व उदासीनता से ऊपर उठकर अपनी आजीविका के संसाधनों पर नियंत्रण कर सकते हैं।

कार्यशैली

आस्था लोगों में छिपी आंतरिक शक्ति को उन पर होने वाले शोषण के खिलाफ व उनकी समस्याओं का समाधान करने की दक्षता उभारने व उनकी क्षमता का विकास करने को अपना मुख्य कार्य मानती है। इसके लिए संस्था शैक्षिक और संगठनात्मक प्रक्रिया के साथ वैकल्पिक विकास की कार्य नीति अपनाती है।

ध्येय

आस्था ने अपने कार्य की शुरुआत गरीब, वंचित, शोषित स्त्री-पुरुष के साथ करना तय किया है। आस्था का ध्येय इन्हीं के आत्मविश्वास, स्वनिर्भरता, सहकार, नेतृत्व एवं जीवन स्तर को बढ़ाने में सहयोग देना है जिससे वे स्वयं प्राकृतिक संसाधनों का सुव्यवस्थित रूप से प्रबन्ध कर सकें।

आस्था की कल्पना का समाज नये सामाजिक मूल्यों व वैकल्पिक विकास की सोच पर टिका है। समाज में अब तक हुए विकास के परिणामों को देखते हुए, आस्था, विकास की नई परिभाषा लोगों के साथ मिलकर खोजती है जिसमें स्थाई एवं संतुलित विकास मुख्य आधार है।

आस्था अपनी कार्यशैली में स्थानीय स्तर पर जन संगठन निर्माण की प्रक्रिया अपनाती है। सामाजिक परिवर्तन के लिए संस्था शैक्षिक प्रक्रिया के अंतर्गत, प्रशिक्षण, कार्यशालाएँ, चेतना जागृति शिविर, संगम, सम्मेलनों के माध्यम से सीखने-सिखाने की प्रक्रिया एवं लोक ज्ञान को बढ़ावा देती है।

इसी विचार व कार्यशैली के आधार पर आस्था ने 1986 में एक कदम की शुरुआत कोटड़ा से की। अपने कार्य के दौरान आस्था का यह विश्वास और पक्का हुआ है कि लोगों को अवसर मिलने पर वे अपने विकास के बारे में खुद कदम उठा सकते हैं।

गतिविधियाँ

1. जनसंगठनों के साथ कार्य—आस्था 'गरीब असंगठित महिला-पुरुषों' को उनकी समस्याओं और मुद्दों के आधार पर संगठित करने का कार्य करती है। संस्था संगठनों के नेतृत्व एवं सक्रिय सदस्यों की साक्षरता, स्वास्थ्य, कानूनी एवं अन्य विषयों पर क्षमता बढ़ाने के लिए प्रयास करती है।

2. मुद्दों पर कार्य—संस्था मुद्दों को पहचानने, विश्लेषण करने, मुद्दा आधारित संगठनों के कदमों को तय करवाने एवं रणनीति उभारने आदि पर संदर्भ प्रदान

करती है। इसके अंतर्गत आदिवासियों की आजीविका के संसाधनों से जुड़े मुद्दों पर विशेष रूप से कार्य करती है।

3. प्रशिक्षण (सीखना-सिखाना)–आस्था 'प्रशिक्षण' को सामाजिक परिवर्तन का एक आधार मानती है। प्रशिक्षण में सीखने-सिखाने की प्रक्रिया सहभागी प्रशिक्षण के सिद्धान्तों के आधार पर टिकी है।

इसके अंतर्गत आस्था जनसंगठनों, स्वैच्छिक संस्थाओं एवं सरकारी विभागों के विकास कार्यकर्ताओं को प्रशिक्षण देती है, साथ ही विशेष प्रशिक्षण विधि एवं सामग्री का निर्माण भी करती है।

4. सहभागी सर्वे एवं अनुसंधान–आस्था सर्वे और अनुसंधान की प्रक्रिया लोगों के मुद्दों पर और जहाँ तक संभव हो लोगों के साथ करती है।

5. नीति परिवर्तन के प्रयास–संस्था मुद्दे की व्यापकता के लिए व नीतिगत मसलों के परिवर्तन के लिए व्यापक समर्थन हेतु समान विचार व दृष्टि वाले सामाजिक कार्यकर्ताओं, जन संगठनों व स्वैच्छिक संस्थाओं के साथ नेटवर्किंग के जरिये साझा प्रयास करती है।

6. महिलाओं के मुद्दों पर कार्य–आस्था महिलाओं के मुद्दों पर विशेष रूप से कार्य करती है जिसके अंतर्गत महिलाओं की सामाजिक, आर्थिक, राजनैतिक, शैक्षणिक, सांस्कृतिक एवं स्वास्थ्य की स्थिति में सुधार, महिला स्वास्थ्य, विधवा महिला, शहरी गरीब महिला, जागरूकता, क्षमता विकास, स्त्री-पुरुष समानता आदि मुद्दों पर कार्य कर रही है।

7. पंचायती राज संस्थाओं के साथ कार्य–आस्था प्रजातंत्र के मूल्यों को सुदृढ़ करने के लिए विभिन्न संस्थाओं और सरकारी कार्यक्रमों से जुड़े हुए कर्मियों एवं पंचायत स्तरीय प्रतिनिधियों की समझ बढ़ाने का कार्य करती है।

संस्था ने पंचायत स्तरीय मुद्दों विशेषकर आदिवासी स्वशासन के अंतर्गत केन्द्रीय कानून पंचायत उपबंध अनुसूचित क्षेत्रों पर विस्तार अधिनियम, 1996 के अनुसार ग्रामसभाओं के सशक्तिकरण के प्रयास कर रही है।

8. सरकारी कार्यक्रम–संस्था ऐसे सरकारी कार्यक्रमों से जुड़ती है जो व्यापक रूप से गरीबों को प्रभावित करते हों, जो टिकाऊ विकास की पहल हों, जो संगठन निर्माण की प्रक्रिया को मजबूत करते हों और जिसकी सीख का अन्य भागों में उपयोग किया जाना हो। इसके लिए संस्था प्रशिक्षण, सामग्री निर्माण, नीतिगत परिवर्तन और निगरानी समूह आदि कार्य भी करती है।

9. पर्यावरणीय कार्य—संस्था लोगों में पर्यावरण संबंधी जागरूकता लाने, संगठन निर्माण करने, नीति में परिवर्तन के लिए नेटवर्किंग, लॉबिंग व एडवोकेसी करने का कार्य करती है।

10. समसामयिक कार्यक्रम—राष्ट्रीय हितों से जुड़े समसामयिक कार्यक्रमों में भी आस्था अपनी भूमिका निभाती है। इसमें जनशिक्षा व जनजागृति के कार्यक्रमों में सहभागिता करती रही है।

11. सूचना का प्रसार एवं प्रलेखन—आस्था ने एक प्रशिक्षण केन्द्र का निर्माण किया है। यह प्रशिक्षण केन्द्र जहाँ एक ओर कार्यकर्ताओं की क्षमता बढ़ाने का काम करता है वहीं दूसरी ओर संस्थाओं एवं संगठनों को सिखाने का एक मंच प्रदान करता है। प्रशिक्षण केन्द्र में प्रलेखन श्रव्य-दृश्य इकाई है।

कार्यक्षेत्र

1. स्थानीय स्तर पर शहर और गाँव में सीधी पहल।

2. राजस्थान में विशेष रूप से आदिवासियों एवं महिलाओं के साथ कार्य।

3. राष्ट्रीय स्तर पर नीतिगत मसलों एवं विशेष राष्ट्रीय व अंतर्राष्ट्रीय मुद्दों पर कार्य।[52]

भविष्य योजना

आस्था ने अपने 17 वर्षों के अनुभवों को लेकर जन संगठनों एवं स्वैच्छिक क्षेत्र में व्यापक बदलाव के कार्य करने की दिशा में नई कार्यनीति बनाई है। आस्था का सपना है कि सामाजिक बदलाव एवं विकास की इस प्रक्रिया को जनसमूह व संगठन मिलकर आगे बढ़ायें जहाँ हम समानता, समता एवं न्याय के मूल्यों पर आधारित समाज का निर्माण कर सकेंगे। आने वाले वर्षों में जनसंगठन और मजबूत होकर इस दिशा में कार्य करेंगे। इनमें सक्षम नेतृत्व होगा जो स्वतंत्र रूप से जनसंगठनों को संचालित करेगा। अपने स्तर पर विभिन्न जनसंगठन से मिलकर सामूहिक मुद्दों को लेकर राज्य व राष्ट्रीय स्तर पर नीति बदलाव संदर्भ इकाइयों के माध्यम से व्यापक प्रभाव डालने के लिए कार्य करेगी।[53]

वैकल्पिक विकास और आस्था की सोच

आस्था की वैकल्पिक विकास की सोच वर्तमान विकास प्रक्रिया एवं सामाजिक स्थिति के गहन विश्लेषण के साथ शुरू हुई। विकास की प्रक्रिया गरीब एवं वंचित

लोगों के सशक्तिकरण से ही संभव है। लोगों के अन्दर छिपी शक्ति और ज्ञान को सामूहिक शक्ति बना कर उभारना होगा ताकि इस सम्पूर्ण प्रक्रिया में लोग स्वयं असंगठित रूप से सामाजिक स्थिति का विश्लेषण कर वैकल्पिक विकास एवं नव समाज की रचना कर सकें।

आस्था का मानना है कि विकास की प्रक्रिया गरीब, शोषित और वंचित समुदाय से शुरू हो और इसकी जड़ें संतुलित और स्थाई विकास में हों। आस्था का यह भी प्रयास रहा है कि वैकल्पिक विकास की बहस समान दृष्टि एवं विचारों पर कार्यरत संगठनों के साथ हो ताकि सामाजिक बदलाव की प्रक्रिया में समान उद्देश्यों के लिये कार्यरत संगठन एकजुट हो सकें। इसी दृष्टि से आस्था के प्रयास से जन संघर्ष और संगठनों के निर्माण की प्रक्रिया 1986 से शुरू हुई।[54]

2002-2003 आस्था का वार्षिक प्रतिवेदन प्रमुख बिन्दु

जनसंगठनों द्वारा उठाये गये मुद्दों में सहयोग

आस्था की शुरुआत से ही यह सोच रही है कि मुद्दा आधारित जनसंगठन खड़े हों जिसमें मुद्दे की पहचान, विश्लेषण, कार्य योजना एवं मुद्दों को विभिन्न स्तरों पर उठाने के लिए पर्याप्त जनसमर्थन जुटाने में आस्था सहयोग देती रहेगी। इस प्रक्रिया में मुद्दे के समाधान के साथ-साथ जनसंगठन के ढाँचे भी विकसित हुए हैं। पिछले सालों के काम के परिणामस्वरूप अधिकतर जनसंगठनों ने एक से अधिक मुद्दों पर कार्य किया है। आस्था द्वारा मुद्दों की पहचान, विस्तार विश्लेषण, योजना, नेटवर्किंग आदि में जनसंगठनों के साथ भूमिका निभाई है। पिछले वर्ष मुख्य रूप से जंगल-जमीन, विधवा एवं एकल महिलाओं के भूमि एवं सम्पत्ति संबंधी अधिकार, आदिवासी स्वशासन, कर्ज, महिला हिंसा एवं महिलाओं से जुड़े मुद्दे, अकाल परिस्थिति में गरीब लोगों को रोजगार दिलाने, राशन, काम के अधिकार, विस्थापन, पुनर्वास आदि मुद्दों पर आस्था द्वारा जनसंगठनों को सहयोग प्रदान किया गया है। इनमें से कुछ मुद्दे ऐसे हैं जिसमें गरीब लोगों को तात्कालिक राहत मिली है तथा कुछ मुद्दों पर सरकार एवं नीति-निर्माताओं से आश्वासन लिया गया है।

आस्था की मुद्दों के समाधान के बारे में समझ और गहरी हुई है। कोई भी जनसंगठन एक अकेले मुद्दे पर लंबे समय तक टिक नहीं सकता जब तक कि गरीब लोगों के जीवन से जुड़े व्यापक मुद्दे नहीं उठाये जायें। एक मुद्दे पर वागड़ मजदूर किसान संगठन, जरगा विकास समिति एवं गोडवाड़ आदिवासी संगठन बनने की प्रारंभिक प्रक्रिया में सहायता मिली थी। आगे जाकर इन संगठनों का स्वरूप

उभरने के बाद एक से अधिक मुद्दों, जैसे–विस्थापन, लघुवन उपज, आदिवासी स्वशासन, कर्ज पर कार्य शुरू किया गया। आस्था की यह सोच है कि प्रक्रिया को और व्यवस्थित तरीके से आगे बढ़ावें। जैसे इस वर्ष आदिवासी विकास मंच कोटड़ा के पिण्डवाड़ा क्षेत्र में हुए विस्तार में जनसंगठन के नेतृत्वकर्ताओं ने अपनी स्वयं की समझ और क्षमता का परिचय देते हुए श्रमिकों के मुद्दों को उठाया और समाधान किया। आस्था द्वारा जनसंगठनों के सक्रिय नेतृत्वकर्ताओं को इन मुद्दों की समझ विकसित करने, विश्लेषण करने एवं मुद्दे के साथ जुड़े विभिन्न आयामों को गहराई से जानने के लिए विभिन्न बैठकों, प्रशिक्षणों के माध्यम से समझ बढ़ाने का कार्य किया गया।

अकाल में जनसंगठनों के साथ भूमिका

लगातार पाँचवें वर्ष के गंभीर अकाल में आस्था की भूमिका जनसंगठनों के साथ अधिक से अधिक रोजगार उपलब्ध कराने के लिए अधिकारियों और राजनेताओं से संवाद एवं क्षेत्र की स्थिति को इनके सामने रखने की रही है। आस्था द्वारा जनसंगठनों को क्षेत्र की जानकारी इकट्ठा करने में सहायता देना, अकाल को रोकने वाले प्रस्तावों को तैयार करना तथा जनसंगठनों के साथ व्यापक रूप से चर्चा के आधार पर अकाल के वैकल्पिक प्रस्ताव तैयार कर कपार्ट एवं अन्य फण्डिंग एजेन्सियों को भिजवाने का कार्य रहा है। संस्था ने अकाल में जनसंगठनों के साथ सरकार द्वारा उपलब्ध सुविधाओं को लोगों तक पहुँचाने, निगरानी करने एवं मॉनिटरिंग का कार्य किया है इस कार्य में राज्य स्तर की अन्य संस्थाओं को भी जोड़कर सूचनाओं का आदान–प्रदान एवं क्षेत्र की वास्तविक स्थिति से राज्य सरकार को अवगत कराने में आस्था की अग्रणी भूमिका रही है। संस्था द्वारा अकाल संघर्ष समिति के साथ राज्य स्तर पर समन्वय कर अकाल में लोगों की खाद्यान्न सुरक्षा बनाये रखने में तथा काम के अधिकार के सवाल को भी उठाने में सहयोग दिया गया है। जिससे आगे आने वाले समय में 'काम का अधिकार' कानून बन सके।

जनसंगठनों के साथ महिला मुद्दों पर कार्य

आस्था द्वारा महिलाओं के मुद्दों पर कार्य करने के लिए संस्था एवं जनसंगठनों के स्तर पर विभिन्न प्रयास किये गये हैं जिसमें महिलाओं के संवैधानिक अधिकारों की रक्षा, महिला हिंसा को रोकना एवं महिलाओं के विकास के लिए व्यापक माहौल बनाने का कार्य मुख्य है। आस्था की इस वर्ष जनसंगठनों के साथ सोच रही है कि महिलाओं के नेतृत्व को और आगे लाना, मिश्रित समूहों में महिला भागीदारी को

बढ़ाना, संचालक मण्डलों एवं सहयोगी समितियों में महिलाओं की भागीदारी को बढ़ाना, संचालक मण्डलों एवं सहयोगी समितियों में महिलाओं की भागीदारी 33 प्रतिशत से नीचे नहीं हो इसके लिए कार्य करना तय किया गया। आस्था एवं जनसंगठनों के सम्पूर्ण कार्यक्रमों में महिला–पुरुष समानता के मुद्दों पर चर्चा कर, महिलाओं के प्रति संवेदनशील बनाने के साथ जेण्डर की दृष्टि विकसित करने की रही है।

आस्था से जुड़े विभिन्न जनसंगठनों पर होने वाले अत्याचार, हिंसा एवं महिलाओं के अधिकारों के मुद्दों को समाज के सामने लाने का प्रयास किया है। जिसमें आदिवासी महिला जागृति समिति द्वारा महिलाओं पर होने वाली पारिवारिक एवं सामाजिक हिंसा को रोकना, महिला मंच राजसमंद द्वारा गरीब महिलाओं के अधिकारों व महिला प्रताड़नाओं को रोकना व उन्हें कानूनी संरक्षण प्रदान करना, एकल नारी शक्ति संगठन द्वारा एकल एवं परित्यक्त महिलाओं की सामाजिक प्रताड़ना, भूमि और सम्पत्ति पर अधिकार के मुद्दों पर कार्य किया है। अन्य मिश्रित जनसंगठनों द्वारा भी एकल एवं परित्यक्ता महिलाओं पर होने वाले अत्याचारों को रोकने में पिछले वर्ष विशेष कार्य किया है।

महिला अदालत

आदिवासी महिला जागृति समिति द्वारा हर महीने महिला अदालत का आयोजन किया जाता है। इसमें आसपास के क्षेत्र में महिलाओं पर शोषण और अत्याचार की घटनाओं को लेकर महिलाएँ अपने दुःख की कहानी महिला अदालत में सुनाती हैं। महिला जागृति समिति की सक्रिय महिलाओं द्वारा उस पर संबंधित लोगों को लिखित में सूचित करती हैं। इस प्रक्रिया में एक स्वतंत्र कमेटी का गठन किया जाता है जो असलियत की जाँच–पड़ताल करती है, दोनों पक्षों से अलग–अलग मिलकर उनकी समस्या का गहराई से आकलन करती है। अंत में अगली बैठक में दोनों पक्षों द्वारा अपने पक्ष प्रस्तुत किए जाते हैं। समिति द्वारा इसके समाधान का निर्णय दिया जाता है। दोनों पक्षों को फैसला मंजूर होने पर स्टाम्प पर लिखित में देना पड़ता है तथा समिति की सदस्याएँ इस फैसले की क्रियान्विति पर निगरानी रखती हैं। जो फैसला हुआ वह चल रहा है या नहीं। आदिवासी महिला जागृति समिति के इस प्रयास से उदयपुर जिले की झाड़ोल, गिर्वा तहसील के करीब 80 गाँवों में अब कोई भी विवाद या केस सीधा पुलिस में नहीं जाता, अगर पुलिस में जाता है तो उसे पुनः महिला अदालत में प्रस्तुत करने हेतु पुलिस भी सहयोग करती

है। समिति पुलिस की सहायता चाहती है तो पुलिस सहायता करती है। यह प्रक्रिया काफी स्वतंत्र रूप से चलती है, इसमें आस्था का संगठन को आवश्यकतानुसार मार्गदर्शन व सहयोग दिया जाता है।

महिला प्रताड़ना केस में महिलाओं को सहयोग

राजसमंद महिला मंच द्वारा इस वर्ष महिला प्रताड़ना के 25 मामलों में महिलाओं को सहायता दी। अधिकतर महिला प्रताड़ना के मामले घरेलू हिंसा, शराब, विधवा महिला पर अत्याचार, महिलाओं को सम्पत्ति के अधिकारों से वंचित करना आदि से संबंधित होते हैं जिनमें मंच द्वारा सक्रिय भूमिका निभाकर केस हल करवाने एवं कानूनी संरक्षण दिलवाने में सहयोग प्रदान किया गया। महिला मंच द्वारा यह प्रक्रिया तीन ब्लॉक में महिला केस कमेटी द्वारा जांच कर सुलझाने का प्रयास किया जाता है।

जंगल-जमीन

जंगल-जमीन के मुद्दे पर वर्ष 1995 से एक साझा प्रयास चल रहा है। इसके तहत विभिन्न संस्थाओं व जनसंगठनों ने मिलकर जंगल-जमीन पर 1980 से पूर्व के काबिज किसानों को भूमि संबंधी अधिकार दिलाने के लिए सरकार के साथ संवाद किया। इससे क्षेत्र के 40-50 हजार किसानों की बेदखली रुक सकी है। इस वर्ष के आंदोलन से साझे प्रयास के तहत राज्य स्तर पर गरीब आदिवासियों के भूमि अधिकार को लेकर राज्य स्तरीय कार्यशाला का आयोजन किया। इस प्रयास में इस मुद्दे को राज्य स्तर पर उठाने में काफी हद तक सफलता मिली है। जंगल जन आंदोलन द्वारा इस मुद्दे में लोगों के पक्ष को मजबूत करने के लिए इस वर्ष भी रैली व धरना आदि के साथ ही 1980 से पूर्व से जंगल-जमीन पर काबिज 17 हजार लोगों की व्यवस्थित सूची मुख्यमंत्री के सचिव के मार्फत वन सचिव को नियमन हेतु पेश की गई। 'जंगल जमीन जन आंदोलन' द्वारा राज्य विधानसभा पर 11 मार्च, 2003 को एक प्रदर्शन का आयोजन किया गया जिसमें वन मंत्री एवं मुख्यमंत्री को ज्ञापन प्रस्तुत किया गया कि वे इस मुद्दे को राज्य विधानसभा में प्रस्तुत करवायें। इसी दौरान दक्षिणी राजस्थान के 16 आदिवासी विधायकों के साथ भी आंदालेन के प्रतिनिधियों ने विस्तार से चर्चा की, उनका समर्थन प्राप्त किया तथा उनसे अपेक्षा की गई कि विधानसभा में आदिवासियों की इस समस्या का समाधान करवाने का निर्णय करवाये। इस वर्ष पर्यावरण मंत्रालय के द्वारा मई, 2002 में जारी आदेश से वन विभाग सक्रिय हुआ तथा वन क्षेत्रों में बसे हुए आदिवासियों

का सर्वे कर उन्हें बेदखल करने का प्रयास किया। इस संबंध में देश भर के अलग-अलग जनसंगठनों ने इसका प्रतिरोध किया। इसी कड़ी में अन्य संगठनों के साथ 'जंगल-जमीन जन आंदोलन' ने भी सर्वोच्च न्यायालय में एक जनहित याचिका दायर की एवं उच्चाधिकार प्राप्त सर्वोच्च न्यायालय की कमेटी को एक ज्ञापन भी सौंपा गया। परिणामस्वरूप पर्यावरण मंत्रालय द्वारा 1980 के पूर्व के आदिवासी किसानों के हकों को कायम रखते हुए नया आदेश जारी किया। आंदोलन द्वारा आदिवासी क्षेत्र के विधायकों से सतत संवाद के परिणामस्वरूप आदिवासी विधायकों ने जनजाति परामर्शदात्री समिति में जंगल-जमीन के मुद्दे को उठाया है। इससे समिति में इस बात पर सहमति बनी है कि वे इस संबंध में राज्यपाल को लिखित में देंगे।

आदिवासी विकास मंच कोटड़ा द्वारा वन विभाग द्वारा 10 गाँवों के 200 परिवारों को बेदखल किये गये जाने की कार्यवाही को रुकवाकर इन परिवारों की आजीविका को बचाया। इसके लिए संगठन ने वन विभाग के साथ चर्चाएँ कर उनकी भूमि को वन क्षेत्र से बाहर करवाने में सक्रिय भूमिका निभाई है।

गोडवाड़ आदिवासी संगठन द्वारा कुरका गाँव में वन विभाग द्वारा 16 आदिवासी परिवारों के झोंपड़े जला देने के समय एक बच्चे के जिंदा जलाने का मुद्दा उठाया। इसके संबंध में संगठन ने अनुसूचित जाति जनजाति आयोग, राष्ट्रीय मानवाधिकार आयोग, मुख्यमंत्री एवं प्रशासन से जुड़े उच्च अधिकारियों को इस समस्या से अवगत कराकर दोषी वन अधिकारियों के खिलाफ प्राथमिकी दर्ज करवाई जिस पर पुलिस की कार्यवाही में दोषी लोगों को गिरफ्तार किया गया। अंत में उन लोगों ने राजस्थान हाईकोर्ट से जमानत ली। लेकिन इस प्रयास से पूरे क्षेत्र में गरीब लोगों को अपनी आवाज उठाने का हौसला बढ़ा तथा सभी बेदखल परिवारों ने पुनः अपनी भूमि पर कब्जा कर लिया है। वन विभाग द्वारा बेदखली के नोटिस जारी करने पर जंगल-जमीन जन आंदोलन एवं जनसंगठनों ने इनका न्यायिक जवाब पेश कर अपने सबूत पेश किये जिससे 700 परिवारों को बेदखल होने से बचाया जा सका है।[56]

वन्यजीव अभयारण्य में आदिवासियों के हक

फुलवारी की नाल अभयारण्य क्षेत्र में स्थानीय आदिवासियों के लिए वन विभाग ने उपज एवं धास लाने पर रोक लगाने का प्रयास किया। इस पर 'आदिवासी विकास मंच' ने सहायक वन संरक्षक के साथ बातचीत कर अभयारण्य में रहने वाले लोगों के लिए वन उपज से जुड़ी आजीविका तथा घास, सूखी लकड़ी का उपयोग करने के लिए छूट दिलवाई। इधर लोगों ने आसपास जंगलों की सुरक्षा करते हुए बाहर

से आकर लकड़ी काटने वाले लोगों को रोकने का प्रयास किया। परन्तु पिछले वर्ष सरकार ने अपने पूर्व के निर्णय को बदलकर अभयारण्य क्षेत्र में तेन्दूपत्ते की छूट को पुनः प्रतिबंधित कर दिया जिस पर तेन्दूपत्ता सहकारी समिति एवं आदिवासी विकास मंच ने तेन्दूपत्ते को पुनः छूट के लिए सरकार के स्तर पर प्रयासरत है लेकिन यह प्रतिबंध अभी जारी है।

पहचान कायम करना

आस्था का अनुभव रहा है कि जनसंगठन की पहचान उसकी नींव से शुरू हो जाती है। परन्तु वर्ष 1986 से लेकर 1992 तक कोटड़ा तहसील में किये गये कार्यों में संस्थागत पहचान काफी अधिक हो गई। ऐसे में वर्ष 1993 में जब आदिवासी विकास मंच का गठन हुआ, तब संगठन को अपनी पहचान बनाने के लिए काफी प्रयास करने पड़े। इस अनुभव को देखते हुए आस्था ने अन्य क्षेत्रों में मुद्दा या क्षेत्र आधारित संगठन के निर्माण की प्रक्रिया शुरू की। संगठन के स्वयं के बैनर तले धरना, रैली, ज्ञापन, बैठक, सम्मेलन आदि गतिविधियों का संचालन शुरू किया गया जिससे संगठन की पहचान बनाने में सहायता मिली। इस प्रक्रिया को हम सामाजिक बदलाव के लिए एक रणनीति के रूप में देख सकते हैं कि जो कार्य संगठन स्वयं करता वह कार्य संस्था नहीं कर सकती। संस्था सहयोगी, उत्प्रेरक एवं मार्गदर्शक की भूमिका निभा सकती है तथा जनसंगठन के लिए आवश्यक सहयोग जुटा सकती है। अतः मुद्दे या क्षेत्र के आधार पर खड़े हुए जनसंगठन स्वयं की पहचान के आधार पर ज्यादा प्रभावी रूप से कार्य कर सकते हैं।

निर्णय

आस्था की सोच के अनुसार जनसंगठनों के संचालक मण्डल एवं साधारण सभा अधिकतर निर्णय स्वतंत्र एवं केन्द्रित रूप से ले सके। इस प्रक्रिया को आगे बढ़ाने में आस्था कार्यकर्ता उन्हें आवश्यक सहायता देते हैं फिर भी पिछले सालों के अनुभवों के आधार पर जनसंगठनों की निर्भरता आस्था कार्यकर्ताओं पर रही है। अभी भी कुछ निर्णयों में आस्था कार्यकर्ताओं की सक्रिय भूमिका रहती है। संगठनों ने भी अपने स्तर पर कुछ निर्णय लेना शुरू किया है। जैसे–अकाल के मुद्दों को लेकर विभिन्न राजनीतिक दलों के समक्ष रखना, जनप्रतिनिधियों से मिलना, रैली, धरना, सम्मेलन, संगम के आयोजन करना, कार्यक्षेत्र का विस्तार करना, सदस्यता अभियान, मुद्दों को उठाना आदि। आस्था चाहती है कि इस प्रक्रिया को जनसंगठन और स्वतंत्र रूप से चला सके। इस हेतु उनकी निर्णय प्रक्रिया को

व्यवस्थित करने के लिये किये जाने वाले निर्णयों के प्रभावों का आकलन करने, सही या गलत निर्णय के बाद के परिणामों का विश्लेषण करने तथा उसके व्यापक प्रभाव को समझने आदि में आस्था सहायता कर रही है।

संगठन के स्वयं के साधन बनाने का प्रयास

पिछले वर्ष में कुछ जनसंगठनों ने स्वयं के स्तर पर यह निर्णय लिये कि उनके संगठन के लिए कार्यालय होना आवश्यक है जिससे उनकी पहचान बनने और कार्य करने में सहायता मिल सके। जरगा क्षेत्रीय विकास समिति ने सरकार से सहयोग लेकर संगठन का भवन बनाया है। वागड़ मजदूर किसान संगठन ने अपने स्वयं के कोष से कार्यालय के लिए भूमि खरीदी है। अन्य जनसंगठन भी कार्यालय किराये के मकान में संचालित कर रहे हैं।[57]

मुद्दों पर विशेष सहयोग-कुछ प्रमुख मुद्दे निम्न प्रकार हैं-

शिक्षा का प्रसार

आस्था द्वारा कोटड़ा तहसील में प्राथमिक शिक्षा को मजबूत करने एवं शिक्षा की स्थिति में गुणात्मक बदलाव लाने के लिए लोक जुंबिश कार्यक्रम हाथ में लिया गया। संस्था को कोटड़ा के देवला संकुल में कार्य करते हुए 7 वर्ष पूरे हो रहे हैं। शुरुआत में आस्था ने 22 गाँवों में कार्य किया जो पिछले पाँच सालों में अब बढ़कर 38 गाँवों में हो चुका है। वर्तमान में लोक जुंबिश कार्यक्रम के तहत संचालित गतिविधियों में मुख्य रूप से प्रेरक दलों का गठन, महिला समूह निर्माण, सहज शिक्षा केन्द्रों का संचालन, मुक्तांगन विद्यालय एवं बालिका शिक्षा शिविर के माध्यम से लड़कियों की शिक्षा को बढ़ावा देने का कार्य किया जा रहा है। संकुल में किए जाने वाले कार्यों की स्थिति निम्नानुसार है–

देवला संकुल में क्षेत्र की 5 पंचायत, 55 राजस्व गाँव एवं 90 लोक जुंबिश गाँव हैं।

गतिविधियाँ

1. 38 प्रेरक दलों का गठन, 36 महिला समूह, 24 ग्राम शिक्षा समिति एवं 15 भवन निर्माण समिति का गठन किया गया।
2. 46 सहज शिक्षा केन्द्रों में 1284 बालक–बालिकाएँ अध्ययनरत हैं।
3. 1 शिक्षा मित्र विद्यालय में 20 बालक–बालिकाएँ अध्ययनरत हैं।
4. 9 मुक्तांगनों में 553 बालक–बालिकाएँ अध्ययनरत हैं।

5. प्रथम बालिका शिक्षण शिविर, कोटड़ा में क्षेत्र की 55 बालिकाओं एवं द्वितीय शिविर, देवला में 115 बालिकाओं ने भाग लिया।

शिक्षा जन अधिकार पदयात्रा

आस्था के देवला संकुल में शिक्षा से वंचित बच्चों को शिक्षा से जोड़ने के लिए 21 जुलाई से 6 अगस्त तक शिक्षा जन अधिकार यात्रा निकाली गई जिसमें सांस्कृतिक दल द्वारा नुक्कड़ नाटक, भजन, गीत, नारे के माध्यम से शिक्षा के महत्त्व पर चर्चा की गई। यह पद-यात्रा 25 गाँवों में जहाँ शिक्षा की व्यवस्था अनियमित चल रही थी उन गाँवों में निकाली गई। इससे पूरे क्षेत्र में शिक्षा के प्रति एक वातावरण उत्पन्न हुआ एवं अधिक से अधिक बालक-बालिकाओं को शिक्षा से जोड़ने के लिए उनके माता-पिताओं को प्रेरित किया।

बाल मेला

लोक जुंबिश कार्यक्रम के तहत शिक्षा के प्रति रुचि बढ़ाने एवं प्रतिभावान छात्र-छात्राओं को उनकी प्रतिभाओं को सामने लाने के लिए एक बाल मेले का आयोजन 29 से 30 नवम्बर, 2002 को कोटड़ा तहसील के 'मेवाड़ों का मठ' में आयोजित किया गया। इसमें 850 बालक-बालिकाओं ने भाग लिया। इस मेले में बच्चों की खेलकूद प्रतियोगिताएँ एवं सांस्कृतिक कार्यक्रमों के आयोजन में भाग लेने पर पुरस्कृत भी किया गया। इस कार्यक्रम से शिक्षा से वंचित इस क्षेत्र में शिक्षा के प्रति जागृति पैदा हुई।

किशोरी मेला

9 से 18 वर्ष की बालिकाएँ जो अब तक स्कूल से नहीं जुड़ी वे शिक्षा के प्रति अनभिज्ञ हैं उनकी जाग्रति के लिए फरवरी, 2003 में देवला संकुल के देवला गाँव में एक किशोरी मेले का आयोजन किया गया जिसमें 65 बालिकाओं ने भाग लिया। इस मेले के माध्यम से बालिकाओं को विभिन्न खेलकूद प्रतियोगिताएँ करवाकर उनकी झिझक को दूर किया तथा उनके माता-पिता को प्रेरित किया कि बालिकाओं को आने वाले सत्र में बालिका शिक्षा शिविर में प्रवेश दिलवायें।[57]

बालिका शिक्षा शिविर-अभिनव प्रयोग

आस्था द्वारा कोटड़ा तहसील में महिला शिक्षा की स्थिति में सुधार हेतु काफी लंबे समय से प्रयास चल रहे हैं फिर भी 1991 की जनसंख्या के आधार पर कोटड़ा तहसील में महिला साक्षरता 8.45 ही है, पुरुष साक्षरता 28.69 है। शिक्षा की दृष्टि

से पिछड़े ब्लॉक में महिला शिक्षा के लिए वातावरण पैदा करना एवं आदिवासी बालिकाओं को शिक्षा के लिए प्रेरित करने के लिए लोकजुंबिश के तहत 'आवासीय बालिका शिक्षा शिविर' का आयोजन शुरू हुआ। इन प्रयासों में पहला शिविर कोटड़ा में आयोजित किया गया जिसमें देवला संकुल की 56 बालिकाओं ने 7 माह तक पढ़कर पाँचवीं बोर्ड परीक्षा पास की। उनका सामूहिक रूप से स्थानीय स्तर पर अभिनन्दन किया गया। इसके बाद आस्था ने निर्णय लिया कि बालिका शिक्षा के लिए शिविर एक कारगर माध्यम हो सकता है। अतः दूसरा शिविर लोक जुंबिश के सहयोग से देवला क्षेत्र में आयोजित किया गया। इस शिविर में बालिकाओं के चयन के लिए आयोजित कार्यक्रम में पूरे क्षेत्र की 300 बालिकाएँ शामिल हुई जिसमें से 127 बालिकाओं का नामांकन किया गया। इन शिविरों का उद्देश्य क्षेत्र में शिक्षा से वंचित बालिकाओं को शिक्षा से जोड़ना, बालिकाओं को एक निश्चित अल्पावधि में प्राथमिक शिक्षा के स्तर तक पहुँचाना, बालिका शिक्षा का वातावरण तैयार करना और कामकाजी महिलाओं को प्राथमिक स्तर तक शिक्षा प्रदान करना। इन शिविरों के अनुभव से पूरे क्षेत्र में बालिका शिक्षा का माहौल तैयार हुआ तथा सात महीने की अल्पावधि में 127 बालिकाओं में से 116 बालिकाओं ने सात माह का कोर्स पूर्ण किया जिसमें से 93 बालिकाओं ने पाँचवीं कक्षा पास की एवं 23 बालिकाओं ने चौथी कक्षा पास की है। इन बालकों की न केवल प्राथमिक स्तर की पढ़ाई हुई बल्कि इन सात महीने में ऐसे प्रयास किये हैं जिससे उनका व्यक्तित्व निखर कर सामने आया है और पूर्व की तुलना में वे निस्संकोच दूसरों से बात करना, अपनी कला एवं योग्यता का प्रदर्शन करना आदि सीख गई जो एक उल्लेखनीय सफलता है। इस शिविर से निकली बालिकाओं की पढ़ाई लगातार चलती रहे, इसके लिए समय-समय पर जहाँ बालिकाएँ अपने परिवार के साथ रहती हैं वहाँ उनका अनुगमन किया जाएगा और इनमें से अधिकतर बालिकाओं को आगामी सत्र में आगे की कक्षा में प्रवेश दिलाया जाएगा ताकि वे अपनी पढ़ाई सतत रूप से जारी रख सकें। इन बालिकाओं का एक किशोरी मंच का गठन करने का निर्णय लिया गया जिससे इनमें नेतृत्व का विकास हो तथा ये बालिकाएँ अन्य बालिकाओं को शिक्षा के लिए प्रेरित कर सकें। इस शिविर का समापन समारोह बालिकाओं के माता-पिता के साथ पूरे उत्साह के साथ आयोजित हुआ जिससे कि आस पास के क्षेत्र में शिक्षा के प्रति लोगों में जागृति पैदा हो। इस शिविर को प्रशासन के स्तर पर भी काफी सराहा गया तथा समय-समय पर जिला कलेक्टर, जनजाति आयुक्त, अकाल राहत प्रभारी सचिव, उपखण्ड अधिकारी ने निरीक्षण कर बालिकाओं के उत्साह को बढ़ाया एवं आस्था के इस प्रयास को इस क्षेत्र की आवश्यकता को देखते हुए काफी उपयोगी

बताया। आस्था ने निर्णय लिया कि आने वाले समय में दो और शिविर लोक जुंबिश कार्यक्रम के तहत लगातार अधिक से अधिक शिक्षा से वंचित बालिकाओं को इसमें जोड़ा जाय। लोक जुंबिश परियोजना का मुख्य उद्देश्य शिक्षा में गुणात्मक सुधार लाना एवं शिक्षा से वंचित बालक-बालिकाओं को शिक्षा से जोड़कर उन्हें आगे लाने का प्रयास है। आस्था के देवला संकुल के कार्य के परिणामस्वरूप इस पूरे क्षेत्र में शिक्षा के प्रति जन जागृति आई है एवं खासतौर से आदिवासी समुदाय में बालिकाओं को पढ़ाने के प्रति लोगों की रुचि बनी है जो पहले नहीं के बराबर थी। इस प्रयास से प्राथमिक विद्यालयों में अध्यापकों की उपस्थिति भी बराबर रहने लगी है। ग्राम शिक्षा समिति एवं प्रेरक दलों ने अपनी सक्रिय भागीदारी निभाकर सहज शिक्षा केन्द्र, मुक्तांगन, प्राथमिक विद्यालयों में बालक-बालिकाओं को शिक्षा दिलाने के लिए प्रयास किया है वह सकारात्मक एवं संतोषजनक है।

साक्षरता शिविर

आस्था द्वारा पिछले वर्षों में लगातार जनसंगठनों के नेतृत्वकर्ताओं की साक्षरता के लिए प्रशिक्षण आयोजित किये जाते रहे हैं। इन प्रशिक्षणों के माध्यम से सक्रिय महिला पुरुष नेतृत्वकर्ताओं को पूरे साल में 22 दिन का साक्षरता प्रशिक्षण दिया जाता है। इसके माध्यम से वे पढ़ना-लिखना व सामान्य हिसाब-किताब करने की दक्षता प्राप्त कर लेते हैं। इन शिविरों का अनुभव यह रहा है कि जब महिलाएँ लिखना-पढ़ना जान जाती हैं तब वे अधिक आत्मविश्वास से अपनी बात सरकारी अधिकारियों और जनप्रतिनिधियों के सामने रखती हैं। साक्षरता प्रशिक्षण प्राप्त महिलाओं ने प्रशिक्षण में सीखी बातों को लेकर अपने संगठन के साथ उसका उपयोग भी शुरू किया है। पिछले वर्ष किये गये कुल 15 साक्षरता शिविरों में 410 महिला-पुरुषों ने भाग लिया।

जल संरक्षण के प्रयास

आस्था द्वारा कोटड़ा क्षेत्र में 3 जलग्रहण कार्यक्रम हाथ में लिये गये जिनका कार्य पूर्ण हो चुका है। इस वर्ष कपार्ट, नई दिल्ली के सहयोग से संचालित जलग्रहण कार्यक्रम में बकाया कार्य पूरा किया गया और तीनों ही क्षेत्रों में जहाँ पर लोगों और ग्रामसभा की भागीदारी से इन जलग्रहण परियोजनाओं का संचालन हुआ वहाँ पर वर्तमान गंभीर अकाल में भी कुछ हद तक जलग्रहण के प्रभाव नजर आये। उपलावास जलग्रहण कार्यक्रम में चारागाह विकास क्षेत्र में वृक्षारोपण किया गया, जो पौधे अकाल में भी 60 प्रतिशत तक जिंदा रहे हैं। जलग्रहण क्षेत्र में इस चारागाह क्षेत्र से अकाल में भी घास की उपलब्धि हो सकी है। उपलावास में कपार्ट के

सहयोग से किये गये जलग्रहण कार्यक्रमों में वर्ष 2002 में निम्न कार्य पूर्ण किये गये–

1.	क्षेत्रफल	:	557 हैक्टेयर
2.	बिलानाम भूमि उपचार	:	350 मीटर
3.	स्वयं सहायता समूह	:	05
4.	नाला उपचार लूज स्टोन चेक डेम	:	106
5.	नाली निर्माण	:	02
6.	मोडीफाइड चेक डेम	:	01

इन तीनों ही जलग्रहण परियोजनाओं के क्रियान्वयन से जो अनुभव हुए हैं उसमें मुख्य रूप से दक्षिणी राजस्थान का यह भू–भाग लगातार अकाल से प्रभावित है। धीरे-धीरे स्थिति यह बन रही है कि औसत बरसात भी नहीं हो रही है जिससे पानी का संकट बढ़ रहा है। लोगों के लिए उपलब्ध बरसात के पानी को रोकना ही अकाल के प्रभाव को कम करना हो सकता है। ऐसी स्थिति में जलग्रहण परियोजनाएँ लोगों की भागीदारी से क्रियान्वित करने पर अकाल से मुक्ति मिल सकती हैं। लोग स्वयं भी भू संरक्षण एवं पानी को रोकने के लिए इन क्षेत्रों में आगे आने लगे हैं जिसको और बढ़ाने की आवश्यकता है। आस्था की सोच है कि खेत का पानी खेत में और गाँव का पानी गाँव में रोक कर स्थानीय लोगों की आजीविका का बचाव एवं विकास किया जाये इससे पर्यावरणीय संतुलन भी कायम हो सकेगा।

जिला, राज्य व राष्ट्रीय मुद्दों पर भूमिका

लॉबिंग एवं एडवोकेसी

आस्था द्वारा पिछले वर्षों में जनसंगठनों के मुद्दों पर राज्य, राष्ट्रीय और अंतर्राष्ट्रीय स्तर पर लॉबिंग एवं एडवोकेसी के प्रयास किये गये हैं। इसका उद्देश्य जनसंगठनों द्वारा उठाये गये मुद्दों के समाधान, राज्य व राष्ट्रीय स्तर पर गरीबों के खिलाफ बनी नीतियों व कानूनों में बदलाव, गरीब लोगों के लिए बनाये गये कानून व नीतियों का क्रियान्वयन और वैश्वीकरण व निजीकरण के गरीबों पर होने वाले प्रभावों को लेकर विभिन्न स्तर पर प्रयास हुए हैं। आस्था के साथ जुड़े जनसंगठनों एवं समान मुद्दों पर कार्य करने वाले संगठनों व संस्थाओं को लेकर राज्य व राष्ट्रीय स्तर पर कार्य किया गया। जिसमें अकाल, जंगल जमीन, एकल एवं परित्यकता महिलाओं के मुद्दों, आदिवासी स्वशासन, जनजाति क्षेत्र के विकास आदि पर कार्य

किया गया है। आस्था द्वारा अन्य स्वैच्छिक संस्थाओं एवं नेटवर्क के साथ भी जुड़कर लॉबिंग एवं एडवोकेसी का कार्य किया है। इनमें सूचना का अधिकार, खाद्य सुरक्षा, शिक्षा, भूमि पर अधिकार, काम का अधिकार, नई कृषि नीति, पानी पर स्थानीय समाज का अधिकार, काम का अधिकार एवं प्राकृतिक संसाधनों के मसलों पर आस्था ने सक्रिय सहयोग दिया है एवं अपनी भागीदारी निभाकर इन मुद्दों पर आगे नीति निर्माण में पहल की है। आस्था द्वारा नई आर्थिक नीति के प्रभावों का आकलन राजस्थान के 10 जिलों में करके इसके निष्कर्षों को विभिन्न राष्ट्रीय एवं अंतर्राष्ट्रीय संस्थाओं को प्रस्तुत कर विश्व बैंक और अतंर्राष्ट्रीय नीतियों के नकारात्मक प्रभावों की जानकारी दी है। इस प्रक्रिया को और आगे बढ़ाने के लिए 'दक्षिणी एशियाई गरीबी उन्मूलन समूह' का गठन करके दक्षिणी एशिया में गरीबी के मूल कारणों को जानने का काम हाथ में लिया है जिसमें एक मूल कारण भूमण्डलीकरण एवं आर्थिक नीतियाँ हैं।

काम का अधिकार अभियान

राजस्थान में लगातार अकाल एवं रोजगार की समस्याओं को लेकर आस्था लंबे समय से कार्य कर रही है। अकाल में लोगों की खाद्यान्न सुरक्षा के लिए सर्वोच्च न्यायालय ने एक जनहित याचिका की सुनवाई के दौरान राज्य सरकारों को दिये गये आदेशों को लागू करवाने व इस हेतु जन चेतना के लिए आस्था ने अकाल संघर्ष समिति, राजस्थान एवं अन्य जनसंगठनों के साथ कार्य किया। अकाल की स्थिति में रोजगार की तलाश में लोगों का गाँवों से पलायन किया जाता है। रोजगार की गारंटी नहीं होने की स्थिति में यह समस्या गंभीर होती जा रही है। एशिया सामाजिक मंच की अनुगमन बैठक के दौरान जयपुर में विभिन्न जनसंगठनों एवं संस्थाओं के प्रतिनिधियों ने इस बात पर जोर दिया कि हम रोजगार गारंटी कानून की सरकार से माँग करें जिसमें बेरोजगारों को वर्ष भर में कम से कम 100 दिन का रोजगार मिल सके। इसके लिए 'मजदूर किसान शक्ति संगठन' ने अपने अभियान में रोजगार गारंटी कानून को प्रमुख मुद्दा बनाकर इसकी तैयारी करने के लिए अन्य जनसंगठनों के साथ प्रक्रिया शुरू की, इसमें आस्था द्वारा अपनी भागीदारी निभाई है। जरगा विकास समिति की टीम तैयार की है जो रोजगार गारंटी कानून के बारे में नुक्कड़ नाटकों एवं सांस्कृतिक कार्यक्रम के माध्यम से प्रचार-प्रसार कर रही है। सभी संगठनों द्वारा ग्रामसभाओं में प्रस्ताव पारित कराने के बारे में निर्णय किया गया एवं आगामी चुनाव में सभी पार्टियों के सामने रोजगार गारंटी कानून लागू करने के संबंध में ज्ञापन देने व इस मुद्दे को उनके घोषणा पत्र में शामिल कराने

के प्रयास किये जाने का निर्णय लिया है। इस अभियान को गति देने के लिए आस्था द्वारा स्थानीय और राज्य स्तर के प्रयासों को और मजबूत करने के लिए एक स्पष्ट रणनीति बनाना तय किया है।

बजट विश्लेषण केन्द्र, जयपुर

आस्था द्वारा पिछले वर्ष जयपुर में राजस्थान बजट विश्लेषण केन्द्र की स्थापना की गई। इस केन्द्र द्वारा गरीब लोगों से जुड़े मुद्दों पर राज्य सरकार की बजट नीतियों के अध्ययन का कार्य शुरू किया गया। जिसमें मुख्य रूप से गरीबों के विकास का दृष्टिकोण समझकर उसका विश्लेषण करना एवं उसको विभिन्न स्तरों पर रखना आदि मुख्य कार्य किये गये। आस्था की इस वर्ष सोच रही है कि बजट विश्लेषण केन्द्र से उपलब्ध जानकारी को लेकर स्वैच्छिक क्षेत्र की अन्य संस्थाओं व जनसंगठनों को बजट में रखवाने के लिए लॉबिंग एवं एडवोकेसी कर सके। बजट विश्लेषण केन्द्र द्वारा इस वर्ष शिक्षा, स्वास्थ्य, विकास एवं राजस्व के मुद्दों पर व्यवस्थित रूप से आँकड़े इकट्ठा कर प्रशासन एवं चुने हुए जनप्रतिनिधियों के साथ योजना बनाई गई। बजट अध्ययन केन्द्र को एक सूचना एवं संदर्भ केन्द्र के रूप में स्थापित गतिविधियों का आयोजन किया गया।[58]

सहायक गतिविधियाँ

प्रलेखन केन्द्र

प्रकाशन इकाई

प्रकाशन इकाई ने इस वर्ष निम्न मुख्य प्रकाशन किये हैं–

1. 'गाढ़ी कमाई वापस आई' बुकलेट
2. 'एकता से सशक्तिकरण की राह' बुकलेट
3. 'सामाजिक सुरक्षा योजनाएँ' एवं 'अकाल में विशेष योजनाएँ' बुकलेट
4. 'आदिवासियों के परम्परागत वन अधिकार' बुकलेट
5. 'राजस्थान में आदिवासी भूमि हस्तांतरण' बुकलेट
6. 'गीत गुंजन'
7. हलकारा मासिक पत्र
8. 'अकाल व राहत कार्य' पर्चा
9. एशिया सोशल फोरम पर्चा
10. जरगा क्षेत्रीय विकास समिति पम्फलैट

11. शुचि अभियान पम्फलैट
12. जनचेतना पदयात्रा पर्चा
13. लोकजुंबिश समाचार पत्र 1 अंक
14. वार्षिक रिपोर्ट-2001-2002
15. नव वर्ष पर्चा

प्रकाशन इकाई ने संस्था व क्षेत्रीय जनसंगठनों द्वारा आयोजित कार्यक्रमों, उठाये जाने वाले मुद्दों और उनके विचारों को मीडिया तक ले जाने में सक्रिय सहयोग प्रदान किया है।[59]

आस्था प्रशिक्षण केन्द्र, बेदला

आस्था प्रशिक्षण केन्द्र, बेदला पर आस्था एवं अन्य स्वैच्छिक संस्थाओं द्वारा प्रशिक्षण दिये जाते हैं। पिछले वर्ष विभिन्न सरकारी एवं गैर सरकारी संस्थाओं द्वारा 50 प्रशिक्षणों, 21 कार्यशालाओं, 90 बैठकों एवं 29 अन्य कार्यक्रमों का आयोजन हुआ है। प्रशिक्षण केन्द्र में उपलब्ध सुविधाओं को संचालित करने एवं प्रशिक्षणों की व्यवस्थाएँ बनाये रखने के लिए टीम द्वारा सतत प्रयास किये जाते हैं।[61] उदाहरणार्थ-

बैठकें	प्रशिक्षण	कार्यशालाएँ	अन्य	योग	
1. आस्था संस्थान द्वारा	67	27	12	14	120
2. जनसंगठनों द्वारा	10	05	04	01	20
3. अन्य संस्थाओं द्वारा	13	18	05	14	50
योग	90	50	21	29	190

आस्था का वार्षिक स्टाफ कैम्प मार्च, 2003 में हल्दीघाटी में आयोजित किया गया जिसमें आस्था के समस्त कार्यकर्ताओं ने भाग लिया। वार्षिक कैम्प में आस्था की समस्त गतिविधियों एवं जनसंगठनों के साथ किये जाने वाले कार्यों का परस्पर आदान-प्रदान किया गया जिससे सभी कार्यकर्ताओं को आस्था के कार्यक्रमों की जानकारी एवं प्रक्रियाओं को समझने का अवसर मिला। इस ब्रार के कैम्प में विशेष चर्चाएँ आस्था की नई रणनीति के बारे में हुईं जिसमें पिछले 17 वर्षों के अनुभव एवं आगे की रणनीति के बारे में आस्था कोर समूह द्वारा की गई प्रस्तावित रणनीति को कार्यकर्ताओं के सामने रखा। इस नई रणनीति से होने वाले बदलावों में मुख्य बात आस्था द्वारा अपनी कार्यनीति में विकेन्द्रीकरण, जनसंगठनों के स्वतंत्र कार्य

करने की स्थिति एवं उनको टिकाऊ बनाने के लिए सहयोगी समितियों की व्यवस्था एवं इसमें कार्यकर्ताओं की भूमिकाओं पर चर्चाएँ हुईं। कार्यकर्ताओं द्वारा रणनीति के संबंध में कई स्पष्टीकरण के सवाल रखे गये जिस पर भी खुलकर चर्चा हुई। इस पूरी प्रक्रिया से कार्यकर्ताओं की नई रणनीति के बारे में समझ बढ़ाने का अवसर मिला।

वार्षिक कैम्प में आस्था के बजट विश्लेषण में उभरे मुद्दों एवं राजस्थान सरकार के बजट निर्माण एवं उसमें रखे गये प्रावधानों को और गहराई से समझने का अवसर था बजट को लेकर बजट विश्लेषण केन्द्र, जयपुर द्वारा किये जा रहे प्रयासों में जनसंगठनों की भागीदारी जोड़कर उनके मुद्दों को उठाने के बारे में चर्चा हुई। इससे कार्यकर्ताओं की बजट के बारे में समझ बनी। इसी के साथ सांप्रदायिकता, अमरीका द्वारा इराक पर युद्ध थोपने की नीति पर भी चर्चाएँ की गईं एवं अंत में कार्यकर्ताओं एवं संस्था के कार्य करने में परस्पर आ रही समस्याओं पर भी कार्यकर्ताओं ने अपने सुझाव दिये जिसको आगे लागू करने का निर्णय किया गया।

अन्य नेटवर्कों के साथ भागीदारी

1. राजस्थान पर अकाल के मुद्दे पर अकाल संघर्ष समिति के साथ भागीदारी एवं सामूहिक प्रयासों में योगदान।

2. मजदूर किसान शक्ति संगठन को सूचना के अधिकार, खाद्यान्न सुरक्षा के मुद्दों पर स्थानीय, राज्य एवं राष्ट्रीय स्तर पर भागीदारी निभाना एवं योगदान देना जिससे लोगों के खाद्यान्न सुरक्षा के बाबत सर्वोच्च न्यायालय के आदेश की पालना संभव हुई है। इसी सुरक्षा के बाबत वाणी द्वारा आयोजित राष्ट्रीय कार्यशाला में भागीदारी निभाना।

3. भारत जन आंदोलन द्वारा पंचायत उपबंध अनुसूचित क्षेत्रों पर विस्तार अधिनियम के अंतर्गत गाँव गणराज्य अर्थात् स्थानीय स्वशासन कायम करने के राष्ट्रीय नेटवर्क में भागीदारी व इस कानून के क्रियान्वयन हेतु राज्य स्तर पर कार्य करना, आदिवासी स्वशासन पर राष्ट्रीय स्तर की कार्यशाला में आस्था के कार्यकर्ताओं एवं जनसंगठनों के सदस्यों द्वारा भागीदारी।

4. राष्ट्रीय श्रमजीवी मंच द्वारा वन श्रमिकों के मुद्दों और समस्याओं पर आयोजित राष्ट्रीय स्तर की बैठकों में भागीदारी निभाना।

5. वन भूमि पर 1980 के पूर्व से बसे लोगों के भूमि सम्बन्धी अधिकार के राष्ट्रीय नेटवर्क में सक्रिय पहल करना। इसी मुद्दे पर राष्ट्रीय समन्वय एकता परिषद

एवं नेशनल सेंटर फॉर एडवोकेसी के द्वारा आयोजित बैठकों में अनुभवों को रखना एवं भागीदारी निभाना।

6. साक्षरता पर अंतर्राष्ट्रीय स्तर पर आयोजित कार्यशालाओं में भागीदारी।

7. पार्टनर फॉर लॉ एण्ड डवलपमेंट पर राष्ट्रीय नेटवर्क कार्यशाला में भागीदारी।

8. क्रिश्चियन एडं नेटवर्क रिव्यू बैठक में भागीदारी।

9. राष्ट्रीय जल बिरादरी में पानी के मुद्दे पर आयोजित बैठक में भागीदारी निभाना।

10. कपार्ट द्वारा अकाल मुद्दे पर आयोजित राज्य स्तरीय बैठक में भाग लेना

11. सम्पूर्ण क्रांति एवं सांप्रदायिक सद्भावना पर संगोष्ठी का आयोजित करना।

12. वैश्वीकरण एवं सांप्रदायिकता के मुद्दे पर 'देश बचाओ-देश बनाओ' राष्ट्रीय यात्रा के उदयपुर आगमन पर आस्था द्वारा आमसभा का आयोजन कर लोगों को जोड़ना।[60]

कार्यकर्ताओं के बच्चों के विकास का प्रयास

आस्था पिछले तीन वर्षों से कार्यकर्ताओं के बच्चों के विकास हेतु प्रयास कर रही है। इसके तहत बच्चों में वैचारिक सोच बनाने, मानसिकता में बदलाव, संवेदनशीलता बढ़ाने, सद्भाव बढ़ाने एवं बच्चों का आत्मविश्वास बढ़ाने के लिए शिविरों के माध्यम से प्रयास किया गया है। इन गतिविधियों के प्रभावों को देखते हुए इस वर्ष भी ग्रीष्मकालीन अवकाश के दौरान शैक्षणिक भ्रमण व रचनात्मक शिविर आयोजित करना तय किया गया है। मई, 2002 में आस्था स्टाफ के बच्चों का शिविर माउण्ट आबू में आयोजित किया गया। इस शिविर में स्त्री-पुरुष असमानता, सांप्रदायिक सद्भाव, देश के वर्तमान हालात, अकाल, वैश्वीकरण, महिला हिंसा व बालिका शिक्षा आदि विषयों पर चर्चा, रोल प्ले, नुक्कड़ नाटक, कठपुतली प्रदर्शन व वीडियो किया गया। इसी कड़ी में बड़े बच्चों का दूसरा शिविर जून, 2002 रचनात्मक शिविर का आयोजन किया गया जिसमें सातवीं कक्षा से आठवीं तक के बच्चों ने भाग लिया। इस शिविर में कंप्यूटर, पुस्तकालय की कार्यविधि, उसकी उपयोगिता, वीडियो स्क्रीनिंग, विडियोग्राफी, फोटोग्राफी, लेख लिखना आदि की जानकारी दी गई, साथ ही शिविर में समाजसेवी, वैज्ञानिक, नाटककार व पुलिस अधिकारी से बच्चों को रूबरू करवाया गया।[61]

व्यापक बदलाव की रणनीति

इस वर्ष आस्था संस्थान के संस्थागत विकास को गहराई से समझने तथा आंतरिक व बाहरी दृष्टिकोणों से संस्था को देखने की प्रक्रिया शुरू की गई। इस प्रक्रिया के तहत दो सीनियर कार्यकर्ताओं ने संस्थागत विकास कार्यशाला में भाग लिया। इसके बाद आस्था कोर समूह में संस्थागत विकास के बारे में विस्तार से चर्चाएँ की गईं। इस प्रक्रिया में हमारे अनुभवों के साथ-साथ बाहरी दृष्टिकोण से आस्था के कार्यों का विश्लेषण करने एवं बदलाव की आवश्यकता को समझने के लिए जनविकास, अहमदाबाद के गगनसेठी एवं नंदिनी नरूला से सहायता ली गई। पिछले वर्षों के कार्यों में आस्था की रणनीति संघर्ष और निर्माण की रही है जिसमें एक ओर जनसंगठनों के साथ उनके मुद्दों पर सफलता हासिल करने के लिए कार्य हुआ है साथ ही लोगों के विकास के संबंध में रचनात्मक एवं सृजनात्मक कार्यक्रमों का आयोजन कर लोगों के साथ क्रियान्वयन हुआ है। इस प्रक्रिया में 10 ऐसे जनसंगठन खड़े हुए हैं जो क्षेत्र एवं मुद्दा आधारित कार्य कर रहे हैं।[62]

नई दिशा एवं रणनीति

इस वर्ष आस्था ने पिछले वर्षों के अनुभवों के विश्लेषण के आधार पर अपनी भूमिकाओं को नये सिरे से तय करने का प्रयास किया है। इस विश्लेषण से आस्था अपनी भूमिका जनसंगठनों की तैयारी व उनको टिकाऊ बनाने तथा इस प्रक्रिया के अनुभवों को लेकर व्यापक स्तर पर प्रभाव डालने का कार्य करने में देख रही है। इसी सोच को लेकर नई दिशा एवं प्रस्तावित रणनीति तय की है जो इस प्रकार है-

1. जनसंगठनों के साथ भूमिका
2. मुद्दा आधारित संदर्भ में संस्था की भूमिका

1. जनसंगठनों के साथ भूमिका

आस्था की प्रमुख भूमिका जन संगठन को मजबूत करने में होगी। इन भूमिकाओं में आस्था कार्यकर्ताओं को जनसंगठनों के साथ योजना एवं क्रियान्वयन करवाने का प्रशिक्षण, नेटवर्किंग एवं लॉबिंग करने का, जनसंगठनों के संचालक मण्डलों एवं सहयोगी समिति की कार्यकारिणी के साथ कार्य करेगा। आस्था कार्यकर्ता इस प्रक्रिया में जनसंगठनों के रिकॉर्ड एवं रिपोर्ट लिखने में सहायता करेंगे, संदर्भ

व्यक्तियों से सम्पर्क व नेटवर्क करने, त्रैमासिक, वार्षिक एवं त्रिवर्षीय आयोजनाएँ करवाने, फण्ड रेजिंग करने, मॉनिटरिंग एवं मूल्यांकन करने का कार्य करेंगे। इस प्रक्रिया का उद्देश्य जनसंगठन को आगे जाकर स्वतंत्र, टिकाऊ एवं परिपक्व नेतृत्व के रूप में उभारना एवं नेतृत्वकर्ताओं को सिखाना है ताकि वे आगे जाकर जनसंगठनों का संचालन स्वतंत्र रूप से कर सकें।[63]

2. मुद्दा आधारित संदर्भ संस्था की भूमिका में

आस्था ने अपनी दूसरी भूमिका क्षेत्र आधारित संदर्भ केन्द्र के रूप में देखी है। पिछले सोलह साल में आस्था द्वारा स्थानीय स्तर से व्यापक स्तर पर जनसंगठनों, स्वैच्छिक संस्थाओं एवं सरकार के साथ किये गये कार्यों में मुख्य रूप से भूमि, पानी, जंगल से जुड़ी आजीविका, साक्षरता, शिक्षा, स्थानीय स्वशासन, आदिवासी स्वशासन कानून, महिला एवं जेण्डर, सांप्रदायिक सद्भाव, वैश्वीकरण और बजट विश्लेषण पर कार्य किया है। आस्था ने इन मुद्दों एवं कार्यों में प्रशिक्षण, अनुसंधान, प्रकाशन, संगठनात्मक कार्य एवं लॉबिंग कर सामाजिक बदलाव के लिए प्रभावी रणनीति बनाकर कार्य किया है। जिसके परिणामस्वरूप राज्य एवं राष्ट्रीय स्तर पर समान विचार के अलग-अलग संस्थाओं, संगठनों एवं लोगों के साथ संबंध बनाकर नेटवर्किंग की प्रक्रिया को आगे बढ़ाया है। इस अनुभव को देखते हुए आस्था द्वारा आने वाले वर्षों में क्षेत्र आधारित संदर्भ संस्था के रूप में कार्य करने की सोच बनाई है जिसमें पानी और अकाल प्रबंधन, पंचायती राज, आदिवासी स्वशासन कानून, भूमि, जंगल, आय सर्वे एवं आजीविका के मुद्दे, जेण्डर एवं महिला, वैश्वीकरण, बजट विश्लेषण, साम्प्रदायिक सद्भाव, साक्षरता एवं शिक्षा पर कार्य करने की दिशा तय की है। प्रारंभिक तीन वर्षों में निम्न मुद्दों पर संदर्भ इकाइयों का गठन कर कार्य को आगे बढ़ाया जायेगा-

1. आजीविका संसाधन इकाई जिसमें अकाल, पानी, भूमि एवं जंगल आधारित लोगों की आजीविका के संबंध में कार्य होगा।

2. स्थानीय स्वशासन इकाई जिसमें आदिवासी स्वशासन एवं पंचायती राज के संबंध में कार्य होगा।

3. वैश्वीकरण एवं बजट विश्लेषण की इकाई होगी जो वैश्वीकरण के प्रभावों एवं राजस्थान के बजट के संदर्भ में अनुसन्धान कर आगे कार्य करेगी।

4. जनसंगठन एवं सहयोगी समितियों के सहयोग के लिए संदर्भ इकाई होगी जो आस्था से जुड़े सभी जनसंगठनों के साथ और मजबूती से कार्य करेगी।

आस्था में अन्य मुद्दों, जैसे-जेण्डर एवं महिला, साक्षरता एवं शिक्षा, शुचि अभियान के साथ आस्था का सीधा कार्य होगा। शुचि अभियान के बारे में सोच है कि उसे भी धीरे-धीरे एक संगठनात्मक स्वरूप प्रदान किया जाय। आने वाले तीन वर्षों में सहकारी समिति या पंजीकृत सोसायटी बना कर कार्य को स्वतंत्र रूप से आगे बढ़ाने का प्रयास किया जायेगा। इस पूरी प्रक्रिया में आस्था के ढाँचे का भी पुनर्गठन किया जाना तय किया जिसमें आस्था में दो समन्वयक निदेशक होंगे एवं वर्तमान में कार्यकर्ताओं की भूमिकाओं का पुनर्निर्धारण का कार्य 2003 के अंत तक किया जाएगा। इस तरह आने वाले 10 वर्ष के सपने के आधार पर इस कार्यनीति को क्रियान्वित कर आस्था अपने अनुभवों से और व्यापक बदलाव के लिए कार्य करेगी। आस्था का सपना है कि आने वाले 10 सालों में जनसंगठन और मजबूत एवं उनका नेतृत्व सक्षम होगा जो संगठन को स्वतंत्र रूप से संचालित करने में प्रमुख भूमिका निभायेगा। जनसंगठन एक से अधिक मुद्दों पर कार्य कर लोगों की समस्याओं का समाधान करेंगे। विभिन्न जनसंगठन मिलकर सामूहिक मुद्दों को लेकर राज्य व राष्ट्रीय स्तर पर नीति बदलाव के प्रयास करेंगे। आस्था के अंदर कार्यकर्ताओं की एक मजबूत अनुभवी टीम होगी जो जनसंगठन एवं संदर्भ इकाइयों के माध्यम से राज्य एवं राष्ट्रीय स्तर पर व्यापक प्रभाव डालने के लिए कार्य करेगी, संदर्भ सामग्री का निर्माण करेगी, जनसंगठनों, स्वैच्छिक क्षेत्र के कार्यकर्ताओं, संस्थाओं के लिए आवश्यक प्रशिक्षण संदर्भ उपलब्ध करवाने का कार्य करेगी।[64]

योगदान

1. अकाल का स्थाई समाधानः स्थाई विकास के साधनों का निर्माण

आस्था की शुरुआत से ही जनजाति बाहुल्य कोटड़ा क्षेत्र एवं उदयपुर संभाग में अकाल की समस्या का विकृत रूप सामने आया। अकाल राहत कार्यों में सरकारी तौर पर ऐसे कार्यों को प्राथमिकता दी जा रही थी जो तत्काल मजदूरी दिला सकें। यह कार्य न केवल अस्थाई थे बल्कि सीमित वर्ग को ही फायदा दे रहे थे। आस्था का प्रयास अकाल राहत के कार्यों में लोगों के उत्पादक संसाधनों के विकास के कार्यों को प्राथमिकता से करवाने पर तात्कालिक अकाल राहत मंत्री के साथ संवाद करवाने की भूमिका रही। लोगों ने अपनी जमीन, कुएँ, जंगल आदि के प्रस्तावों को बनाकर सरकार से मंजूर कराये।

जब अकाल की स्थिति अति गंभीर हो गयी तब लोग क्षेत्र से पूरे परिवार के साथ पलायन करने लगे। आस्था ने लोगों के साथ निर्णय लिया कि इस संकट में

आस्था के माध्यम से ऐसे स्थाई विकास के कार्य हाथ में लिये जाएँ जो अकाल का स्थाई समाधान बन सके। इसी दृष्टि से लोगों के साथ बैठकर निर्माण कार्यों की तैयारी की गयी एवं इसके क्रियान्वयन का जिम्मा भी गाँव एवं पंचायत स्तर पर कमेटियों को सौंपा गया। इस प्रक्रिया में हमारा अनुभव रहा है कि लोगों के साथ तय किये गये कार्यों को लोग पूरी तरह से अपना कार्य समझ कर क्रियान्वयन करते हैं। आस्था ने लोगों में सवाल पूछने एवं संगठित होने की प्रक्रिया शुरू की जो आगे के समस्त मुद्दों में एक नींव बन गयी।

2. स्थानीय व्यापारियों के आर्थिक शोषण के विरुद्ध आंदोलन : जेवर मुक्ति एवं वैकल्पिक व्यवस्थाएँ

देश की 75 प्रतिशत जनसंख्या ग्रामीण क्षेत्र में निवास करती है और उनकी अपनी पारिवारिक एवं सामाजिक जरूरतों में स्थानीय सेठ व व्यापारियों से ही ऋण लेकर काम चलाना पड़ रहा है। कोटड़ा क्षेत्र में 86 प्रतिशत आदिवासी समुदाय के लोग चंद साहूकारों के शिकंजे में वर्षों से फँसे हुए थे। यह क्षेत्र प्राकृतिक दृष्टि से सम्पन्न है लेकिन लोग गरीब हैं। बार-बार पड़ते अकाल, आदिवासी संस्कृति में बचत की आदत न होना, शिक्षा का अभाव, आपसी झगड़े, विवाह आदि में छोटी-छोटी जरूरतों पर अपने जेवर सोनियों व व्यापारियों के यहाँ गिरवी रखने जाना। आदिवासी संस्कृति में चाँदी के जेवर का महत्त्व है- पेट की भूख सहन करके भी जेवर जुटाये जाते हैं। ऐसे जेवर वर्षों उपरान्त 60 प्रतिशत वार्षिक ब्याज की दर चुकाने पर भी व्यापारी छोड़ने को तैयार नहीं थे। ग्राम स्तरीय समूह बैठकों में इस पर विश्लेषण, चिन्तन एवं शोध किया गया। इस पूरे मसले का आस्था द्वारा स्थानीय अगुवाओं/समूह नेताओं के सहयोग से अध्ययन कर समस्या समाधान की वैकल्पिक रणनीति द्वारा स्थानीय मुद्दे पर लम्बे समय तक चर्चा की गयी, क्योंकि लोगों की आर्थिक निर्भरता साहूकारों पर थी। जब तक इसका कोई विकल्प सामने नहीं आए संघर्ष की प्रक्रिया तेज करना मुश्किल था। अकाल के संकट से जूझने हेतु 'ग्राम कोष' बनाये और उसी से 'स्वयं सहयोग और बचत एवं ऋण समितियों' का गठन किया जो छोटी आवश्यकताओं, बीमारी, मृत्यु आदि में सहायतागार साबित हुई। लोगों ने ग्राम कोष और समिति के आधार पर 'जेवर मुक्ति आंदोलन' तेज कर दिया। जेवर छुड़वाने हेतु समूहों के स्तर पर पैसों की व्यवस्था कर लोग आस्था के पास आ जाते जिससे व्यापारियों के यहाँ जेवर छुड़वाने जाते समय वे पूरी तरह से तैयार हो आते। इस पूरे आंदोलन से लोगों की बार-बार जेवर गिरवी रखने की आदतों में परिवर्तन हुआ और लोग स्थानीय शोषण करने वालों के सामने एकत्रित

होकर संघर्ष में उतरे। भावी आवश्यकताओं की पूर्ति के लिये ग्राम स्तर पर बचत एवं ऋण समितियाँ आर्थिक निर्भरता के विकल्प के रूप में कारगर बन सकीं। ये सभी समितियाँ सतत हैं।

3. तेन्दूपत्ता संघर्ष जन संगठन का माध्यम

आस्था की सोच लोगों के मुद्दों पर उन्हें संगठित करने की रही है। 1989 तक न्यूनतम मजदूरी के मसलों पर होते रहे संघर्षों से तेन्दूपत्ता में कम मजदूरी मिलने की बात क्षेत्र से उठी, जिस पर जानकारी जुटाने एवं लोगों के साथ तैयारी करने का सोचा गया। कोटड़ा के जंगलों में तेन्दूपत्ता (जो बीड़ी बनाने के काम आता है) बहुतायत में उपलब्ध है। इसके संग्रहण के लिये मजदूरी की सरकारी दर न्यूनतम मजदूरी से आधी थी, उस पर ठेकेदार और भी कम कर देते थे। 1990 में 'तेन्दूपत्ता संघर्ष समिति' बनी और 16 दिवस का संघर्ष पूरे कोटड़ा के लिये ऐतिहासिक संघर्ष बन गया। लोगों ने सरकारी दर 7 रुपये के स्थान पर 15 रुपये प्रति सौ गड्डी की माँग की, जो अन्ततः ठेकेदारों को समझौता कर देनी पड़ी। इस संघर्ष ने आगे के संघर्ष का रास्ता खोल दिया और लोगों ने संगठन से सामूहिक दबाव की नींव डाल दी। उचित मजदूरी के संघर्ष से अब तक कोटड़ा में तेन्दूपत्ता संग्रहण की दर 31 रुपये तक पहुँच गयी है।

4. तेन्दूपत्ता संग्रहण सहकारी समितिः वन उपज पर स्वामित्व

तेन्दूपत्ता संघर्ष में प्रथम वर्ष की सफलता ने भावी विकल्पों पर सोचने को प्रोत्साहित किया। तेन्दूपत्ता संघर्ष समिति ने सोचा कि कोटड़ा क्षेत्र की लाखों रुपयों का वन उपज से बाहरी ठेकेदार लखपति बन रहे हैं। विचार उठा कि एक सरकारी समिति बनाकर तेन्दूपत्ता व्यवसाय में सीधा उतरा जाये। इससे तेन्दूपत्ता तोड़ने वालों को पूरी मजदूरी मिलेगी और लोगों को तेन्दूपत्ता के व्यापार का मुनाफा भी मिलेगा। यह मुनाफा क्षेत्र के विकास में काम आ सकता है। यह सोच साधनों पर मालिकाना हक से जुड़ी है। इसी सोच से 1991 में तेन्दूपत्ता संग्रहण सहकारी समिति का गठन कर दो यूनिटों पर ठेका लेकर तेन्दूपत्ता दर 100 की गड्डी के 26 रुपये तक पहुँचाई एवं खरीदे गये तेन्दूपत्तों को बाजार में बेचकर 7 लाख का मुनाफा कमाया। यह प्रक्रिया 1991-1996 तक आगे बढ़ती गयी। इसमें प्रशासनिक, राजनैतिक, बाजारी संकटों से जूझने के साथ 5 अन्य क्षेत्र में तेन्दूपत्तों की संग्रहण समितियों द्वारा ठेकेदारी व्यवस्था एवं बाजार के सामने अपने आपको विकल्प के रूप में पेश किया है। इस तरह समर्थन समिति का गठन कर इस पूरे अंचल में करोड़ों

रुपये की वन उपज तेन्दूपत्ता पर आदिवासियों का अधिकार कायम करने की वैकल्पिक प्रक्रिया शुरू की गयी है।

5. विकास बनाम विनाशः आदिवासी क्षेत्रों में विस्थापन

देश में विकास के नाम पर बनी बड़ी-बड़ी परियोजनाएँ ग्रामीण और आदिवासी क्षेत्रों में उनके विस्थापन का कारण बनी हैं। आज भी विभिन्न परियोजनाओं में विस्थापित हुए डेढ़ करोड़ लोग पुनर्वास का इन्तजार कर रहे हैं। पश्चिमी विकास की सोच पर टिके विकास ने शहरीकरण को बढ़ावा दिया है और इन शहरों की चमक-दमक बनाये रखने के लिये ग्रामीण क्षेत्रों की बर्बादी की गयी है। पानी का शहरों के लिए उपयोग करने हेतु बड़े बाँधों का निर्माण, खनन, कारखानों के लिये आदिवासी लोगों को उनकी जमीन से बेदखल करना इस विकास का मूल मंत्र रहा है।

विस्थापन एवं पुनर्वास के मसले पर आस्था की सोच शुरू से विस्थापित हुए लोगों को संगठित करने में रही है। कोटड़ा तहसील में साण्डमारिया और कोलिया गाँव की 300 बीघा उपजाऊ भूमि पर लगने वाली सीमेन्ट फैक्ट्री के भयावह परिणामों का लोगों के साथ उनकी आजीविका छीनने एवं पर्यावरणीय दृष्टि से विश्लेषण किया गया। संगठित होकर लोगों ने फैक्ट्री निर्माण कार्य नहीं होने दिया तथा कानूनी रूप से भी स्थगन आदेश प्राप्त कर इस विनाशक योजना को रोका। इसी तरह कालीबोर बाँध के ओवरफ्लो से प्रभावित पीपला गाँव के लोगों को संगठित होकर अपनी कृषि योग्य भूमि के बचाव के लिये संघर्ष उनकी अपनी आजीविका से जुड़े साधनों की दिशा में ठोस शुरुआत है।

उदयपुर शहर की जलापूर्ति के नाम पर तैयार की गयी मांसी वाकल योजना को रोकने में 'चंद्रेश्वर किसान संघर्ष समिति' के आंदोलन में सहयोग, बीसलपुर परियोजना से विस्थापित हो रहे लोगों के सही पुनर्वास की माँग में समर्थन, कडाना डूब क्षेत्र से उजड़े आदिवासियों के पुनर्वास एवं पेटा काश्त भूमि के स्थाई आवंटन की माँग को लेकर लोगों को संगठित करने में भूमिका रही है। आस्था का मानना है कि विस्थापन करने वाला विकास नहीं चाहिये। आज की स्थिति में उन लाखों विस्थापित लोगों का सही पुनर्वास करने में सरकारें असफल रही हैं इसलिये इस विकास की धारा को बदलना होगा और इसका विकल्प ढूँढना होगा।

6. जंगल-जमीन की समस्या : लोगों की आजीविका का प्रश्न

वनों पर ब्रिटिश काल में बनाये वन कानून के आज तक कायम रहने से स्थानीय लोगों ने अपनी आवश्यकता के अनुरूप आजीविका हेतु वन भूमि पर कई

वर्ष पूर्व खेती करना शुरू किया था लेकिन उस जमीन का आज तक लोगों को कानूनी अधिकार नहीं मिला है। सरकार ने 1980 के पूर्व से भूमि वन पर काश्त कर रहे लोगों का खातेदारी हक स्वीकार तो किया लेकिन इसका पालन नहीं किया गया। दूसरी ओर वन विभाग ने लोगों को बेदखल करने हेतु कानून और डण्डे का उपयोग शुरू कर दिया। आस्था द्वारा 'जंगल जमीन जनआंदोलन' द्वारा लोगों की आजीविका के प्रश्न पर इस पूरे संभाग के हजारों लोगों की खेती हर जमीन को बचाने के लिये संगठित करने में अहम भूमिका है। आस्था का मानना है कि लोगों को उनके द्वारा काश्त की जा रही भूमि पर मालिकाना हक दिया जाकर उनके विकास को उनके साथ ही आयोजन किया जाये। इससे जंगलों का बचाव भी होगा और लोग बेदखल भी नहीं होंगे। इस आंदोलन में आस्था के साथ इस संभाग की अन्य संस्थाएँ और संगठन जुड़े हुए हैं।

7. अभयारण्यों/राष्ट्रीय पार्कों से जुड़ी आजीविका का प्रश्न : लोग रहेंगे तो जंगल रहेगा

वन्य जीवों की सुरक्षा हेतु 1972 में बनाये कानून के समय शायद ही किसी को पता था कि इसका नकारात्मक प्रभाव स्थानीय लोगों और आदिवासियों पर होगा। जहाँ-जहाँ जंगल लोगों ने बचाये हुए हैं वहाँ अभयारण्य और राष्ट्रीय पार्क बना दिये गये। इन जंगलों से लोगों को उनकी आजीविका चलाने की करोड़ों की वन उपज का अधिकार खत्म कर दिया। आस्था ने कोटड़ा की फुलवारी की नाल अभयारण्य में तेन्दूपत्ता एवं वन उपज पर लगाये प्रतिबंध को लेकर गठित वन सुरक्षा एवं आदिवासी हक रक्षा समिति के संघर्ष में लोगों को पुनः अपने खोये हुए अधिकार को दिलाने का प्रयास किया। यह सोच रही है कि जब 'लोग जंगल में रहेंगे तब तक जानवर भी रहेंगे और जंगल भी रहेगा'। लोगों ने निर्णय लिया है कि 'जंगल चाहिये, सेंचूरी कानून नहीं'। राष्ट्रीय उद्यानों एवं अभयारण्यों में परिवर्तन होने से पहले इन्हीं जंगलों से चारा और ईंधन प्राप्त करने वाले ग्रामीण और आदिवासी ही इनकी रक्षा करते थे लेकिन जब अंधाधुंध शिकार और कटाई शुरू होने से वन्य प्राणी प्रभावित होने लगे तो इन क्षेत्रों को तारों से घेर कर अभ्यारण्य का नाम दे दिया। अब महिलाओं को ईंधन, चारे के लिये रोजाना घण्टों पैदल चलना पड़ता है। वनकर्मियों और ग्रामीणों में संघर्ष गंभीर रूप लेते जा रहे हैं। रोजी रोटी के लिये संघर्षरत गरीब ग्रामीणों के लिये राष्ट्रीय पार्क एवं अभयारण्य आतंक के पर्याय बन रहे हैं। जब लोगों को सेंचूरी और पार्क से बाहर कर दिया जायेगा तो बाहर के लोग जानवरों एवं जंगल दोनों का सफाया कर देंगे। वन विभाग, जंगल और

जानवर नहीं बचा सकता। आस्था का मानना है कि लोग व जानवर सदियों से साथ रहते आये हैं और रह सकते हैं।

8. मिलन मेला : जन संघर्ष, वातावरण एवं लोक शक्ति का प्रतीक

आस्था की सोच लोगों को सामूहिकता की शक्ति में जोड़ने की रही है। सन् 1989 से कोटड़ा में मिलन मेले की शुरुआत इस विचार के साथ हुई कि विभिन्न जन संगठनों एवं संस्थाओं के जन संघर्ष के विकास के प्रयासों के आदान-प्रदान करने का एक अवसर हो। मिलन मेला लोगों के अनुभवों के आदान-प्रदान से शुरू होकर समकालीन विकास मुद्दों पर चर्चा, नये ज्ञान और अनुभवों से आगे बढ़कर पूरे आदिवासी क्षेत्र की लोक शक्ति का प्रतीक बनता जा रहा है। 1993 से आदिवासी विकास मंच कोटड़ा इसे आयोजित करता आ रहा है। इस मेले में सरकारी, गैर सरकारी संस्थाओं, संगठनों से जुड़े कार्यकर्ता एवं पूरे आदिवासी क्षेत्र से हजारों लोगों की भागीदारी यह दर्शाती है कि हमारी शक्ति सामूहिकता में है। हर वर्ष मेले का मुख्य विषय लोगों के जीवन से जुड़े वैकल्पिक विकास से होता है, जैसे- आदिवासी और विकास, ग्रामीण शिक्षा के गिरते स्तर, स्वास्थ्य की समस्याएँ, विकास कार्यक्रमों में भ्रष्टाचार की रोकथाम, न्यूनतम मजदूरी, जंगल, जमीन, प्राकृतिक संसाधनों पर लोगों का अधिकार आदि। मिलन मेला जन संघर्ष और आंदोलन की भावना को मजबूत करने का माहौल प्रदान करता है।

9. महिला संगम : महिलाओं के सशक्तिकरण का माध्यम

महिलाओं को समान अवसर प्रदान करने, पुरुष प्रधान समाज में महिलाओं के विकास में उचित वातावरण तैयार करने, महिला विकास की रणनीति बनाने आदि का आस्था के सोच और कार्यों में मुख्य स्थान रहा है, जहाँ हजारों महिलाएँ एक साथ सामूहिक रूप से अपनी स्थिति एवं समस्याओं का विश्लेषण करती हैं और अपने पर हो रहे शोषण और अत्याचार को रोकने हेतु हौसला बुलन्द करती हैं।

महिला संगम में 4 से 5 दिन तक 400-600 महिलाएँ एक साथ विभिन्न समस्याओं पर चर्चा करती हैं तथा उनसे जुड़े कानूनों, योजनाओं की ज़ानकारी प्राप्त कर हजारों संगठनों में महिलाओं के सशक्तिकरण करने की ठोस योजना तैयार करती हैं। संगम से महिलाओं में छिपी शक्ति एवं ज्ञान को बाहर लाने का उचित माहौल मिलता है। वे खुलकर अपनी बात कह सकती हैं और यहीं से उनमें आत्म विश्वास की मजबूत नींव पड़ती है।

10. आस्था का प्रयास : जनसंगठनों का निर्माण

सामाजिक बदलाव एवं वैकल्पिक विकास की सोच रखते हुए आस्था ने तय किया कि एक अकेली संस्था इतने बड़े क्षेत्रों में हर जगह अपना कार्य विस्तार से नहीं कर सकती है अतः जन संगठनों के निर्माण की रणनीति को कार्य का मुख्य आधार माना। जन संघर्ष के मुद्दों को लोगों के संगठन और मंच स्वयं आगे ले जा सकते हैं, उन्हें पंजीकृत होना जरूरी नहीं है। जहाँ वित्तीय संसाधन एवं कानूनी प्रक्रियाओं की पूर्ति करना आवश्यकता है, वहाँ लोगों की सहकारी समितियाँ एवं सोसायटी बना सकते हैं। हमारे अब तक के प्रयासों में आदिवासी विकास मंच कोटड़ा, वन सुरक्षा एवं आदिवासी हक रक्षा समिति, जैसे जन संगठन और तेन्दूपत्ता संग्रहण सहकारी समिति एवं समर्थन समिति जैसी पंजीकृत समितियों का निर्माण हो चुका है, जो विकास की वैकल्पिक दिशा में कार्यरत है।

11. साक्षरता शिविरः एक विशेष प्रयोग

सम्पूर्ण साक्षरता के नारों का व्यावहारिक रूप से क्रियान्वयन करना मुश्किल है। सम्पूर्ण साक्षरता के नाम पर व्यय होने वाले करोड़ों के बजट को देखते हुए लगता है। यह मात्र आँकड़ों का खेल हो गया है। आस्था की शिक्षा एवं साक्षरता की समझ, ज्ञान, पढ़ाई-लिखाई को विकास के हथियार के रूप में मानकर इसकी आवश्यकता को जगाना पहला बुनियादी कदम है। हमने उन सभी महिलाओं एवं पुरुषों, जो सक्रिय रूप से जन संगठनों/समूहों का नेतृत्व करते आये हैं, के लिये पढ़ना-लिखना जरूरी समझा है। उनकी पढ़ने की लालसा और आवश्यकताओं पर आधारित 7 से 10 दिन के साक्षरता शिविर के आयोजन किये जो काफी प्रभावशाली रहे हैं।

12. आस्था की नीतिगत मुद्दों पर वैकल्पिक सोच

आस्था ने शुरू में ही तय किया कि ऐसे नीतिगत मसले, जिसमें हजारों गरीब लोगों का प्रश्न जुड़ा है, उन पर नीतिगत बदलाव लाने का प्रयास किया जायेगा। पिछले दस वर्षों में न्यूनतम मजदूरी, तेन्दूपत्ता, वन उपज के अधिकार, विस्थापन एवं पुनर्वास, वैकल्पिक वन कानून, आदिवासियों के विकास से जुड़ी नीतियों, पंचायतीराज व्यवस्था आदि में वैकल्पिक सोच यह रही है कि नीति और कानून लोगों की आवश्यकतानुसार बनाये जायें। इस हेतु हमारे प्रयास नीति निर्माताओं, प्रशासनिक अधिकारियों, जन प्रतिनिधियों के साथ एडवोकेसी और लॉबिंग के रहे हैं।

13. नई आर्थिक नीति और ढाँचागत परिवर्तन पर शोध,

देश में पैदा हुए आर्थिक संकट से निपटने के लिये केन्द्र सरकार द्वारा 1991 में नई आर्थिक नीति, विश्व बैंक के निर्देशों पर तैयार की गयी। मुक्त बाजार व्यवस्था लाना, विदेशी पूँजी को बढ़ावा देना, रुपये की कीमत घटाना, सामाजिक कल्याण की योजनाओं में कटौती, कृषि में सब्सिडी कम करना, विश्व व्यापार संघ के समझौते जैसे कदम सरकार द्वारा उठाये गये हैं। उदारीकरण का प्रभाव धीरे-धीरे आम गरीब लोगों पर पड़ना शुरू हुआ है। इसका कई स्वैच्छिक संगठनों एवं संस्थाओं ने अध्ययन कर विरोध में आवाज उठाई है।

आस्था द्वारा उदारीकरण की प्रक्रिया में होने वाले प्रभावों को व्यवस्थित रूप से आँकने हेतु राजस्थान स्तर के अलग-अलग क्षेत्रों में होने वाले प्रभावों का एक व्यवस्थित अध्ययन करना तय किया गया है। इस अध्ययन के परिणामों से उदारीकरण के प्रभावों को समझकर इस पर आगे की रणनीति बन सकेगी। आस्था का मानना है कि लोगों के स्थानीय संसाधन जल, जंगल, जमीन के साथ मानवीय संसाधनों के बेहतर सदुपयोग से ही लोग विकास की वैकल्पिक प्रक्रिया शुरू कर सकते हैं। संस्थाओं की भूमिका उनके मुद्दों, समस्याओं पर उनके साथ विश्लेषण कर समाधान के विकल्प उन्हीं के साथ तय करना है। लोग संगठित एवं सामूहिक रूप से स्वयं शोषण रोकने हेतु संघर्ष का कदम उठाते हैं तो एक स्थाई और टिकाऊ विकास की ओर अग्रसर हो सकते हैं। आस्था की भूमिका नीति निर्माणकर्ताओं के साथ लोगों की आवश्यकताओं एवं स्थानीय संदर्भ की दृष्टि से नीति बनाने में भी देखती है। आस्था का कार्य जन संगठनों एवं स्वैच्छिक संस्थाओं की शक्ति को भी एकजुट करना है जिससे सामाजिक परिवर्तन की प्रक्रिया तेज हो सके और उनमें व्याप्त विषमताओं को दूर कर नये समाज का निर्माण किया जा सके।[65]

14. सेवा मन्दिर, उदयपुर

सेवा मन्दिर राजस्थान का प्रमुख स्वैच्छिक संगठन है। सेवा-मन्दिर उदयपुर के मुख्य भाग में स्थित है। यह राजस्थान के उदयपुर व राजसमंद के 472 गाँवों में कार्य कर रही है। इसके मुख्य कार्य हैं प्राकृतिक संसाधन विकास, पानी के स्रोतों का विकास, शिक्षा, स्वास्थ्य, महिला व बच्चों का विकास। संस्था से 70,000 व 36,000 व्यक्ति जुड़े हुए हैं। सेवा मन्दिर का उद्देश्य आदर्श समाज की स्थापना करना है। यह लोगों की समस्याओं का सुलझाव चाहती है। संस्था उदयपुर के ग्रामीण क्षेत्र में कार्य कर रही है। संस्था का विस्तृत विवरण इस प्रकार है

ऐतिहासिक पृष्ठभूमि

डॉ. मोहन सिंह मेहता ने 1969 में सेवा मन्दिर की स्थापना की। मेहता इस संस्था के आधार स्तम्भ थे। आप प्रख्यात सामाजिक कार्यकर्ता व शिक्षाविद् थे। आप छः वर्ष तक राजस्थान विश्वविद्यालय के कुलपति रहे। आप राष्ट्रीय आंदोलन से प्रभावित रहे। आप ने मेवाड़ के शिक्षा व सामाजिक कार्यों को दिशा दी। आप मेवाड़ के रेवेन्यू ऑफिसर व शिक्षामंत्री तथा बाँसवाड़ा के दीवान रहे। आप ने 1936 में विद्या भवन की स्थापना की जो समाज सेवा के लिए समर्पित है। संस्था की स्थापना के पीछे आपकी यह सोच थी 'जठे दु:ख है, दरिद्रता अन शोषण है, जठे उदासी अर अज्ञानता रो घोर अन्धेरो है वठे ही सेवा-मन्दिर रे काम करवा री जागी है।'[66]

मिशन

सेवा मन्दिर का उद्देश्य आदर्श समाज का निर्माण करना तथा अपने लोगों की समस्याओं के सुलझाव के लिए तैयार करना। सेवा मन्दिर के अनुसार सिर्फ राज्य व औपचारिक संस्थाओं द्वारा विकास व शासन नहीं हो सकता बल्कि नागरिक अपनी संस्था का निर्माण कर सकते हैं जो राज्य से मिलकर या अलग रहकर विकास का कार्य करें।

कार्य करने का तरीका

सेवा मन्दिर का कार्य करने का तरीका शुरू से ही सामाजिक, संस्थागत समाज के गरीब वर्ग को ऊँचा उठाने के लिए है। इसकी सोच जनतान्त्रिक व सहभागी रही है। इसके विशेष उद्देश्य इस प्रकार हैं–

1. रोजी रोटी के साधनों में सुधार करना।
2. लोगों की व्यक्तिगत व सामुदायिक स्तर पर क्षमताओं में वृद्धि करना।
3. शक्तिशाली संस्थागत गाँव का निर्माण करना।

इन तीनों उद्देश्यों की पूर्ति करने के लिए सेवा मन्दिर तीन प्रकार के कार्यक्रमों का क्रियान्वयन करती है, जो इस प्रकार हैं–

1. रोजी -रोटी के साधन-प्राकृतिक संसाधनों का विकास।
2. क्षमता विकास के लिए-शिक्षा, स्वास्थ्य, महिला व बच्चों का विकास।
3. संस्थागत विकास के लिए-ग्रामीणों के सहयोग द्वारा विद्यालयों का प्रबन्ध।

1. रोटी-रोजी के साधन

उदयुपर जिले में रोजी-रोटी के साधन बहुत असुरक्षित हैं। इसलिए प्राकृतिक संसाधनों को उपयोग में लाना आवश्यक है। यदि इस स्थिति को सुधारा नहीं गया तो गाँव की सामाजिक स्थिति बिगड़ जाएगी। प्राकृतिक संसाधनों का प्रबन्ध करना वहाँ संकट ग्रस्त है। स्थानीय समुदाय प्रबन्ध करके वहाँ की इस स्थिति को सुधार सकते हैं। सेवा-मन्दिर ने रोजी-रोटी के कार्यक्रम, प्राकृतिक संसाधनों के विकास के लिए विकसित किए हैं, जैसे-वृक्ष लगाना, रेत की स्थिति में सुधार, सिंचाई की अच्छी स्थिति का निर्माण, बंजर भूमि के सुधार के प्रयत्न, बड़े बाँधों का निर्माण आदि। संगठन सरकार के संयुक्त जंगल कार्यक्रम से जुड़ा हुआ है। संगठन स्थानीय समुदाय को अपने साथ लेकर जंगल के सुधार व प्रबन्ध में लगा हुआ है। इसका अच्छा प्रभाव पड़ेगा जैसे रोजी-रोटी के साधनों में वृद्धि होगी और सामाजिक एकता पनपेगी।

सेवा मन्दिर ने 10, 306 हेक्टेयर बंजर भूमि पर वन लगाए हैं। 237 हेक्टेयर भूमि को भारत सरकार के 'संयुक्त जंगल कार्यक्रम' से जोड़ा है। 4823 हेक्टेयर बंजर भूमि के सुधार के प्रयत्न किये जा रहे हैं जिसमें 35 बड़े बाँधों का निर्माण किया जा चुका है।

साधना–महिलाओं की आर्थिक स्थिति को मजबूत करने का सेवा मन्दिर का कार्यक्रम है। यह महिलाओं को कढ़ाई, बुनाई, कपड़े की किस्म का प्रशिक्षण देता है जिसके अन्तर्गत बड़े शीट, कुशन कवर, बैग, फाइल व डायरी बनाने का कार्य सिखाया जाता है। 200 ग्रामीण महिलाएँ इस कार्यक्रम से जुड़ी हुई हैं। इस कार्यक्रम से महिलाओं की क्षमता व कुशलता का विकास हो रहा है।

2. क्षमताएँ–सेवा मन्दिर ग्रामीण गरीब के सुधार के लिए अनेक कार्य कर रही है जैसे शिक्षा का प्रचार-प्रसार, अच्छा स्वास्थ्य आदि। वयस्क शिक्षा के लिए 1969 को सेवा मन्दिर ने प्रथम कार्यक्रम का निर्माण किया। बच्चों की शिक्षा के विकास के लिए संस्था ने गाँवों में 158 अनौपचारिक केन्द्रों की स्थापना की है। इसके अतिरिक्त वर्ष में दो आवासीय शिक्षण कैम्पों का आयोजन किया जाता है जिसमें 300 बच्चे भाग लेते हैं। युवाओं के लिए सेवा मन्दिर के द्वारा युवा शिक्षा केन्द्रों की स्थापना की है। इसके अन्तर्गत 39 गाँवों में लाइब्रेरी की सुविधा प्रदान की गई है तथा शिक्षा के प्रसार पर बल दिया गया है जिससे ग्रामीण अपना जीवन-स्तर ऊँचा उठा सकें।

सेवा मन्दिर महिलाओं की क्षमता व आत्म विश्वास के कार्य करने में प्रयत्नशील हैं, इसके लिए जन सहभागी विकास कार्यक्रम चला रही है। इसमें सम्मिलित है स्वास्थ्य सुधार, सामुदायिक शिविर, स्वयं सहायता समूह का निर्माण, आर्थिक रूप से सक्षम बनाना व नेतृत्व का विकास आदि।

सेवा-मन्दिर बच्चों के स्वास्थ्य के लिए कार्यक्रम चला रही है जिसमें बच्चों का स्वास्थ्य व पोषण प्रमुख हैं। अनुपूरक पोषण स्वास्थ्य देखभाल और पूर्व प्राथमिक गतिविधि व 81 बालबाड़ी आदि कार्यक्रम सेवा मन्दिर द्वारा 1 से 6 वर्ष के बच्चों के लिए चलाए जा रहे हैं। 24 घण्टे बच्चों की सहायता के लिए 'चाइल्ड लाइन' उपलब्ध है। यह कार्यक्रम सामाजिक न्याय मंत्रालय भारत सरकार व चाइल्ड लाइन फाउण्डेशन, मुम्बई द्वारा चलाया जा रहा है।

बच्चों के स्वास्थ्य के लिए अनेक कार्यक्रम सेवा मन्दिर द्वारा चलाये जा रहे हैं जिसमें निम्न विषय सम्मिलित हैं कार्यकर्ताओं का प्रशिक्षण, जन्म-दर, स्वास्थ्य शिक्षा, स्वच्छता व सफाई, पोषण, जनसंख्या नियंत्रण आदि सम्मिलित है। शिशु की देखभाल, टॉयफाइड, मलेरिया, एड्स आदि विषयों पर समय-समय पर जानकारी प्रदान की जाती है।

3. गाँव स्तर पर संस्था–इसके अन्तर्गत संस्था ग्रामीण क्षेत्रों के विकास के लिए प्रयत्नशील है। इसके लिए ग्राम विकास कोष की स्थापना की गई है जो सेवा मन्दिर व सरकार के सहयोग से चल रहा है। इस कोष में गाँव के विकास के लिए कोष होता है, जो गाँव में गरीबी दूर करने का प्रयत्न करता है व विकास की सुविधाएँ प्रदान करता है। ग्राम विकास कोष का पैसा सामान्य सम्पत्ति है। जिस पर नियंत्रण ग्रामीणों का होता है, जिसके द्वारा ग्रामीणों की आवश्यकताओं की पूर्ति की जाती है। कोष विकास का एक एजेण्डा प्रस्तुत करता है जिसमें सुशासन, गाँव का अच्छा प्रबन्ध, पारदर्शी व जनतान्त्रिक तरीका सम्मिलित है।

सेवा-मन्दिर सामुदायिक स्तर पर क्षमता विकास का कार्य करने में लगी हुई है जिससे ऐसे गाँवों का निर्माण हो सके जो अपने आप में आत्म-निर्भर हों। इसके तीन स्तर हैं- गाँव, एन.जी.ओ.सेक्टर और समाज। जन सहभागी स्कूल की स्थापना 1991 में हुई। ग्राम-स्तर पर जन सहभागी स्कूल सहायता करते हैं, जैसे-प्रबन्ध व्यवस्था करना, प्रशिक्षण व्यवस्था करना, प्रशिक्षण मॉडल उपलब्ध कराना आदि। सेवा मन्दिर जन-सहभागी स्कूलों के माध्यम से कान्फ्रेंस, वर्कशॉप, ट्रेनिंग कार्यक्रम उपलब्ध कराती है।

कार्य के अन्य क्षेत्र–सेवा मन्दिर प्रत्येक वर्ष 70–80 स्वैच्छिक दौरे गाँवों में करती है जिनका उद्देश्य गाँवों में ग्रामीण विकास की स्थिति का मूल्यांकन करना होता है। वे विकास के मुद्दे उठाते हैं, समीक्षा करते हैं व शोध करते हैं।

सेवा मन्दिर में कुजरु लाइब्रेरी है जिसके मुख्य कार्यालय में सार्वजनिक लाइब्रेरी 1973 में प्रारंभ हुई जिसमें अनेकों विषयों पर पुस्तकें हैं। यहाँ हिन्दी व अंग्रेजी दोनों भाषाओं में अध्ययन सामग्री है।

सेवा मन्दिर का प्रशिक्षण केन्द्र काया गाँव में है जो उदयपुर के पास में है जिसमें ग्रामीणों व संस्था के स्टॉफ को प्रशिक्षण दिया जाता है। यह केन्द्र अन्य संस्थाओं को भी प्रशिक्षण देने का कार्य करता है।[67]

संगठन का ढाँचा–सेवा-मन्दिर का मुख्य कार्यालय उदयपुर शहर में है। संस्था 583 गाँवों में छः ब्लॉक झाड़ोली, गिरवा, बाड़गोन, केवरा, कोटड़ा (उदयपुर) और कुम्भलगढ़ (राजसमंद) में कार्य कर रही है। इसका मुख्य कार्य प्रमुखतया प्राकृतिक संसाधन, विकास, शिक्षा, स्वास्थ्य, महिला सशक्तिकरण व ग्रामीण संस्थागत बिल्डिंग का निर्माण करना।

ग्रामीण क्षेत्रों में 265 कार्यकर्ता, 641 परिश्रमी कार्यकर्ता कार्य करते हैं। कार्यकर्ता सीधे गाँवों में सामुदायिक स्तर पर नेतृत्व करते हैं।

सेवा मन्दिर की सहायता करने वाली संस्थाएं–प्रमुख संस्था इन्टर चर्च विकास सहयोग संगठन (आई.सी.सी.ओ.) नीदरलैण्ड, कनाडा-इण्डिया विलेज एड (सी.आई.वी.ए.), यूरोपियन कमीशन, फोर्ड फाउण्डेशन एण्ड प्लान इन्टरनेशनल, श्री दुर्लभजी टाटा ट्रस्ट, श्री रतन टाटा ट्रस्ट, हिन्दुस्तान लीवर्स लिमिटेड, सेटरलाइट ग्रुप इन्डस्ट्रीज, भारत व राजस्थान सरकार द्वारा सहयोग, लोक जुम्बिश परिषद्, राजस्थान फोरेस्ट डिपार्टमेन्ट आदि।[68]

योगदान

1. रोजी-रोटी के साधन उपलब्ध कराए–सेवा-मन्दिर ने रोजी-रोटी के कार्यक्रम प्राकृतिक संसाधनों के विकास के लिए विकसित किए हैं, जैसे–वृक्ष लगाना, रेत की स्थिति में सुधार, सिंचाई की अच्छी स्थिति का निर्माण, बंजर भूमि के सुधार के प्रयत्न, बड़े बाँधों का निर्माण, जलतंत्र-प्रबन्धन आदि। संगठन स्थानीय समुदाय को अपने साथ लेकर जंगल के सुधार व प्रबन्ध में लगा हुआ है। इसका अच्छा प्रभाव पड़ा है जैसे रोजी-रोटी के साधनों में वृद्धि हुई है और सामाजिक एकता पनपी है। संस्था ने 10,306 हेक्टेयर बंजर भूमि पर वन लगाए हैं; 237 हेक्टेयर

भूमि को भारत सरकार के 'संयुक्त जंगल कार्यक्रम' से जोड़ा है। 4823 हेक्टेयर बंजर भूमि के सुधार के प्रयत्न किये जा रहे हैं जिसमें 35 बड़े बाँधों का निर्माण किया जा चुका है।

2. महिलाओं को आर्थिक रूप से मजबूत बनाया–महिलाओं की आर्थिक स्थिति में सुधार के लिए सेवा-मन्दिर ने अथक प्रयत्न किए हैं। महिलाओं को संस्था ने पेचवर्क, कढ़ाई, बुनाई, कपड़े की किस्म का प्रशिक्षण देना जिसके अन्तर्गत बड़े शीट, कुशन-कवर, बैग, फाइल, डायरी बनाने का कार्य सिखा रही है। इन कार्यों से लगभग 200 ग्रामीण महिलाएँ जुड़ी हुई हैं। इससे महिलाओं की आमदनी में वृद्धि हुई साथ ही उनकी क्षमता व कुशलता का विकास तेजी से हो रहा है।

3. ग्रामीणों की क्षमताओं का विकास–संस्था ने गरीब ग्रामीणों के सुधार के लिए अनेक कार्य किए हैं, जैसे-शिक्षा का प्रचार-प्रसार, अच्छा स्वास्थ्य आदि इससे गरीबों की स्थिति में सुधार हुआ है। बच्चों की शिक्षा के विकास के लिए संस्था ने गाँवों में 158 अनौपचारिक केन्द्रों की स्थापना की। वर्ष में दो आवासीय शिक्षण कैम्पों का आयोजन किया जाता है जिसमें लगभग 300 बच्चे भाग लेते हैं। इससे ग्रामीण शिक्षा के महत्त्व को समझने लगे और शिक्षा के प्रतिशत में वृद्धि हुई। ग्रामीण युवकों को संस्था के 'युवक शिक्षा केन्द्र' से जोड़ा गया जिससे उनका भविष्य उज्ज्वल हुआ है। 39 गाँवों में संस्था द्वारा लाइब्रेरी की सुविधा प्रदान की गई है जिससे ग्रामीणों का जीवन-स्तर ऊँचा उठा है।

4. महिलाओं में नेतृत्व शक्ति का विकास–संस्था महिलाओं की दुर्बल स्थिति के सुधार के लिए प्रयत्नशील है। संस्था द्वारा ऐसे कार्यों को किया जा रहा है जिससे महिलाओं की क्षमता व आत्म विश्वास में वृद्धि हो सके। इसके लिए संस्था ने जन-सहभागी विकास सहायता समूह का निर्माण, आर्थिक रूप से महिलाओं को सक्षम बनाना, स्वास्थ्य सुधार, सामुदायिक शिविर, स्वयं-सहायता समूह का निर्माण व नेतृत्व शक्ति का विकास किया। इससे महिलाओं में नेतृत्व शक्ति का विकास हुआ।

5. बच्चों के स्वास्थ्य में सुधार–संस्था को इस बात की जानकारी हुई कि ग्रामीण बच्चों का स्वास्थ्य अच्छा नहीं है, इसको सुधारने के लिए संस्था ने अथक प्रयास किए जिसमें सम्मिलित हैं–अनुपूरक पोषण स्वास्थ्य देखभाल कार्यक्रम, पूर्व-प्राथमिक गतिविधि, 81 बालवाड़ी केन्द्र (1 से 6 वर्ष के बच्चों के लिए), 24 घण्टे बच्चों की सहायता के लिए 'चाइल्ड लाइन' आदि। इससे बच्चों के स्वास्थ्य

में सुधार हुआ है, माताओं को बच्चों के स्वास्थ्य व सफाई की जानकारी प्राप्त हुई, पोषण के महत्त्व को समझा तथा ग्रामीण शिशु मृत्यु दर में कमी हुई।

6. सामुदायिक भावना का विकास हुआ–संस्था ने सामुदायिक स्तर पर क्षमता विकास का कार्य किया है जिससे ऐसे गाँवों का निर्माण हो सका जो अपने आप में आत्म-निर्भर हों। इसके तीन स्तर हैं-गाँव, एन.जी.ओ. सेक्टर व समाज। जन सहयोग से 'जन सहभागी स्कूल' उपलब्ध कराए जाते हैं जिसमें प्रबन्ध व्यवस्था, प्रशिक्षण व्यवस्था, प्रशिक्षण मॉडल सम्मिलित हैं। संस्था ने ग्रामीण क्षेत्रों के विकास के लिए 'ग्राम विकास कोष' की स्थापना की जो संस्था व सरकार के सहयोग से चल रहा है। यह कोष गाँव के विकास के लिए होता है जो गरीबी दूर करने व विकास की सुविधाएँ प्रदान करने का प्रयत्न करता है। कोष ने विकास का एजेन्डा प्रस्तुत किया है जिसमें सुशासन, गाँव का अच्छा प्रबन्ध, पारदर्शी व जनतान्त्रिक तरीका सम्मिलित है। उपरोक्त गतिविधियों से ग्रामीण लोगों में सामुदायिकता की भावना का विकास हुआ है।

सन्दर्भ

1. प्रदीप पन्त, स्वयंसेवी क्षेत्र: नए आयाम, योजना, फरवरी 2002, ग्रामीण विकास मंत्रालय द्वारा प्रकाशित, पृ. 27–28.
2. लुपिन, प्रगति रिपोर्ट, 1988–2003, पृ. 1–4
3. उपर्युक्त पृ. 5–10
4. उपर्युक्त पृ. 10–14
5. उपर्युक्त पृ. 14–17
6. लोक परम्परा से मिला रास्ता 'एक दशक', तरुण भारत संघ, अक्टूबर 1995, पृ. 1–2
7. दी प्रमोयन ऑफ कम्यूनिटी सैल्फ रिलाइन्स, तरुण भारत संघ, जून 1998, पृ. 17
8. अरवरी नदी के पुनर्जन्म की कथा, तरुण भारत संघ, दिसम्बर 1997, पृ. 34–35
9. दी प्रमोयन ऑफ कम्यूनिटी सैल्फ रिलायन्स, तरुण भारत संघ, जून 1998, पृ. 49
10. स्टोरी ऑफ रिवर अरवरी, तरुण भारत संघ, मार्च 1997, पृ. 33–34

11. लोक परम्परा से मिला रास्ता 'एक दशक' तरुण भारत संघ, अक्टूबर 1995, पृ. 4–5
12. ग्राम स्वराज्य की राह पर, तरुण भारत संघ, 2000, पृ. 7–9
13. साझा श्रम, बाघ की दहाड़ व समाज की खुशहाली, तरुण भारत संघ, 1998, पृ.–6
14. राजस्थान पत्रिका (अलवर), 8 फरवरी 2004, पृ.–1
15. शुभम महिला प्रशिक्षण संस्थान : एक परिचय, पैम्फलेट, शुभम् महिला प्रशिक्षण संस्थान द्वारा प्रकाशित, 1996 पृ. 1
16. उपर्युक्त पृ. 2
17. उपर्युक्त पृ. 3
18. शुभम महिला प्रशिक्षण संस्थान प्रगति रिपोर्ट, 2002–2003, पृ.–4
19. उपर्युक्त पृ. 5–6
20. दैनिक भास्कर, जनवरी 2001
21. दैनिक भास्कर, फरवरी 2001
22. प्रयास, अनुभव साझेदारी में एस.डब्ल्यू.आर.सी, अजमेर, कपार्ट द्वारा प्रकाशित, मई 2003, पृ. 1–2
23. उपर्युक्त पृ. 3–4
24. उपर्युक्त पृ. 9–13
25. उपर्युक्त पृ. 15
26. उपर्युक्त पृ. 27–28
27. भरत डोगरा, मेरे गाँव के लोग, समाज कार्य व अनुसंधान केन्द्र, अजमेर पृ. 4–5
28. उपर्युक्त पृ. 6–7
29. ग्राम भारती एक परिचय : पैम्फलैट, ग्राम भारती द्वारा प्रकाशित 1981, पृ.–1
30. उपर्युक्त पृ. 2–3
31. उपर्युक्त पृ. 4–5

32. उपर्युक्त पृ. 5
33. गाँधीवन पम्फलैट ग्राम भारती द्वारा प्रकाशित, 1994, पृ. 3
34. ग्राम भारती, प्रगति रिपोर्ट 2002-2003, पृ. 6-7
35. रिस्क एज्युकेशन इन राजस्थान, ग्राम भारती समिति, 1997, पृ. 10
36. गांधीवन, पम्फलैट, ग्राम भारती द्वारा प्रकाशित, 1994, पृ. 4
37. ग्राम भारती, प्रगति प्रतिवेदन 2002-2003, पृ. 4-5
38. उपर्युक्त पृ. 6-8
39. राजनट जनजातीय संस्कृति का सर्वेक्षण प्रलेखन तथा शहरी शिक्षित वर्ग में प्रसार, ग्राम भारती द्वारा प्रकाशित, 1999 पृ. 21-23
40. सेन्टर फॉर कम्यूनिटी एण्ड डेवलपमेन्ट कन्सलटेन्ट सोसायटी, पृ. 1-2
41. उपर्युक्त पृ. 20-21
42. चिरन्जी चन्देल, क्षेत्रीय अध्ययन प्रतिवेदन (सिकोन-डिकोन), 2003-2004, पृ. 3-4
43. उपर्युक्त पृ. 5-6
44. उपर्युक्त पृ. 7-12
45. उपर्युक्त पृ. 13-17
46. उपर्युक्त पृ. 18-21
47. उपर्युक्त पृ. 22-23
48. उपर्युक्त पृ. 24-27
49. उपर्युक्त पृ. 28-31
50. 2002-2003 आस्था का वार्षिक प्रतिवेदन, पृ. 4
51. उपर्युक्त पृ.-2
52. आस्था-पम्फलेट पृ. 1-4
53. 2002-2003 आस्था का वार्षिक प्रतिवेदन, पृ. 48
54. आस्था-वैकल्पिक विकास एवं स्वयंसेवी संस्थाएँ, 1997, पृ. 2
55. 2002-2003 आस्था का वार्षिक प्रतिवेदन पृ. 1-6

56. उपर्युक्त पृ. 7–13
57. उपर्युक्त पृ. 14–15
58. उपर्युक्त पृ. 16–21
59. उपर्युक्त पृ. 22–24
60. उपर्युक्त पृ. 25–30
61. उपर्युक्त पृ. 31–32
62. उपर्युक्त पृ. 33–35
63. उपर्युक्त पृ.–36
64. उपर्युक्त पृ. 37–38
65. आस्था–वैकल्पिक विकास एवं स्वंयसेवी संस्थाएँ, आस्था द्वारा प्रकाशित, 1997 पृ. 3–7
66. सेवा मन्दिरः एन ओवर व्यू, सेवा मन्दिर, उदयपुर द्वारा प्रकाशित, पृ. 1–2
67. उपर्युक्त पृ. 3–9
68. उपर्युक्त पृ.–10

●●●

अध्याय पाँच

अनुभवमूलक अध्ययन

वर्तमान समय में देश के प्रत्येक राज्य और लगभग सभी क्षेत्रों में विकास संबंधी कार्यों के सम्पादन में स्वैच्छिक संस्थाएँ विशेष योगदान कर रही हैं। ग्रामीण लोगों की विकास योजनाओं में बढ़ती रुचि, जागरूकता तथा कुछ सीमा तक सरकारी क्षेत्रों की घटती साख के कारण इन संस्थाओं की संख्या में लगातार वृद्धि हो रही है। इन्हें चाहे स्वैच्छिक संगठन कहा जाए अथवा गैर-सरकारी संगठन या स्वयंसेवी संगठन, यह निर्विवाद सत्य है कि विकास के कई क्षेत्रों में इन संस्थाओं ने विशेष भूमिका निभाई है। चाहे जन-चेतना की बात हो या शिक्षा, स्वास्थ्य, जनसंख्या नियन्त्रण, पर्यावरण संरक्षण, आय एवं रोजगार जुटाने से संबंधित हो या फिर महिला, बाल या विकलांग कल्याण की अथवा आदिवासी एवं पिछड़े वर्गों के विकास और कल्याण की हो, इन संस्थाओं ने समाज और देश की सेवा में सक्रिय सहयोग प्रदान किया है। इसी कारण अब प्रशासन और सरकारी तंत्र भी इस तथ्य को सार्वजनिक रूप से स्वीकार करता है कि विकास कार्यक्रमों के क्रियान्वयन में सरकारी तंत्र की अपेक्षा गैर-सरकारी संस्थाएँ अधिक सफल और प्रभावी हैं। इतना ही नहीं, जो कार्य सरकारी तंत्र एक रुपये में पूरा करता है, वही कार्य इन संस्थाओं के माध्यम से जन-सहयोग जुटाकर 20-25 पैसे में ही सफलतापूर्वक पूरा कर लिया जाता है। यही कारण है कि विगत कुछ वर्षों से विशेषकर सातवीं पंचवर्षीय योजनाकाल (1985-90) से सरकार गैर-सरकारी अथवा स्वयंसेवी क्षेत्र की महत्ता को स्वीकार कर उसे अधिक सम्मान, प्रतिष्ठा और कार्य के अधिक अवसर प्रदान करने का प्रयास कर रही है। इससे ये संस्थाएँ क्षेत्र में एक प्रभावकारी विकल्प के रूप में उभर क़र सामने आ रही हैं, जिसे समाज और राष्ट्र के लिये शुभ संकेत कहा जा सकता है।

प्रस्तुत अध्याय में राजस्थान के प्रमुख स्वैच्छिक संगठनों का अनुभवमूलक अध्ययन प्रस्तुत किया है, जिसमें सम्मिलित हैं लूपिन (भरतपुर), तरुण भारत संघ

(अलवर), सामाजिक कार्य एवं अनुसंधान केन्द्र (अजमेर), ग्राम -भारती समिति (जयपुर), शुभम महिला प्रशिक्षण संस्थान (अलवर), आस्था (उदयपुर), सिकोन-डिकोन (जयपुर) सेवा -मन्दिर (उदयपुर) आदि। राजस्थान में ग्रामीण विकास में स्वैच्छिक संगठनों की भूमिका और ग्रामीण जनों की स्वैच्छिक संगठनों के सन्दर्भ में सोच व व्यवहार का यह अध्ययन अनुभवमूलक सर्वेक्षण है।

राजस्थान के कतिपय प्रमुख स्वैच्छिक संगठनों की क्षेत्रीय व यथार्थ जानकारी प्राप्त करने के लिए प्रश्नावली का प्रयोग किया है जिसके माध्यम से ग्रामीणों से सीधे साक्षात्कार किया गया है। सर्वेक्षण के दौरान सूचनाओं के संकलन व विभिन्न प्रवृत्तियों के अभियान के लिए यद्यपि विभिन्न क्षेत्रों से सहायता ली गई है, परन्तु उनके समायोजन के लिए लेखिका स्वयं उत्तरदायी है।

इस अध्ययन के समय गाँव के लोगों से मिलकर उनसे गाँव में स्वैच्छिक संगठन द्वारा किए गए कार्यों की जानकारी ली गयी है। गाँवों में जाकर महिलाओं, पुरुषों, युवकों व बच्चों से मिलकर यह जानने का प्रयास किया कि संस्था के कार्यों से ग्रामीणों को क्या फायदा हुआ है? शोध में सम्मिलित स्वैच्छिक संगठनों का अनुभवमूलक अध्ययन इस प्रकार है-

लूपिन, भरतपुर-शोधार्थी ने इस संस्था के बारे में अनुभवमूलक जानकारी प्रास करने एवं अध्ययन के लिए संस्था के कार्यक्षेत्र का एक प्रमुख गाँव सेवर को चुना है जो भरतपुर के निकट है। इस गाँव में संस्था ने ग्रामीण विकास में क्या भूमिका निभाई उसका विवरण इस प्रकार है-

तालिका संख्या 5.1

संस्था की बैठकों में भाग लेते हैं

	वेरिएबल्स		लूपिन
क्र.सं.		सं.	प्रतिशत
1.	प्रत्येक बैठक में	69	65.09
2.	कभी-कभी	14	13.20
3.	कभी-नहीं	23	21.69
4.	योग	106	99.98

संस्था की प्रत्येक बैठक में 65.09 प्रतिशत ग्रामीण उत्तरदाता भाग लेते हैं। 13.20 प्रतिशत ग्रामीण उत्तरदाता संस्था की बैठकों में कभी-कभी भाग लेते हैं। 21.69 प्रतिशत ग्रामीण उत्तरदाता संस्था की बैठकों में कभी भाग नहीं लेते।

तालिका संख्या 5.2

ग्रामीणों के साथ संस्था के संवाद

	वेरिएबल्स		लूपिन
क्र.सं.		सं.	प्रतिशत
1.	अच्छा संवाद	73	68.86
2.	बुरा संवाद	10	9.43
3.	उत्तर नहीं	23	21.69
4.	योग	106	99.98

68.86 प्रतिशत ग्रामीण उत्तरदाता संस्था से अच्छा संवाद बताते हैं। 9.43 प्रतिशत ग्रामीण उत्तरदाता संस्था से बुरा संवाद बताते हैं जबकि 21.69 प्रतिशत ग्रामीण उत्तरदाताओं के पास इसका कोई जवाब नहीं है।

तालिका संख्या 5.3

महिलाओं के विकास से संबंधित संस्था ने कार्य किए इससे महिलाओं की स्थिति में सुधार हुआ

	वेरिएबल्स		लूपिन
क्र.सं.		सं.	प्रतिशत
1.	सहमत	65	61.32
2.	असहमत	25	23.58
3.	उत्तर नहीं	16	15.09
4.	योग	106	99.99

61.32 प्रतिशत ग्रामीण उत्तरदाताओं के अनुसार महिलाओं की स्थिति में सुधार हुआ। 23.58 प्रतिशत ग्रामीण उत्तरदाताओं के अनुसार महिलाओं की स्थिति में सुधार के बारे में असहमत हैं। 15.09 प्रतिशत ग्रामीण उत्तरदाताओं ने इस सन्दर्भ में कोई उत्तर नहीं दिया।

तालिका संख्या 5.4

संस्था ने गरीबी रेखा से नीचे वर्ग के लिए 'गरीबी उन्मूलन कार्यक्रम' चलाया इससे ग्रामीणों को फायदा हुआ

	वेरिएबल्स		लूपिन
क्र.सं.		सं.	प्रतिशत
1.	सहमत	60	56.60
2.	असहमत	20	18.86
3.	उत्तर नहीं	26	24.52
4.	योग	106	99.98

56.60 प्रतिशत ग्रामीण उत्तरदाताओं के अनुसार इस कार्यक्रम से ग्रामीणों को लाभ हुआ। 18.86 प्रतिशत ग्रामीण उत्तरदाता इस सन्दर्भ में असहमत हैं। 24.52 प्रतिशत ग्रामीण उत्तरदाताओं ने इस प्रश्न का कोई उत्तर नहीं दिया।

तालिका संख्या 5.5

सामुदायिक भवनों का निर्माण संस्था द्वारा किया गया, ग्रामीणों को इससे लाभ हुआ

	वेरिएबल्स		लूपिन
क्र.सं.		सं.	प्रतिशत
1.	सहमत	60	56.60
2.	असहमत नहीं	20	18.86
3.	उत्तर	26	24.52
4.	योग	106	99.98

56.60 प्रतिशत ग्रामीण उत्तरदाता इससे सहमत हैं। 18.86 प्रतिशत ग्रामीण उत्तरदाता इससे असहमत हैं। 24.52 प्रतिशत ग्रामीण उत्तरदाताओं ने इस सन्दर्भ में कोई उत्तर नहीं दिया।

तालिका संख्या 5.6

बच्चों के टीकाकरण कार्यक्रम से बच्चों को लाभ हुआ

	वेरिएबल्स		लूपिन
क्र.सं.		सं.	प्रतिशत
1.	सहमत	70	66.03
2.	असहमत	10	9.43
3.	उत्तर नहीं	26	24.52
4.	योग	106	99.98

66.03 प्रतिशत ग्रामीण उत्तरदाता सहमत हैं। 9.43 प्रतिशत ग्रामीण उत्तरदाता असहमत हैं। 24.52 प्रतिशत ग्रामीण उत्तरदाताओं ने इस प्रश्न का कोई उत्तर नहीं दिया।

तालिका संख्या 5.7

संस्था द्वारा लगाए गए रोगी जाँच शिविरों से ग्रामीणों को लाभ हुआ

	वेरिएबल्स		लूपिन
क्र.सं.		सं.	प्रतिशत
1.	सहमत	70	66.03
2.	असहमत	10	9.43
3.	उत्तर नहीं	26	24.52
4.	योग	106	99.98

66.03 प्रतिशत ग्रामीण उत्तरदाता इससे सहमत हैं। 9.43 प्रतिशत ग्रामीण उत्तरदाता इससे असहमत हैं। 24.52 प्रतिशत ग्रामीण उत्तरदाताओं ने इस सन्दर्भ में कोई जवाब नहीं दिया।

तालिका संख्या 5.8

संस्था के कार्यों से युवकों को स्वरोजगार मिला

	वेरिएबल्स		लूपिन
क्र.सं.		सं.	प्रतिशत
1.	सहमत	45	42.45
2.	असहमत	25	23.58
3.	उत्तर नहीं	36	33.96
4.	योग	106	99.89

42.45 प्रतिशत ग्रामीण उत्तरदाता इससे सहमत हैं। 23.58 प्रतिशत ग्रामीण उत्तरदाता इससे असहमत हैं। 33.96 प्रतिशत ग्रामीण उत्तरदाताओं ने इस सन्दर्भ में कोई उत्तर नहीं दिया।

तालिका संख्या 5.9

संस्था द्वारा 'प्रशिक्षण शिविर' लगाये गये, इससे ग्रामीणों को फायदा हुआ

	वेरिएबल्स		लूपिन
क्र.सं.		सं.	प्रतिशत
1.	सहमत	59	55.66
2.	असहमत	20	18.86
3.	उत्तर नहीं	27	25.47
4.	योग	106	99.99

55.66 प्रतिशत ग्रामीण उत्तरदाता इससे सहमत हैं। 18.86 प्रतिशत ग्रामीण उत्तरदाता इससे असहमत हैं। 25.47 प्रतिशत ग्रामीण उत्तरदाताओं ने इस सन्दर्भ में कोई उत्तर नहीं दिया।

लूपिन ने ग्रामीण विकास के क्षेत्र में कामाँ क्षेत्र में गाँव नौरेरा से जो शुरुआत की तो कारवां बनता गया और लोग जुड़ते गए। समय के साथ-साथ संस्था का उत्थान व प्रसार निरन्तर हो रहा है। आज लूपिन का कार्यक्षेत्र राजस्थान व मध्य-

प्रदेश के चार जिलों में फैला हुआ है। ग्रामीण उत्थान के कार्य में संस्था को जिला, राज्य और राष्ट्रीय स्तर पर अनेक पुरस्कारों से सम्मानित किया जा चुका है। इस संस्था के पदाधिकारियों ने अनेक देशों की यात्रा की है और अपनी संस्था का प्रतिनिधित्व किया।

महिला विकास, निर्माण कार्य, पशुपालन, ग्रामीण उद्योग धन्धों का विकास, शिक्षा एवं समाज कल्याण इन क्षेत्रों में संस्था ने उल्लेखनीय कार्य किया जिससे गरीबी उन्मूलन, मानव विकास, महिला सशक्तिकरण, कार्यक्रमों का सफल होना, अनेक संगठन के सहयोगी बने, सामाजिक बुराइयों के विरुद्ध जंग छिड़ी, संस्था के कार्यों में शोध कार्य शुरू हुआ। इस तरह लूपिन ने उल्लेखनीय उपलब्धियाँ प्राप्त की और इसके कदम निरन्तर आगे बढ़ते गये।

यह संस्था मानती है कि शासन, प्रशासन और स्वैच्छिक संगठनों के सहयोग से ही ग्रामीण विकास हो सकता है। सरकारी नीतियाँ काफी सतही होती हैं, जनता से सीधा सम्पर्क नहीं होता, यद्यपि सरकारी तन्त्र बहुत व्यापक है परन्तु फिर भी सरकारी योजनाएँ भ्रामक होती हैं। ग्राम विकास में ग्रामीणों को मुख्य धारा में लाना चाहिए, उन पर भरोसा करना चाहिए तथा उन्हें ही नेतृत्व दिया जाना चाहिए तभी विकास सम्भव है लेकिन हो रहा है इसके विपरीत। आज ग्रामीण मुख्य धारा में न होकर हाशिए पर हैं।

इस संस्था ने ग्रामीण विकास को अपनी सामर्थ्य के अनुसार अपनाया जिसमें हैं शराबबन्दी, ग्रामीण उद्योग को बढ़ावा, ग्रामों की सफाई, बच्चों की बुनियादी तालीम एवं बड़ों को समानता, निरोग रहने हेतु प्राकृतिक उपचार एवं नियमों का पालन, स्त्री-पुरुष समानता, श्रम की महत्ता, किसान मजदूर एवं आदिवासियों का उत्थान आदि इन सबको इस संस्था ने अपने कार्यों में अपना लिया है। इसने अपने कार्य क्षेत्र में काफी व्यापक स्तर पर कार्य किया है परन्तु इसे ग्रामीण विकास एवं जनसहभागिता के सन्दर्भ में अभी बहुत कुछ करना चाहिए।

प्रशासन लूपिन से बहुत कुछ सीख सकता है, जैसे संस्था के पास विकेन्द्रीकरण का अनूठा मॉडल है जिसे सरकार अपने अनुसार अपना सकती है, लचीलापन, नीतियों का खुलापन, सहयोगात्मक आदि को प्रशासन अपना सकता है, क्योंकि यदि इन आधारों को प्रशासन अपना लेगा तो आज जितनी भी सरकारी तन्त्र की आलोचना हो रही है वह कुछ सीमा तक समाप्त हो जाएगी। यह तो सम्भव नहीं है कि सरकारी तन्त्र उपर्युक्त सभी बातों को अपना ले परन्तु वह अपनी सीमा व सामर्थ्य के अनुसार लूपिन के कुछ केन्द्र बिन्दुओं को अपना सकती है।

इस संस्था ने अभी तक जितना भी कार्य किया है वह काफी अच्छा है। यह संस्था आगे और अच्छा कार्य करे इसके लिए शासन व प्रशासन के सहयोग की आवश्यकता है। ऐसे पदाधिकारियों व कार्यकर्त्ताओं की आवश्यकता है जो वास्तव में समाज के लिए कुछ करना चाहते हैं। साथ ही ऐसी ग्रामीण जनता की आवश्यकता है जो वास्तविक रूप से अपना विकास करना चाहती है।

अतः हमारे समाज में ऐसी और संस्थाएँ आगे आएँ, यह संस्था और आगे बढ़ें, इसके लिए जनता, शासन, प्रशासन व रचनात्मक सोच के कार्यकर्ताओं एवं पदाधिकारियों की आवश्यकता है, क्योंकि ग्रामीण विकास एवं जनसहभागिता की दिशा में कार्य करना कोई आसान कार्य नहीं है। इसके लिए पूर्ण समर्पण भाव की आवश्यकता है।

2. तरुण भारत संघ, अलवर–शोधार्थी ने इस संस्था के बारे में अनुभवमूलक जानकारी प्राप्त करने के लिए संस्था के कार्यक्षेत्र का एक प्रमुख गाँव 'गोपालपुरा' को चुना है जो जयपुर के पास ही है। इस गाँव में संस्था ने ग्रामीण विकास में क्या भूमिका निभाई, उसका विवरण इस प्रकार है–

तालिका संख्या 5.10

संस्था जिले में कार्य करने में सफल रही है

	वेरिएबल्स		तरुण भारत संघ
क्र.सं.		सं.	प्रतिशत
1.	सफल	91	85.84
2.	असफल	07	6.60
3.	अनिश्चित	08	7.54
4.	योग	106	99.98

85.84 प्रतिशत ग्रामीणों के अनुसार संस्था जिले में कार्य करने में सफल रही है, 6.60 प्रतिशत ग्रामीणों के अनुसार असफल तथा 7.54 प्रतिशत ग्रामीण इस सन्दर्भ में अनिश्चित हैं।

तालिका संख्या 5.11

ग्रामीणों के साथ संस्था का संवाद

	वेरिएबल्स		तरुण भारत संघ
क्र.सं.		सं.	प्रतिशत
1.	अच्छा संवाद	73	68.86
2.	बुरा संवाद	10	9.43
3.	उत्तर नहीं	23	21.69
4.	योग	106	99.98

68.86 प्रतिशत ग्रामीणों के साथ संस्था का अच्छा संवाद है, 9.43 प्रतिशत ग्रामीणों का बुरा संवाद है, जबकि 21.69 प्रतिशत ग्रामीणों ने इस सन्दर्भ में उत्तर नहीं दिया।

तालिका संख्या 5.12

जोहड़ों के निर्माण से क्या ग्रामीणों को इसका लाभ मिला

	वेरिएबल्स		तरुण भारत संघ
क्र.सं.		सं.	प्रतिशत
1.	सहमत	65	61.32
2.	असहमत	16	15.09
3.	उत्तर नहीं	25	23.58
4.	योग	106	99.99

61.32 प्रतिशत ग्रामीण जोहड़ों के लाभ से सहमत हैं, 15.09 प्रतिशत ग्रामीण जोहड़ों के लाभ से असहमत हैं जबकि 23.58 प्रतिशत ग्रामीणों ने इस सन्दर्भ में उत्तर नहीं दिया।

तालिका संख्या 5.13

जोहड़ों के निर्माण से गाँव के पर्यावरण में क्या सकारात्मक परिवर्तन हुआ

	वेरिएबल्स		तरुण भारत संघ
क्र.सं.		सं.	प्रतिशत
1.	सहमत	60	56.60
2.	असहमत	26	24.52
3.	उत्तर नहीं	20	18.86
4.	योग	106	99.98

56.60 प्रतिशत ग्रामीण इससे सहमत हैं, 24.52 प्रतिशत ग्रामीण असहमत हैं जबकि 18.86 प्रतिशत ग्रामीणों ने इस सन्दर्भ में कोई जवाब नहीं दिया।

तालिका संख्या 5.14

जोहड़ों के निर्माण से महिलाओं को इससे फायदा हुआ

	वेरिएबल्स		तरुण भारत संघ
क्र.सं.		सं.	प्रतिशत
1.	सहमत	70	66.03
2.	असहमत	10	9.43
3.	उत्तर नहीं	26	24.52
4.	योग	106	99.98

66.03 प्रतिशत ग्रामीण इससे सहमत हैं, 9.43 प्रतिशत ग्रामीण इससे असहमत हैं जबकि 24.52 प्रतिशत ग्रामीणों ने इस सन्दर्भ में कोई उत्तर नहीं दिया।

तालिका संख्या 5.15

संस्था ने जैविक खाद-देशी बीज को बढ़ावा दिया इससे ग्रामीण कृषि पर अच्छा प्रभाव पड़ा।

	वेरिएबल्स		तरुण भारत संघ
क्र.सं.		सं.	प्रतिशत
1.	सहमत	80	75.47
2.	असहमत	20	18.86
3.	उत्तर नहीं	06	5.66
4.	योग	106	99.99

75.47 प्रतिशत ग्रामीण इससे सहमत हैं, 18.86 प्रतिशत ग्रामीण इससे असहमत हैं जबकि 5.66 प्रतिशत ग्रामीणों ने इस सन्दर्भ में कोई उत्तर नहीं दिया।

तालिका संख्या 5.16

संस्था ने गाँवों में जल, जंगल, जमीन बचाने के प्रयास किये। क्या संस्था इस कार्य में सफल हुई?

	वेरिएबल्स		तरुण भारत संघ
क्र.सं.		सं.	प्रतिशत
1.	सहमत	80	75.47
2.	असहमत	20	18.86
3.	उत्तर नहीं	6	5.66
4.	योग	106	99.99

75.47 प्रतिशत ग्रामीण इससे सहमत हैं, 18.86 प्रतिशत ग्रामीण असहमत हैं जबकि 5.66 प्रतिशत ग्रामीणों ने इस सन्दर्भ में कोई उत्तर नहीं दिया।

संस्था राजस्थान विश्वविद्यालय परिसर में लगी आग से पीड़ितों के लिए राहत कार्य करने हेतु मार्च 1975 में बनी। इसके कार्यों की शुरुआत 44 झुग्गी झोंपड़ियों के आग से पीड़ित रोगियों की चिकित्सा, जल, आवास, भोजन, वस्त्र आदि की

व्यवस्था करने के साथ-साथ बच्चों एवं प्रौढ़ों के लिए रात्रिकालीन कक्षाएँ शुरू करने से हुई।

1985 में संस्था ने गोपालपुरा गाँव में असमानता अन्याय व शोषण मिटाने के लिए प्रवेश किया। गाँव में जब कार्यकर्त्ता पहुँचे तो उन्हें पता चला कि वह स्वयं अन्धेरे में है। इस गाँव में तो असमानता, शोषण और अन्याय तीनों ही दिखाई पड़ते हैं और पूरा समाज इनका शिकार हो चुका है। रोजी-रोटी कमाने के लिए गाँव छोड़ देने को मजबूर कर देने वाले हालात ही अन्याय, असमानता और शोषण के प्रतीक हैं। यहाँ आकर संघ को लगा कि इनसे निपटने का तरीका तो स्वयं गाँव ही खोज सकता है। बाहर का ज्ञान इसे मिटाने में कारगर नहीं होगा। यह समझ संघ को कई वर्ष बाद हुई। लेकिन जब यह बात समझ में आयी, फिर विकल्प खोजना छोड़ दिया। बस संकल्प करके काम में संघ के कार्यकर्ता जुट गए। लोगों के साथ दिन में काम करना शुरू किया और रात को बैठकर बात करने लगे। गोपालपुरा में 'मेबालो का बाध और चौंतरे वाला जोहड़'' बन गया। इन्हें देखकर काम चारों तरफ फैलने लगा। संघ के कार्यकर्त्ता जगह-जगह बुलाये जाने लगे। जहाँ-जहाँ बुलाये जाते, संघ के कार्यकर्त्ता चल देते। गाँव-गाँव में बात फैली काम फैला। भीकमपुरा गाँव तमाम साथियों का केन्द्र बन चुका था। संघ के कार्यकर्त्ता जहाँ रहते वहीं लोगों से पहले अलग और फिर उनको साथ बैठाकर बात करते। बात बन जाती, तो उनके साथ काम शुरू कर देते।

1 जुलाई 1989 में जिला प्रशासन ने गाँव गोपालपुरा में हरियाणा से कुछ परिवार लाकर उन्हें जोहड़ की भूमि आवंटित कर दी। उन्होंने यहाँ पहुँचकर हरियाली नष्ट करना शुरू किया। गाँववासियों ने उन्हें रोका। जिला प्रशासन और पुलिस के देखते-देखते हरियाली नष्ट हो गई। साथ ही साथ गाँव के संगठन को तोड़ने का प्रयास किया गया लेकिन संगठन को तोड़ने में प्रशासन को कोई कामयाबी नहीं मिल पायी। 'सरसा नदी के जलागम' के कार्यों की सूची देखी जाये, तो यह स्पष्ट हो जायेगा कि 1990 से 1995 तक बहुत अधिक काम हुआ। लेकिन बड़ा असर पाँच-छः साल बाद दिखा।

सरिस्का को नया स्वरूप प्रदान करने में संघ ने विशेष भूमिका का निर्वाह किया। सबसे पहले यहाँ की जनता को जाग्रत कर और फिर कार्य शुरू किया परन्तु प्रशासन के कठोर और अड़ंगेबाजी के कारण संस्था को काफी कठिनाई हुई परन्तु अपने प्रयासों द्वारा उसे नया स्वरूप प्रदान कर दिया। आज सरिस्का हरा भरा है। सरिस्का के आस-पास के क्षेत्र में बाघ के सुलभ दर्शन हो जाते हैं।

लोगों ने अपनी मेहनत से यह कार्य किया, जिससे संघ के प्रयासों से गाँववासियों के आत्म–सम्मान, गौरव व स्वावलम्बन में वृद्धि हुई है। जिस जंगलात विभाग के अधिकारी संघ को अपराधी घोषित कर रहे थे उसी विभाग के तत्कालीन सर्वोच्च अधिकारी श्री. बी.डी. शर्मा ने संघ को पर्यावरण पुरस्कार दिया। राजस्थान के मुख्य सचिव श्री मिट्ठालाल मेहता ने संस्था के कार्यों की सराहना की। इनके ग्राम संगठन को जल, जंगल, जमीन संरक्षण विभाग के कर्मचारी इन गाँवों से दूसरे गाँवों के जंगल बचाने हेतु सहयोग माँगते हैं।

संस्था ने अपना मुख्य कार्यक्षेत्र जोहड़ निर्माणों को चुना जिसके अन्तर्गत 354 जोहड़ों का निर्माण किया जा चुका है। यह जोहड़ ग्रामीणों के विचार–विमर्श के बाद ही बने जिसमें ग्राम सभा ने अहम् भूमिका निभाई! ग्रामीणों की श्रम शक्ति के द्वारा जोहड़ों का निर्माण किया जिससे ग्रामीणों को रोजगार मिला और शहरों की ओर ग्रामीणों का पलायन रुका। महिलाएँ घरेलू उद्योग–धन्धों में लगी, सामाजिक कुरीतियों को दूर करने में आगे आई।

जोहड़ों में गरीब व्यक्तियों को विशेष प्राथमिकता दी गई। उन्हें ही इस कार्य में लगाया जिससे 'ग्रामकोष' का विकास हुआ, जिससे मानवता की महत्ता बढ़ी। पर्यावरण विभाग के उच्च अधिकारी डॉ. महेन्द्र कुमार गोयल ने कहा, 'राजस्थान में इतना अच्छा काम दूसरी जगह नहीं हो रहा है।' स्वार्थी तत्वों ने संघ के कार्यों का विरोध किया। वह कहने लगे कि संस्था इनके माध्यम से जमीन पर कब्जा करना चाहती है परन्तु संघ ने इसकी परवाह नहीं की।

संस्था निरन्तर अपने उद्देश्यों की ओर अग्रसर हो रही है। वर्गविहीन समाज का निर्माण, मानव को सर्वोपरि मूल्य के रूप में स्थापित करना, राष्ट्रीय चरित्र का निर्माण, यथास्थिति हटाकर प्रतिगामी शक्ति का उन्मूलन कर अग्रगामी शक्तियों को बढ़ाने, गरीब और पिछड़े वर्ग के उत्थान हेतु योजनायें प्रस्तुत करने, नारी समाज में जागृति उत्पन्न करना, शिक्षा एवं बाल–कल्याण के क्षेत्र में संस्था उल्लेखनीय कार्य कर रही है।

संस्था के अध्ययन के दौरान यह जानकारी प्राप्त हुई कि इस संस्था को अपने कार्यों के दौरान शुरू में प्रशासन का उपेक्षापूर्ण व्यवहार सहना पड़ा, परन्तु अपनी अटलता और ग्रामीणों के सहयोग से प्रशासन को अपनी हार माननी पड़ी। रोजाना नए–नए नियम प्रशासन बना देता और संस्था के कार्य रुक जाते थे परन्तु धीरे–धीरे प्रशासन ने इसके कार्य को देखा और फिर इसके कार्यों को सराहा।

आज इस संस्था के प्रयासों से ही अलवर क्षेत्र के गाँव ग्राम-स्वराज्य की राह पर चल रहे हैं। संस्था के प्रयास समग्र ग्रामीण विकास की ओर हैं परन्तु जितना विकास संस्था को करना है वह नहीं कर पा रही है। इसका कारण यह है कि संस्था की अपनी सीमाएँ हैं जिनके अनुसार संस्था को कार्य करना पड़ता है। प्रशासन भी कई बार सहयोग नहीं देता है, संसाधनों को प्राप्त करना मुश्किल हो जाता है जिसके अभाव में संस्था वह कार्य नहीं कर पाती है जो उसे करने होते हैं।

प्रशासन संघ के द्वारा किये कार्यों से बहुत कुछ सीख सकता है। हर कार्य में संस्था के अन्तर्गत ग्रामीणों के निर्णय का जो तत्व समावेशित है उससे प्रशासन अपने कार्यों को नया स्वरूप प्रदान कर सकता है। प्रशासन और जनता में जो दूरियाँ बनी रहती हैं, इसके माध्यम से दूर हो सकती है। यदि प्रशासन और शासन संस्था को पूरा सहयोग करे तो यह संस्था निश्चित रूप से अपने कार्यों को विस्तृत कर सकती है और विकास के नए उदाहरण प्रस्तुत कर सकती है।

उपरोक्त विवरण से स्पष्ट होता है कि इस संस्था ने गाँव वालों को सही दिशा का भान कराया है। उनका आत्मविश्वास जाग्रत किया है। परन्तु ग्राम-स्वराज्य के सपने तक पहुँचाने के लिए आज भी अनेक क्षेत्र ऐसे हैं जहाँ अभी बहुत कुछ करना बाकी है।

3. ग्राम-भारती, जयपुर–शोधार्थी ने इस संस्था के बारे में अनुभवमूलक जानकारी प्राप्त करने के लिए संस्था के कार्यक्षेत्र का एक प्रमुख गाँव 'डोहला' को चुना है जो जयपुर के पास ही है। इस गाँव में संस्था ने ग्रामीण विकास में क्या भूमिका निभाई उसका विवरण इस प्रकार है–

तालिका संख्या 5.17

संस्था ग्रामीण जनों के प्रति जवाबदेह है

	वेरिएबल्स		ग्राम भारती
क्र.सं.		सं.	प्रतिशत
1.	जवाबदेह	63	58.88
2.	जवाब देह नहीं	17	15.89
3.	उत्तर नहीं	27	25.23
4.	योग	107	100.00

58.88 प्रतिशत ग्रामीण संस्था को जवाबदेह मानते हैं, 15.89 प्रतिशत ग्रामीण संस्था को जबाव देह नहीं मानते जबकि 25.23 प्रतिशत ग्रामीणों ने इस सन्दर्भ में उत्तर नहीं दिया।

तालिका संख्या 5.18

गाँधीवन से ग्रामीणों को लाभ हुआ

	वेरिएबल्स		ग्राम भारती
क्र.सं.		सं.	प्रतिशत
1.	सहमत	80	74.77
2.	असहमत	10	9.35
3.	उत्तर नहीं	17	15.89
4.	योग	107	100.00

74.77 प्रतिशत ग्रामीण गाँधीवन के लाभ से सहमत हैं, 9.35 प्रतिशत ग्रामीण संस्था के लाभ से असहमत हैं, जबकि 15.89 प्रतिशत ग्रामीणों ने इस सन्दर्भ में उत्तर नहीं दिया। तालिका संख्या 5.36

तालिका संख्या 5.19

संस्था ने युवा पीढ़ी को दिशा दी

	वेरिएबल्स		ग्राम भारती
क्र.सं.		सं.	प्रतिशत
1.	सहमत	63	58.88
2.	असहमत	17	15.89
3.	उत्तर नहीं	27	25.23
4.	योग	107	100.00

58.88 प्रतिशत ग्रामीण सहमत हैं, 15.89 प्रतिशत ग्रामीण असहमत हैं जबकि 25.23 प्रतिशत ग्रामीणों ने इस सन्दर्भ में उत्तर नहीं दिया।

तालिका संख्या 5.20

संस्था सहायता समूह निर्माण से महिलाओं की स्थिति में सुधार हुआ

	वेरिएबल्स		ग्राम भारती
क्र.सं.		सं.	प्रतिशत
1.	सहमत	70	65.42
2.	असहमत	11	10.28
3.	उत्तर नहीं	26	24.29
4.	योग	107	99.99

65.42 प्रतिशत ग्रामीण सहमत हैं, 10.28 प्रतिशत असहमत हैं जबकि 24.29 प्रतिशत ग्रामीणों ने इस सन्दर्भ में उत्तर नहीं दिया।

तालिका संख्या 5.21

संस्था ने एड्स के बारे में ग्रामीणों को जानकारी दी। क्या इससे ग्रामीणों की जानकारी में पहले की तुलना में सुधार हुआ

	वेरिएबल्स		ग्राम भारती
क्र.सं.		सं.	प्रतिशत
1.	सहमत	40	37.38
2.	असहमत	28	26.17
3.	उत्तर नहीं	39	36.45
4.	योग	107	100.00

37.38 प्रतिशत ग्रामीण सहमत हैं, 26.17 प्रतिशत असहमत हैं जबकि 36.45 प्रतिशत ग्रामीणों ने इस सन्दर्भ में उत्तर नहीं दिया।

तालिका संख्या 5.22

गाँव में पल्स पोलियो अभियान में संस्था की भूमिका रही

	वेरिएबल्स		ग्राम भारती
क्र.सं.		सं.	प्रतिशत
1.	सहमत	72	67.29
2.	असहमत	22	20.56
3.	उत्तर नहीं	13	12.15
4.	योग	107	100.00

67.29 प्रतिशत ग्रामीण सहमत हैं, 20.56 प्रतिशत असहमत हैं जबकि 12.15 प्रतिशत ग्रामीणों ने इस सन्दर्भ में उत्तर नहीं दिया।

तालिका संख्या 5.23

संस्था ने गाँव के कुष्ठ रोगियों व विकलांगों को सार्थक पुनर्वास की व्यवस्था की, इससे ग्रामीणों को लाभ हुआ

	वेरिएबल्स		ग्राम भारती
क्र.सं.		सं.	प्रतिशत
1.	सहमत	74	69.81
2.	असहमत	17	16.04
3.	उत्तर नहीं	15	14.15
4.	योग	106	100.00

69.81 प्रतिशत ग्रामीण सहमत हैं, 16.04 प्रतिशत असहमत हैं जबकि 14.15 प्रतिशत ग्रामीणों ने इस सन्दर्भ में उत्तर नहीं दिया। तालिका संख्या 5.41

1980 के दशक में कुछ वरिष्ठ गाँधीवादी सामाजिक कार्यकर्ताओं, कुछ व्यक्तिगत बौद्धिक व विचारशील व्यक्तियों का एक समूह था जो समाज को अपने रचनात्मक कार्यों के माध्यम से एक नई दिशा प्रदान करना चाहता था और यह

एक ऐसी संस्था का निर्माण करना चाहते थे जिसके माध्यम से गाँधीवादी मूल्यों की क्रियान्विति हो सके और एक संस्था का निर्माण करना चाहते थे जिसके माध्यम से गाँधीवादी मूल्यों की क्रियान्विति हो सके और संस्था का दृष्टिकोण था कि राजनीति के लिए तो बहुत आते हैं परन्तु समाज को नई दिशा देने के लिए कोई नहीं आता। कुछ समय पश्चात् ही ऐसी सोच रखने वाले व्यक्तियों का एक समूह कुछ से अधिक हुआ और विचारों को व्यावहारिक रूप देने के लिए अपने प्रयासों से 1983 में ग्राम भारती समिति की स्थापना की और अपने सामने प्रमुख उद्देश्य रखा मानवीय एवं लोकतान्त्रिक मूल्यों तथा पारिस्थितिकी संतुलन पर आधारित समाज की स्थापना करना।

संस्था ने मानवीय एवं लोकतान्त्रिक मूल्यों की स्थापना के लिए विशेष कदम उठाये। सबसे पहले संस्था ने ग्रामीणों की गतिविधियों को जाना और महिलाओं को अपने अधिकारों के प्रति जन-जागृति, लड़का-लड़की के पालन-पोषण में भेद न करने, बिचौलियों से बचाव, शिक्षा की महत्ता, मतदान का महत्त्व, सती-प्रथा के दुष्परिणाम, जीवन-स्तर को ऊँचा उठाना, शराबबन्दी करने, वेश्याओं को अपने इस धन्धे को छोड़ने और बच्चों को इस कार्य में नहीं आने देने की सलाह दी। इन सब कार्य करने का उद्देश्य था कि संस्था मानवीय एवं लोकतान्त्रिक मूल्यों की स्थापना करना चाहती थी।

संस्था ने अपने प्रयासों से जितने भी कार्य किए, उनके माध्यम से वह गाँधीवादी मूल्यों को व्यावहारिक रूप देना चाहती थी। अपने कार्य की शुरुआत संस्था ने अपना गाँधीवन नाम का एक मॉडल तैयार कर किया और मॉडल उनके कार्यों का, विकास का एक नया मॉडल है जिसके माध्यम से उन्होंने ग्रामीण जनता को ग्रामीण विकास का समग्र एवं स्थाई विकास मॉडल पर बल दिया। संस्था ने मरुस्थलीकरण के विरुद्ध आवाज उठाई, आदिवासी संस्कृति को बचाने की पहल की, ग्रामीण विद्यार्थियों को पीने के लिए पानी उपलब्ध करवाया, पल्स पोलियो अभियान को आगे बढ़ाया, आग पीड़ितों की सहायता की, ग्रामीण जनता को परिवार नियोजन एवं एड्स की जानकारी प्रदान की।

संस्था ने अपने कार्य के दौरान अनेक कठिनाइयों का सामना किया है। जैसे इस संस्था के पास पर्यात संसाधनों का अभाव है जिसके कारण यह अपने कार्यों का विस्तार नहीं कर सकती। यदि इनके पास पर्याप्त संसाधन होते तो अपने प्रयासों द्वारा वेश्याओं को नए काम में लगा सकते थे। किसी नए स्थान पर संस्था कार्य

करना शुरू करती है उस समय जनसहयोग प्राप्त नहीं होता है, क्योंकि ग्रामीण जनता उन्हें शुरू में सन्देह की दृष्टि से देखती है। अनेक कार्य करने के लिए सरकारी मशीनरी की आवश्यकता होती है परन्तु अनेकों बार सरकार अड़ंगा नीति अपनाती है जिससे दोनों में अवरोध उत्पन्न होता है। अनेकों बार संस्था को ऐसे कार्यकर्ता मिले हैं जो सेवा करना नहीं चाहते वरन् पैसा चाहते हैं जिसकी वजह से कार्यों को क्रियान्वित करने में समस्या खड़ी हो जाती है। उपरोक्त समस्याओं के कारण ही संस्था अपने कार्यों का विस्तार नहीं कर पा रही है।

संस्था के संयोजक भवानी शंकरजी ने कहा, ''कार्यक्रमों में जनसहभागिता अन्ततः महत्त्वपूर्ण है, इनके बिना ग्रामीण विकास सम्भव नहीं है। ग्रामीण विकास के लिए ग्रामीण समुदाय को किसी भी कार्यक्रम की रूपरेखा बनने तक, क्रियान्वयन तक सम्पूर्ण प्रक्रिया में शामिल किया जाना चाहिए। चूँकि भारत जैसे बड़े देश में आम जनता की भागीदारी थोड़ा मुश्किल काम है। इसलिए दूसरे कई कारणों की वजह से विषय-विशेषज्ञता, तकनीकी कौशल, उच्च शिक्षा, वित्तीय-संसाधन आदि शामिल हैं। इनके अभाव में आम ग्रामीण जन की भागीदारी सुनिश्चित करना कठिन होता है। लेकिन छोटे स्तर/क्षेत्रीय स्तर पर ग्रामीण विकास के उद्देश्यों को लेकर बने स्वैच्छिक संगठन इस कार्य में विशेष भूमिका अदा कर सकते हैं। स्वैच्छिक संगठन वस्तुतः जनता व सरकार के बीच में एक सेतु का काम कर सकते हैं।''

संस्था की सम्पूर्ण जानकारी प्राप्त करने पर यह तथ्य सामने आया कि संस्था विकेन्द्रित ग्रामीण विकास तथा जनसहभागिता अवधारणा को लेकर कार्य कर रही है। परन्तु आज इस संस्था को सहायता की आवश्यकता है, जैसे सरकार द्वारा इस संस्था को आर्थिक सहायता मिलनी चाहिए, जनता के सहयोग की आवश्यकता है, सरकारी तंत्र की जो अड़ंगा नीति है उसको दूर करने की आवश्यकता है।

अतः आज इस संस्था को जनता व प्रशासन के सहयोग की आवश्यकता है। यह संस्था अपने कार्यों को अच्छी तरह तभी कर सकती है जब इन दोनों वर्गों का पूर्ण समर्थन प्राप्त हो।

4. सामाजिक कार्य एवं अनुसंधान केन्द्र, तिलोनिया (अजमेर)

शोधार्थी ने इस संस्था के बारे में अनुभवमूलक जानकारी प्राप्त करने के लिए अध्ययन के लिए संस्था के कार्यक्षेत्र का एक प्रमुख गाँव 'तिलोनिया' को चुना जो अजमेर के नजदीक है। इस गाँव में संस्था ने ग्रामीण विकास में क्या भूमिका निभाई उसका विवरण इस प्रकार है-

तालिका संख्या 5.24

ग्रामीणों के साथ संस्था का संवाद है

	वेरिएबल्स		एस. डब्ल्यू. आर. सी.
क्र.सं.		सं.	प्रतिशत
1.	अच्छा संवाद	55	51.89
2.	बुरा संवाद	13	12.26
3.	उत्तर नहीं	38	35.85
4.	योग	106	100.00

51.89 प्रतिशत ग्रामीण संस्था से अच्छा संवाद बताते हैं, 12.26 प्रतिशत ग्रामीण संस्था से बुरा संवाद बताते हैं जबकि 35.85 प्रतिशत ग्रामीणों नें इस संदर्भ में कोई उत्तर नहीं दिया।

तालिका संख्या 5.25

अकाल राहत कार्य में संस्था की भूमिका रही

	वेरिएबल्स		एस.डब्ल्यू. आर. सी.
क्र.सं.		सं.	प्रतिशत
1.	सहमत	93	78.30
2.	असहमत	9	17.92
3.	सामान्य	4	3.77
4.	योग	106	99.99

78.30 प्रतिशत ग्रामीण सहमत हैं, 17.92 प्रतिशत ग्रामीण असहमत हैं जबकि 3.77 प्रतिशत ग्रामीणों ने इस प्रश्न का उत्तर नहीं दिया।

तालिका संख्या 5.26

संस्था से जुड़े महिला समूह ने अच्छे कार्य किए

	वेरिएबल्स		एस.डब्ल्यू. आर. सी.
क्र.सं.		सं.	प्रतिशत
1.	सहमत	80	75.47
2.	असहमत	12	11.32
3.	सामान्य	14	13.20
4.	योग	106	99.99

75.47 प्रतिशत ग्रामीण सहमत हैं, 11.32 प्रतिशत ग्रामीण असहमत हैं जबकि 13.20 प्रतिशत ग्रामीणों ने इस संदर्भ में कोई उत्तर नहीं दिया।

तालिका संख्या 5.27

गाँवों में छिपी प्रतिभाएँ विकसित करने में संस्था की अच्छी सोच रही

	वेरिएबल्स		एस.डब्ल्यू. आर. सी.
क्र.सं.		सं.	प्रतिशत
1.	सहमत	82	77.35
2.	असहमत	10	9.43
3.	सामान्य	14	13.20
4.	योग	106	99.98

77.35 प्रतिशत ग्रामीण सहमत हैं, 9.43 प्रतिशत ग्रामीण असहमत हैं जबकि 13.20 प्रतिशत ग्रामीणों ने इस संदर्भ में कोई उत्तर नहीं दिया।

तालिका संख्या 5.28

स्वास्थ्य लाभ संबंधी सस्था के कार्य अच्छे रहे

	वेरिएबल्स		एस.डब्ल्यू. आर. सी.
क्र.सं.		सं.	प्रतिशत
1.	सहमत	85	80.18
2.	असहमत	10	9.43
3.	सामान्य	11	10.37
4.	योग	106	99.88

80.18 प्रतिशत ग्रामीण सहमत हैं, 9.43 प्रतिशत ग्रामीण असहमत हैं जबकि 10.37 प्रतिशत ग्रामीणों ने इस संदर्भ में कोई उत्तर नहीं दिया।

तालिका संख्या 5.29

संस्था के कठपुतली कार्यक्रम से ग्रामीणों को लाभ हुआ

	वेरिएबल्स		एस.डब्ल्यू. आर. सी.
क्र.सं.		सं.	प्रतिशत
1.	सहमत	80	75.47
2.	असहमत	09	8.49
3.	सामान्य	17	16.03
4.	योग	106	99.99

75.47 प्रतिशत ग्रामीण सहमत हैं, 8.49 प्रतिशत ग्रामीण असहमत हैं जबकि 16.03 प्रतिशत ग्रामीणों ने इस संदर्भ में कोई उत्तर नहीं दिया।

तालिका संख्या 5.30

रात्रिकालीन कक्षाओं से ग्रामीण बच्चों को लाभ हो रहा है

	वेरिएबल्स		एस.डब्ल्यू. आर. सी.
क्र.सं.		सं.	प्रतिशत
1.	सहमत	80	75.47
2.	असहमत	20	18.87
3.	सामान्य	06	5.66
4.	योग	106	100.00

75.47 प्रतिशत ग्रामीण सहमत हैं, 18.87 प्रतिशत ग्रामीण असहमत हैं जबकि 5.66 प्रतिशत ग्रामीणों ने इस संदर्भ में कोई उत्तर नहीं दिया।

सामाजिक कार्य एवं अनुसंधान केन्द्र (एस.डब्ल्यू.आर.सी.) जिसे बेयरफुट कॉलेज के नाम से भी जाना जाता है ने अपनी शुरुआत 1972 में तिलोनिया नामक एक शान्त गाँव से की थी जो राजस्थान के अजमेर जिले में स्थित है। तिलोनिया उस समय अन्य भारतीय गाँवों की तरह ही कई समस्याओं से घिरा एक गाँव था। सबसे दुःखद पक्ष यह था कि गाँव के लोग स्वयं को प्रकृति के समक्ष असहाय हालातों से मौन समझौता किये हुए थे। मात्र तीन दशकों में गाँव के लोगों के विचारों में बदलाव आया और उन्होंने आत्मनिर्भरता की ओर कदम बढ़ाये। आज तिलोनिया महज एक गाँव नहीं है। स्थानीय लोगों ने अपनी कुशलता का उपयोग कर अपनी जरूरतों को पूरा करने के लिए स्रोत का प्रबन्ध कर लिया है। यह सब संस्था के प्रयासों से ही हुआ है।

यहाँ स्टाफ के सभी सदस्यों को निर्णय लेने के लिए प्रेरित करने का प्रयास किया जाता है ताकि सभी लोग निर्णय प्रक्रिया में भाग ले सकें। यहाँ के लोगों द्वारा लिये गए निर्णय सर्वसम्मति से होते हैं जो कि व्यक्ति के स्वयं के विकास को मजबूती प्रदान करते हैं। संगठन का ढाँचा बड़ा व समतल है। इस वजह से सूचनाओं के आदान-प्रदान की प्रेरणा मिलती है और सभी समूहों के लोग एक-दूसरे के प्रति उत्तरदायी बनते हैं।

बेयरफुट कॉलेज सबसे निचले स्तर की योजनाबद्धता के लिए समर्पित है। ग्रामीण अपनी आवश्यकताओं की पहचान कर सकते हैं, यदि उनकी पहुँच सूचना

और राजनीति की शिक्षा तक हो। यही वजह है कि इस नीति पर कायम यह संगठन अधिक स्वायत्तता के लिए हर स्तर के कार्यकर्ताओं को प्रेरित करता है।

यहाँ कार्यकर्ताओं को इस बात के लिए प्रोत्साहित किया जाता है कि वे अधिक से अधिक विधाओं में कार्य करके ज्ञान अर्जित करें। एस.डब्ल्यू.आर.सी. में किसी ने कभी यह नहीं कहा कि यह मेरा काम नहीं है। जो लोग कई वर्षों से संस्था के साथ जुड़े हैं वे किसी समय कठपुतली वाला, लेखाकार, होम्योपैथ चिकित्सक, खुदाई करने वाला अथवा शिक्षक रहे हैं। बेयरफुट कॉलेज लोगों को उनकी अपनी इच्छा एवं स्वतन्त्रता से सभी कार्य को सीखने की आजादी देता है।

परम्परागत ग्रामीण समाज में परिवर्तन लाने के लिए समाज की भागीदारी एवं संवेदनशीलता की आवश्यकता होती है। यदि यह परिवर्तन बाहरी शक्तियों द्वारा लाया जाएगा तो निश्चय ही विरोध की स्थिति उत्पन्न होगी। एस.डब्ल्यू.आर.सी. ने संवेदनशील संदेशों के प्रचार-प्रसार के लिए लोक नर्तकों एवं कलाकारों की सहायता ली।

एस.डब्ल्यू.आर.सी. के लिए परिवर्तन ही विकास है।यह तभी सम्भव है जब सभी लोग जात-पाँत, धर्म, लिंग के आधार पर मतभेदों को भुलाकर विकास कार्यों में लगें, तभी उनके दूरगामी परिणाम सामने आएँगे। यदि एक हैण्डपम्प लगा है तो उसका लाभ समाज के निचले स्तर के व्यक्ति को भी मिलना चाहिए। साधन सम्पन्न एवं गरीब दोनों के बीच की खाई पाटने का काम करने से ही विकास हो सकता है न कि ऐसे कार्य से जिससे खाई और गहरी हो जाए। गाँव के लोगों को यह समझना चाहिए कि जो विकास कार्य चल रहे हैं, उनके लिए हैं, वे ही उनके मालिक हैं।

संस्था ने पारदर्शिता एवं खुलेपन की भी मिसाल कायम की है। कपार्ट एवं अन्य देशी-विदेशी अनुदान देने वाली संस्थाओं से किस परियोजना के मद में कितनी धन राशि मिली और उसे कैसे खर्च किया गया, इसका लेखा-जोखा कोई भी जाँच सकता है। एस.डब्ल्यू.आर.सी. के कार्यकर्ताओं ने गोपनीयता को तिलांजलि दे रखी है। संस्था द्वारा जन-सुनवाई आयोजित की जाती है। जिसमें राज्य के प्रमुख लोग, पत्रकार, अवकाश प्राप्त न्यायाधीश एवं वकीलों के अलावा सामान्य लोगों को भी आमन्त्रित किया जाता है।

एस.डब्ल्यू.आर.सी. कार्यक्रमों का प्रभाव इतना व्यापक है कि यह जानना कठिन है कि सिर्फ किसी एक वर्ग विशेष के लोगों को ही लाभ हुआ है। एक हजार से अधिक स्थानीय कार्य करने वाले स्थायी एवं अस्थायी कर्मचारी जाते हैं, जो प्रतिवर्ष

वार्षिक तौर पर रखे जाते हैं, लाभान्वित हुए हैं। इसके अतिरिक्त लाखों स्थानीय लोगों को भी लाभ पहुँचा है जिनके लिए संगठन के विकास कार्यक्रमों, शिक्षा एवं प्रशिक्षण द्वारा अवसर प्राप्त हुए हैं।

संस्था के कार्यों से तिलोनिया के आसपास के गाँवों को पेयजल की सुविधा हुई, गाँवों में सौर ऊर्जा के माध्यम से विद्युत सम्बन्धी कार्य होते हैं, संस्था ने ग्रामीण गरीबों, अशिक्षित तथा कम पढ़े-लिखे युवाओं को तकनीकी प्रशिक्षण देकर कुशल कारीगर बनाने में अप्रत्याशित सफलता प्राप्त की है, संस्था द्वारा बालवाड़ी केन्द्रों की देखभाल की जाती है रात्रिकालीन स्कूल की स्थापना उन बच्चों के लिए है, जो दिन में किन्हीं कारणों से स्कूल नहीं जा सकते, ग्रामीणों को दस्तकारी सिखाई जाती है जिससे बेरोजगारों को रोजगार मिल रहा है, तथा संस्था ने अकाल राहत कार्य में महत्त्वपूर्ण उपलब्धि प्राप्त की है। इन सभी कार्यों द्वारा ग्रामीणों की स्थिति में सुधार हुआ।

कार्य के दौरान संस्था को अनेक कठिनाइयों का सामना करना पड़ता है। जैसे गाँवों में काम करते समय पुरानी रूढ़ियाँ तथा जाति धर्म से जुड़े मुद्दों के कारण परेशानियों का सामना करना पड़ता है। महिलाओं एवं दलितों के प्रति भेदभावपूर्ण विचार विकास में बाधा डालते हैं। स्थानीय राजनीति भी कभी-कभी समस्या बन जाती है। संस्था जिस सादगी की हिमायती है उसे लेकर कई सवाल हैं।

5. शुभम महिला प्रशिक्षण संस्थान, अलवर–शोधार्थी ने इस संस्था के बारे में अनुभवमूलक जानकारी प्राप्त करने के लिए अध्ययन के लिए संस्था के कार्यक्षेत्र का प्रमुख कस्बा 'बकतल की चौकी' को चुना जो अलवर के नजदीक है। इस संस्था ने ग्रामीण विकास में क्या भूमिका निभाई, इसका विवरण इस प्रकार है–

तालिका संख्या 5.31

संस्था द्वारा स्वयं-सहायता समूह का निर्माण किया इससे महिलाओं की स्थिति में सुधार हुआ

	वेरिएबल्स	शुभम महिला प्रशिक्षण संस्थान	
क्र.सं.		सं.	प्रतिशत
1.	सहमत	70	66.03
2.	असहमत	11	10.37
3.	उत्तर नहीं	25	23.58
4.	योग	106	99.98

66.03 प्रतिशत ग्रामीण सहमत हैं, 10.37 प्रतिशत ग्रामीण असहमत हैं जबकि 23.58 प्रतिशत ग्रामीणों ने इस संदर्भ में कोई उत्तर ही नहीं दिया।

तालिका संख्या 5.32

संस्था ने पर्यावरण चेतना के कार्य किए इससे कस्बे की स्थिति में सुधार हुआ

	वेरिएबल्स	शुभम महिला प्रशिक्षण संस्थान	
क्र.सं.		सं.	प्रतिशत
1.	सहमत	49	46.22
2.	असहमत	28	26.41
3.	उत्तर नहीं	29	27.35
4.	योग	106	99.98

46.22 प्रतिशत ग्रामीण सहमत हैं, 26.41 प्रतिशत ग्रामीण असहमत हैं जबकि 27.35 प्रतिशत ग्रामीणों ने इस संदर्भ में कोई उत्तर ही नहीं दिया।

तालिका संख्या 5.33

संस्था का बालश्रम उन्मूलन कार्यक्रम सफल हुआ

	वेरिएबल्स	शुभम महिला प्रशिक्षण संस्थान	
क्र.सं.		सं.	प्रतिशत
1.	सहमत	79	74.52
2.	असहमत	13	12.26
3.	उत्तर नहीं	14	13.20
4.	योग	106	99.98

74.52 प्रतिशत ग्रामीण सहमत हैं, 12.26 प्रतिशत ग्रामीण असहमत हैं जबकि 13.20 प्रतिशत ग्रामीणों ने इस संदर्भ में कोई उत्तर ही नहीं दिया।

तालिका संख्या 5.34

संस्था का महिला तकनीकी प्रशिक्षण सफल हुआ

	वेरिएबल्स	शुभम महिला प्रशिक्षण संस्थान	
क्र.सं.		सं.	प्रतिशत
1.	सहमत	80	75.47
2.	असहमत	22	20.75
3.	उत्तर नहीं	4	3.77
4.	योग	106	99.99

74.47 प्रतिशत ग्रामीण सहमत हैं, 20.75 प्रतिशत ग्रामीण असहमत हैं जबकि 3.77 प्रतिशत ग्रामीणों ने इस संदर्भ में कोई उत्तर ही नहीं दिया।

महिला चेतना के मायने सिर्फ ज्ञान का प्रचार-प्रसार नहीं है। आर्थिक पक्ष भी मजबूत होना जरूरी है तथा इसके लिए अभ्यास और प्रशिक्षण सबसे महत्वपूर्ण बिन्दु हैं। शुभम महिला प्रशिक्षण संस्थान की सचिव सुशीला देवी इस दिशा में सन् 1973 से प्रयासरत हैं।

सुशीला देवी वर्षों से अलवर जिले की निरक्षर महिलाओं में चेतना जाग्रत करने के साथ-साथ कच्ची बस्तियों के बाशिंदों के उत्थान के लिए सतत क्रियाशील हैं। उनका मानना है कि पुरुष प्रधान समाज में महिला और पुरुष दोनों वर्गों को आपसी समन्वय से सार्थक दिशा में कदम बढ़ाने चाहिए। इससे समाज की विषम परिस्थितियों से डटकर मुकाबला किया जा सकता है। लक्ष्य की प्राप्ति के लिए सार्थक एवं सामूहिक प्रयास यथार्थ में परिवर्तित हो सकते हैं।

समाज में व्याप्त कुरीतियों को दूर करने में महिलाओं को ही सतत क्रियाशील होना पड़ेगा। उनमें छिपी असीम शक्ति ममत्व से ही समस्त विषमताओं को दूर किया जा सकता है, ऐसा संस्था मानती है। समाज हित में महिलाओं के उत्थान एवं उनमें छिपी हुई ऊर्जा का सही अर्थों में उपयोग करने की दृष्टि से संस्था समय-समय पर सिलाई, कढ़ाई एवं बुनाई सहित अनेक विधाएँ भी महिलाओं को सिखाती हैं जिससे उन्हें जीविका उपार्जन के लिए किसी का मुँह नहीं ताकना पड़े।

महिलाओं से सीधा नाता जोड़कर उनसे बहन जैसा व्यवहार करना और दुःख-दर्द को ध्यान से सुनकर उसका समाधान निकालना उनके व्यवहार में पैठ बना चुका है। जरूरतमंद महिलाओं का दुखड़ा सुनकर उन्हें उचित सलाह प्रदान कर यथासम्भव सहयोग भी किया जाता है। सुशीला देवी का मानना है कि किसी भी कार्यक्षेत्र में सकारात्मक परिणाम के लिए अन्य कारकों का भी अनुकूल होना जरूरी है। महिलाओं के उत्थान के लिए सर्वप्रथम शिक्षा का अलख जगाना प्रमुख बिन्दु है।

शहर की कच्ची बस्तियों के अतिरिक्त वे रामगढ़ तहसील क्षेत्र के बख्तल, कैमाला, देसूला, घीघोली, चोरोटी पहाड़ सहित आसपास के 22 गाँवों एवं दूरदराज की छोटी-छोटी ढाणियों में नारी शिक्षा और चेतना के साथ-साथ आर्थिक स्वतंत्रता के लिए भी सतत प्रयासरत हैं। संस्था का मानना है कि नशे की लत एवं अशिक्षा समाज के लिए अभिशाप है। यही कारण है जिसके चलते सामाजिक दुर्दशा बरकरार है। ये संस्था महिलाओं को 52 प्रकार की विविध वस्तुएँ बनाने का प्रशिक्षण दे रही है। इस दिशा में आगे बढ़ने के लिए उन्हें अनेक सामाजिक संगठनों एवं बुद्धिजीवियों का सहयोग मिला।

चेतना शिविरों का आयोजन एक तरह से उत्प्रेरक का कार्य करता है। शिविरों के माध्यम से महिलाओं को शिक्षित करने के साथ-साथ सिलाई-कढ़ाई का प्रशिक्षण प्रदान कर स्वावलम्बन का दर्जा देने को प्रयासरत है।

वर्तमान में ग्रामीण महिलाओं के आर्थिक सुदृढ़ीकरण को लेकर संचालित 'सेल्फ हेल्प ग्रुप' (स्वयं सहायता समूह) बनाने की दिशा में भी संस्था ने लगभग तीन दर्जन से अधिक समूह के गठन का प्रयास किया। अनुदान दिलवाने में भी अहम भूमिका रही। समय -समय पर विचार गोष्ठी एवं चेतना शिविरों सहित विभिन्न राष्ट्रीय कार्यक्रमों में भी शुभम महिला प्रशिक्षण संस्थान की भागीदारी रही है।

संस्थान को आर्थिक सहायता के नाम पर नेहरू युवा केन्द्र एवं सेवा मन्दिर, उदयपुर द्वारा सहयोग प्रदान किया। संस्था समाजोपयोगी कार्यों के सम्पादन और जन भागीदारी बढ़ाने के लिए सरकार से और अधिक सहयोग की अपेक्षा करती है। संस्था उपेक्षित और जरूरतमंद वर्ग की सहायता के लिए आवश्यकतानुसार सभी वर्गों को संयुक्त प्रयास और त्याग करने की सलाह भी देती है।

6. सिकोन-डिकोन, जयपुर–शोधार्थी ने इस संस्था के बारे में अनुभवमूलक जानकारी प्राप्त करने के लिए अध्ययन के लिए संस्था के कार्यक्षेत्र का एक प्रमुख गाँव 'शील की डूंगरी' को चुना जो जयपुर से 37 किलोमीटर दक्षिण में है। इस गाँव में संस्था ने ग्रामीण विकास में क्या भूमिका निभाई, उसका विवरण इस प्रकार है–

तालिका संख्या 5.35

गाँवों में प्राकृतिक संसाधन कार्यक्रम सफल हुआ

	वेरिएबल्स	सिकोन-डिकोन	
क्र.सं.		सं.	प्रतिशत
1.	सहमत	90	84.90
2.	असहमत	10	9.43
3.	उत्तर नहीं	06	5.66
4.	योग	106	99.99

84.90 प्रतिशत ग्रामीण सहमत हैं, 9.43 प्रतिशत ग्रामीण असहमत हैं जबकि 5.66 प्रतिशत ग्रामीणों ने इस सन्दर्भ में कोई उत्तर नहीं दिया।

तालिका संख्या 5.36

गाँवों में बाल-विकास कार्यक्रम सफल हुआ

	वेरिएबल्स		सिकोन-डिकोन
क्र.सं.		सं.	प्रतिशत
1.	सहमत	80	75.47
2.	असहमत	21	19.81
3.	उत्तर नहीं	05	3.77
4.	योग	106	99.05

75.47 प्रतिशत ग्रामीण सहमत हैं, 19.81 प्रतिशत ग्रामीण असहमत हैं जबकि 3.77 प्रतिशत ग्रामीणों ने इस सन्दर्भ में कोई उत्तर नहीं दिया।

तालिका संख्या 5.37

गाँवों में स्वास्थ्य कार्यक्रम सफल हुआ

	वेरिएबल्स		सिकोन-डिकोन
क्र.सं.		सं.	प्रतिशत
1.	सहमत	90	84.90
2.	असहमत	10	9.43
3.	उत्तर नहीं	06	5.66
4.	योग	106	99.99

84.90 प्रतिशत ग्रामीण सहमत हैं, 9.43 प्रतिशत ग्रामीण असहमत हैं जबकि 5.66 प्रतिशत ग्रामीणों ने इस संदर्भ में कोई उत्तर नहीं दिया।

तालिका संख्या 5.38

गाँवों में संस्थागत विकास कार्यक्रम सफल हुआ

	वेरिएबल्स		सिकोन-डिकोन
क्र.सं.		सं.	प्रतिशत
1.	सहमत	78	73.58
2.	असहमत	18	16.98
3.	उत्तर नहीं	10	9.43
4.	योग	106	99.99

73.58 प्रतिशत ग्रामीण सहमत हैं, 16.98 प्रतिशत ग्रामीण असहमत हैं जबकि 9.43 प्रतिशत ग्रामीणों ने इस संदर्भ में कोई उत्तर नहीं दिया।

सिकोन-डिकोन की स्थापना 1981 में राजस्थान के जयपुर जिले के चाकसू तहसील में ढूंठ और मोरेल नदी में बाढ़ आने से एक राहत कार्य को लेकर हुई। इस समय संस्था ने लगभग 32 गाँवों में राहत कार्य प्रारम्भ किया, प्रभावित लोगों के लिए राहत सामग्री जुटाई जा रही थी। इस सामग्री से लोगों के मन में काम न करने जैसी भावना उत्पन्न हो रही थी तथा कुछ लोग गाँवों से शहर की ओर पलायन करने लगे तभी सिकोन-डिकोन के संस्थापक सदस्य श्री शरद जोशी, डॉ. जे.आर.सिंह व श्री गिरवर सिंह ने मिलकर लोगों के साथ स्थाई रूप से कार्य करने के उद्देश्य को लेकर सिकोन-डिकोन की स्थापना की।

सिकोन-डिकोन अपनी स्थापना के समय से ही बालश्रम उन्मूलन, प्राकृतिक संसाधन प्रबन्धन, स्वास्थ्य कार्यक्रम, संस्थागत विकास कार्यक्रम आदि कार्यक्रमों को क्रियान्वित कर रही है जिससे ग्रामीणों की स्थिति में काफी सुधार हुआ है, जैसे-समुदाय का निर्माण हुआ, क्षमता विकास, भूमि विकास, कृषि विकास, पशुधन विकास, बाल विकास, स्वास्थ्य सुधार, युवकों का विकास, गरीबी उन्मूलन, अकाल में राहत, पशु चारा आपूर्ति आदि। इससे ग्रामीणों के जीवन-स्तर में काफी सुधार हुआ है।

संस्था की प्रमुख पारिवारिक इकाइयाँ हैं, जैसे डी.सी.एन.सी. पैरवी, सी.डी.एच.आर., स्वराज आदि इनके द्वारा संस्था अपने कार्यों को अन्जाम देती है। संस्था ने जब अपने को स्थापित किया तो उन्होंने अपने सामने यह मिशन रखा कि हम ऐसा विकास प्राप्त करना चाहते हैं जो वंचित वर्ग के लोगों की आवश्यकताओं

जो समाज में स्वीकार्य हो, आर्थिक रूप से मजबूत हों, की पूर्ति प्रभावपूर्ण ढंग से करे। इस मिशन का क्रियान्वयन संस्था कर रही है।

संस्था को अपने कार्यों के दौरान अनेक समस्याओं का सामना करना पड़ता है, जैसे–शासन व प्रशासन का असहयोगपूर्ण व्यवहार व अड़ंगा नीति, ग्रामीणों का अशिक्षित होना, रूढ़िवादिता व निकृष्ट अन्धविश्वासों से बँधे रहना, आर्थिक संसाधनों का अभाव आदि। परन्तु संस्था अपनी सूझबूझ से इन समस्याओं का समाधान कर लेती है।

संस्था के उपरोक्त विवरण से स्पष्ट है कि संस्था का कार्य सन्तोषजनक है। आज जबकि सरकार के पास पैसा नहीं है, इस तरह की संस्थाएँ कम लागत पर ग्रामीण उत्थान के सभी कार्यों को क्रियान्वित कर सकती हैं परन्तु यह तभी हो सकता है जब इस संस्था को शासन, प्रशासन, आम जनता आदि का सहयोग मिले, साथ ही संस्था के अन्तर्गत समग्र ग्रामीण विकास के लिए भरसक प्रयत्न करने की अभिलाशा हो।

7. आस्था, उदयपुर–शोधार्थी ने इस संस्था के बारे में अनुभवमूलक जानकारी प्राप्त करने के लिए संस्था के कार्यक्षेत्र का एक प्रमुख गाँव 'कोटड़ा' को चुना है जो उदयपुर के नजदीक है। इस गाँव में संस्था ने ग्रामीण विकास में क्या भूमिका निभाई उसका विवरण इस प्रकार है–

तालिका संख्या 5.39

संस्था ने 'अकाल के स्थाई समाधान' पर कार्य किया, क्या इससे ग्रामीणों को लाभ हुआ

	वेरिएबल्स		आस्था
क्र.सं.		सं.	प्रतिशत
1.	सहमत	50	47.17
2.	असहमत	36	33.96
3.	उत्तर नहीं	20	18.87
4.	योग	106	100.00

47.17 प्रतिशत ग्रामीण सहमत हैं, 33.96 प्रतिशत ग्रामीण असहमत हैं जबकि 18.87 प्रतिशत ग्रामीणों ने इस संदर्भ में कोई उत्तर नहीं दिया।

तालिका संख्या 5.40

संस्था ने स्थानीय व्यापारियों के आर्थिक शोषण के विरुद्ध आन्दोलन चलाया इससे ग्रामीणों को फायदा हुआ

	वेरिएबल्स		आस्था
क्र.सं.		सं.	प्रतिशत
1.	सहमत	60	56.60
2.	असहमत	31	29.25
3.	उत्तर नहीं	15	14.15
4.	योग	106	100.00

56.60 प्रतिशत ग्रामीण सहमत हैं, 29.25 प्रतिशत ग्रामीण असहमत हैं जबकि 14.15 प्रतिशत ग्रामीणों ने इस संदर्भ में कोई उत्तर नहीं दिया।

तालिका संख्या 5.41

संस्था ने तेन्दूपत्ता के लिए संघर्ष पर कार्य किया इससे ग्रामीणों को फायदा हुआ

	वेरिएबल्स		आस्था
क्र.सं.		सं.	प्रतिशत
1.	सहमत	90	84.91
2.	असहमत	10	9.43
3.	उत्तर नहीं	06	5.66
4.	योग	106	100.00

84.91 प्रतिशत ग्रामीण सहमत हैं, 9.43 प्रतिशत ग्रामीण असहमत हैं जबकि 5.66 प्रतिशत ग्रामीणों ने इस संदर्भ में कोई उत्तर नहीं दिया।

तालिका संख्या 5.42

संस्था के द्वारा साक्षरता शिविर लगाये जाते हैं इससे ग्रामीणों को फायदा हुआ

	वेरिएबल्स		आस्था
क्र.सं.		सं.	प्रतिशत
1.	सहमत	80	75.47
2.	असहमत	20	18.87
3.	उत्तर नहीं	06	5.66
4.	योग	106	100.00

75.47 प्रतिशत ग्रामीण सहमत हैं, 18.87 प्रतिशत ग्रामीण असहमत हैं जबकि 5.66 प्रतिशत ग्रामीणों ने इस संदर्भ में कोई उत्तर नहीं दिया।

आस्था ने अपने कार्य की शुरूआत 1986 में अपने स्थापना के समय ही की। आस्था का ध्येय गरीब, वंचित, शोषित स्त्री-पुरुष के साथ कार्य करना था इन्हीं के आत्मविश्वास, आत्मनिर्भरता, सहकार, नेतृत्व एवं जीवन स्तर को बढ़ाने में सहयोग देना है, जिससे वे स्वयं प्राकृतिक संसाधनों का सुव्यवस्थित रूप से प्रबन्ध कर सकें।

आस्था अपनी कार्यशैली में स्थानीय स्तर पर जन-संगठन निर्माण की प्रक्रिया अपनाती है। सामाजिक परिवर्तन के लिए संस्था शैक्षणिक प्रक्रिया के अन्तर्गत, प्रशिक्षण कार्यशालाएँ चेतना जागृति शिविर, सम्मेलनों के माध्यम से सीखने-सिखाने की प्रक्रिया एवं लोक ज्ञान को बढ़ावा देती है। संस्था ने शुरू से ही जनसंगठनों के साथ कार्य, मुद्दों पर कार्य, प्रशिक्षण (सीखना-सिखाना), सहभागी सर्वे एवं अनुसन्धान, नीति परिवर्तन के प्रयास, महिलाओं के मुद्दों पर कार्य, पंचायतीराज संस्थाओं के साथ कार्य, पर्यावरणीय कार्य, सूचना का प्रसार एवं प्रलेखन आदि कार्य किए हैं।

आस्था ने अपने अच्छे कार्यों के द्वारा विश्व स्तर पर अपनी पहचान बनाई है। अकाल का स्थाई समाधान, स्थानीय व्यापारियों के आर्थिक शोषण के विरुद्ध आन्दोलन, तेन्दूपत्ता के लिए संघर्ष, तेन्दूपत्ता संग्रहण सहकारी समिति की स्थापना, साक्षरता शिविरों का आयोजन, नई आर्थिक नीति और ढाँचागत परिवर्तन पर शोध

आदि संस्था के ऐसे कार्य हैं जिससे उदयपुर के आस-पास ग्रामीण विकास का स्वरूप ही बदल गया है।

आस्था, लोगों में छिपी आन्तरिक शक्ति को उन पर होने वाले शोषण के खिलाफ लड़ने व उनकी समस्याओं का समाधान करने की दक्षता उभारने व उनकी क्षमता का विकास करने को अपना मुख्य कार्य मानती है। इसके लिए संस्था शैक्षिक और संगठनात्मक प्रक्रिया के साथ वैकल्पिक विकास की कार्य नीति अपनाती है।

संस्था के अध्ययन से यह बात सामने आई कि आज भारत के गाँवों को लोक कल्याणकारी राज्य के साथ आस्था जैसी संस्थाओं की आवश्यकता है, क्योंकि आज सिर्फ प्रशासन अकेले सभी कार्यों का सम्पादन नहीं कर सकता है। यदि प्रशासन अच्छे स्वैच्छिक संगठनों को साथ लेकर ग्रामीण विकास के कार्यों का क्रियान्वयन करे तो वह ज्यादा सार्थक होगा, क्योंकि स्वैच्छिक संगठन ग्रामीणों व अधिकारियों की दूरी कम करने में सहायता करेंगे। आज भारत व राज्य सरकार की ग्रामीण विकास की सभी योजनाएँ पूरी तरह इसलिए सफल नहीं हुईं, क्योंकि ग्रामीण जन विकास के कार्यक्रमों को समझे ही नहीं। अतः प्रशासन आस्था से बहुत कुछ सीख सकता है।

8. सेवा मन्दिर, उदयपुर–शोधार्थी ने इस संस्था के बारे में अनुभवमूलक जानकारी प्राप्त करने के लिए अध्ययन के लिए संस्था के कार्यक्षेत्र का एक प्रमुख गाँव 'तलाई' को चुना है जो उदयपुर के निकट है। इस गाँव में संस्था ने ग्रामीण विकास में क्या भूमिका निभाई उसका विवरण इस प्रकार है–

तालिका संख्या 5.43

बच्चों के टीकाकरण कार्यक्रम से बच्चों को लाभ हुआ

	वेरिएबल्स		सेवा-मन्दिर
क्र.सं.		सं.	प्रतिशत
1.	सहमत	53	50.00
2.	असहमत	49	46.23
3.	उत्तर नहीं	04	3.77
4.	योग	106	100.00

50.00 प्रतिशत ग्रामीण उत्तरदाता सहमत हैं, 46.23 प्रतिशत ग्रामीण उत्तरदाता असहमत हैं जबकि 3.77 प्रतिशत ग्रामीण उत्तरदाताओं ने इस प्रश्न का कोई उत्तर नहीं दिया।

तालिका संख्या 5.44

संस्था द्वारा लगाए गए रोगी जाँच शिविरों से ग्रामीणों को लाभ हुआ

	वेरिएबल्स		सेवा मन्दिर
क्र.सं.		सं.	प्रतिशत
1.	सहमत	70	66.04
2.	असहमत	10	9.43
3.	उत्तर नहीं	26	24.53
4.	योग	106	100.00

66.04 प्रतिशत ग्रामीण उत्तरदाता सहमत हैं, 9.43 प्रतिशत ग्रामीण उत्तरदाता असहमत हैं जबकि 24.53 प्रतिशत ग्रामीण उत्तरदाताओं ने इस प्रश्न का कोई उत्तर नहीं दिया।

तालिका संख्या 5.45

संस्था के कार्यों से युवकों को स्वरोजगार मिला

	वेरिएबल्स		सेवा-मन्दिर
क्र.सं.		सं.	प्रतिशत
1.	सहमत	45	42.45
2.	असहमत	25	23.58
3.	उत्तर नहीं	36	33.96
4.	योग	106	99.99

42.45 प्रतिशत ग्रामीण उत्तरदाता इससे सहमत हैं, 23.58 प्रतिशत ग्रामीण उत्तरदाता इससे असहमत हैं जबकि 33.96 प्रतिशत ग्रामीण उत्तरदाताओं ने इस प्रश्न का कोई उत्तर नहीं दिया।

तालिका संख्या 5.46

संस्था द्वारा 'कृषक प्रशिक्षण शिविर लगाये' गये इससे ग्रामीणों को लाभ हुआ

क्र.सं.	वेरिएबल्स	सं.	सेवा–मन्दिर प्रतिशत
1.	सहमत	59	55.66
2.	असहमत	20	18.87
3.	उत्तर नहीं	27	25.47
4.	योग	106	100.00

55.66 प्रतिशत ग्रामीण उत्तरदाता सहमत हैं, 18.87 प्रतिशत ग्रामीण उत्तरदाता असहमत हैं जबकि 25.47 प्रतिशत ग्रामीण उत्तरदाताओं ने इस प्रश्न का कोई उत्तर नहीं दिया।

सेवा मन्दिर राजस्थान के उदयपुर व राजसमन्द के 472 गाँवों में कार्य कर रही है। संस्था प्राकृतिक संसाधनों के विकास, पानी के स्रोतों का विकास, शिक्षा, स्वास्थ्य, महिला बच्चों के विकास के लिए प्रयासरत हैं। डॉ. मोहन सिंह मेहता ने 1969 में लोगों की समस्याओं के सुलझाव के लिए संस्था की स्थापना की। संस्था ने अपने प्रयासों से ग्रामीणों को रोजी–रोटी के साधन उपलब्ध कराए, महिलाओं को आर्थिक रूप से मजबूत बनाया, महिलाओं में नेतृत्व शक्ति का विकास किया, बच्चों के स्वास्थ्य में सुधार हुआ, सामुदायिक भावना का विकास आदि कार्यों का सम्पादन किया जिससे सेवा–मन्दिर ने राष्ट्रीय स्तर पर ही नहीं वरन् अन्तर्राष्ट्रीय स्तर पर ख्याति प्राप्त की है।

संस्था के कार्य के कुछ अनूठे उदाहरण हैं जैसे गाँवों में औपचारिक केन्द्रों की स्थापना, आवासीय शिक्षण कैम्पों का आयोजन, अनुपूरक पोषण स्वास्थ्य कार्यक्रम, बालवाड़ी केन्द्रों की स्थापना, गाँव स्तर पर जन–सहभागी स्कूल आदि। इन कार्यों के मॉडल को भारत व राज्य सरकार अपना सकती हैं, क्योंकि इन मॉडलों के सफल प्रयासों से ही सेवा–मन्दिर के कार्य ग्रामीण विकास के लिए श्रेयस्कर हुए हैं। केन्द्र व राज्य सरकार ने उपरोक्त प्रकार के सभी कार्यक्रम चला रखे हैं परन्तु पूरी तरह सफल नहीं हैं। सरकार इस सन्दर्भ में अवलोकन कर यह जानकारी प्राप्त कर सकती है कि हमारे कार्यक्रमों में कमी कहाँ है। अतः स्वैच्छिक संगठन व सरकार दोनों के सहयोग से समग्र ग्रामीण विकास हो सकता है

उपसंहार

यह एक निर्विवाद तथ्य है कि भारत की आत्मा ग्रामों में बसती है। इस तथ्य के आधुनिक भारतीय सन्दर्भ में गुरुदेव रवीन्द्रनाथ ठाकुर तथा महात्मा मोहनदास कर्मचन्द गाँधी ने सर्वप्रथम रूपायित तथा रेखांकित किया था। स्वतन्त्रता संघर्ष के दौरान भी भारत माता की जिस छवि को उभारा गया था वह भी मूलत: ग्रामवासिनी ही रही है। उल्लेखनीय तथ्य है कि महात्मा गाँधी, विनोबा भावे, अच्युत पटवर्धन तथा राजनेताओं एवं विचारकों ने विकेन्द्रित ग्रामीण विकास के प्रसंग में अनेक प्रयोग किए थे ताकि ग्रामीण जनसमुदाय 'स्वावलम्बी तथा स्वायत्तशासी' बन सकें। यदि हम गाँधी की अन्तिम वसीयत को पढ़ें तो यह स्पष्ट हो जाता है कि राष्ट्रपिता गाँधी स्वतंत्र भारत में ग्राम स्वराज्य की स्थापना करना चाहते थे।

भारतीय स्वतन्त्रता संग्राम के जमाने में गाँधीजी ने अपने सम्पूर्ण स्वराज्य की कल्पना के सन्दर्भ में ग्रामीणों की समस्या को बहुत करीब से देखा और समझा-परखा था। सम्भवत: यह और किसी के लिए सम्भव न था, क्योंकि गाँधीजी ने ग्रामीणों के बीच रहकर बहुत करीब से उनके दु:ख-सुख को जानने, समझने की कोशिश की थी। ग्रामीण समस्याओं को समझा और गांधीजी ने विकेन्द्रित अर्थव्यवस्था की बात कही। साथ ही ग्रामीण विकास के प्रशासनिक, राजनीतिक, सामाजिक, आर्थिक एवं आत्म-निर्भर ग्राम-व्यवस्था की बात कही।

गाँधी ने जिस ग्राम स्वराज्य की बात कही उसमें परस्पर पूर्ण सहयोग की बात कही गई जो पूरी तरह पूर्ण प्रजातंत्र पर आधारित था। गाँधीजी की राय में आदर्श समाज एक राज्य रहित लोकतंत्र है। ग्राम-पंचायतों के पुनर्जीवन की बात कही गई और बुनियादी शिक्षा के अनुसार सच्ची शिक्षा प्राप्त किया हुआ नागरिक ग्राम-स्वराज्य के निर्माण में बहुत सहायता करेगा। ग्राम-स्वराज्य में सरल और सादी

अर्थव्यवस्था है, जिसका केन्द्र मनुष्य है, जो शोषण रहित है और विकेन्द्रित है। गाँधी की ग्रामीण विकास की अवधारणा और ग्राम स्वराज्य ऐसी रामबाण दवा है जिसका मन्तव्य भारत के सभी गाँवों का समग्र विकास करना है जिसमें मनुष्य केन्द्र बिन्दु है।

भारतीय अर्थव्यवस्था का स्वरूप अन्य देशों की तुलना में भिन्न है। यहाँ गरीबी का स्वरूप एवं क्षेत्र भिन्न प्रकार का है। पिछले वर्षों में विकास के लिए अनेक प्रयत्न किए गए हैं परन्तु इनके कारण नीतियों में संघर्ष एवं विकास, सामाजिक एवं सांस्कृतिक विकास की दृष्टि से ग्राम एक महत्त्वपूर्ण इकाई है अतः ग्रामीण विकास का सैद्धान्तिक विश्लेषण आवश्यक है। ग्रामीण विकास के लक्ष्य इतने व्यापक एवं असीमित हैं कि उनका मात्रात्मक एवं गुणात्मक विश्लेषण सरलता से सम्भव नहीं है। ग्रामीण विकास से लक्ष्यों को निश्चित एवं स्पष्ट परिभाषा के अभाव में इसकी समीक्षा का कार्य अत्यन्त ही कठिन है।

ग्रामीण विकास की मान्यता का वैज्ञानिक विश्लेषण स्वतन्त्रता के पश्चात् इस दिशा में किए गए प्रयत्नों के साथ प्रारम्भ होता है। स्वतन्त्रता के पूर्व ब्रिटिश शासन काल में इस दिशा में कोई प्रयत्न ही नहीं किया गया। राष्ट्रीय आन्दोलन के समय ग्रामीण समस्याओं तथा पुनर्निर्माण के बारे में समय-समय पर विचार व्यक्त किए गए। ग्रामीण विकास के क्षेत्र में ये परीक्षण श्री निकेतन संस्था, गुड़गाँव परीक्षण विकास की मान्यता लम्बे समय से प्रचलित थी। टी. एन. चतुर्वेदी के शब्दों में ग्रामीण विकास एवं सैद्धान्तिक मान्यता एक आदर्श एवं एक राजनीतिक नारे के रूप में हमारे साथ उस समय से जुड़ा हुआ है, जब आर्थिक विकास के सिद्धान्त, विकास मॉडल या योजना प्रणाली अस्तित्व में ही नहीं आई थी।

ग्रामीण विकास में आर्थिक उन्नति, सामाजिक न्याय और सामाजिक परिवर्तन पर विशेष जोर दिया जाता है। भारतीय संविधान में ग्रामीण विकास की मान्यता को प्रतिपादित किया है जिसमें अनुच्छेद 40, 43, 36, 38 सम्मिलित हैं। भारतीय संविधान में ग्रामीण विकास से सम्बन्धित आर्थिक विकास और सामाजिक न्याय के दर्शन को अभिव्यक्त किया गया है। अन्त में ग्रामीण विकास की परिभाषा ग्रामीणों का सामाजिक न्याय के साथ आर्थिक विकास के माध्यम से सर्वांगीण विकास करना है। अध्ययन में ग्राम्य विकास की अनेक समस्याओं का उल्लेख किया गया है जिनको समाज के प्रत्येक व्यक्ति के सहयोग द्वारा दूर किया जा सकता है, साथ ही जब इस कार्य से जुड़े लोगों में सच्ची लगन और कर्तव्यनिष्ठा जाग्रत हो जाए।

निःसन्देह भारतवर्ष में आदिकाल से ही दान पुण्य तथा सेवा की एक सुदीर्घ परम्परा रही है, और अनेक राजाओं, महाराजाओं, नगर श्रेष्ठियों, साधु-सन्तों तथा समाज सुधारकों ने दीन, दुःखी तथा दरिद्र वर्ग की सहायता का प्रयास करुणा भाव से किया है और उन्होंने पर-पीड़ा को हरने का अभियान चलाया है। पर उन सबके बावजूद जनसाधारण दुःख दारिद्र्य में जीता रहा। आजादी के पूर्व ही समाज में व्याप्त समस्याओं को हल करने के लिए भारत में स्वैच्छिक संगठनों का अस्तित्व रहा है और हजारों संस्था अस्तित्व में आ गईं। स्वैच्छिक संगठनों से तात्पर्य ऐसे संगठनों से है जो स्वेच्छा से समाज की सेवा करना चाहते हैं। उसी समय गाँधी ने भी समाज में व्याप्त समस्याओं का हल करने के लिए स्वैच्छिक संगठनों की बात कही थी और गाँधीवादी मॉडल पर आधारित गाँधी शान्ति प्रतिष्ठान, गांधी स्मारक निधि, मारवाड़ी रिलीफ संघ, चरखासंघ, रामकृष्ण मिशन, कुष्ठनिवारण संघ आदि संस्थाएँ पूरी तरह गाँधी मॉडल पर आज भी आधारित हैं। गाँधीयन मॉडल पर आधारित स्वैच्छिक संगठन अपने श्रम व अपनी सामर्थ्य से विकास करना चाहती हैं। भारत के विकास में इन संगठनों ने अपने सामर्थ्य के अनुसार विकास कार्यों में भागीदारी निभायी है।

सौभाग्य से विगत छः दशक में स्वतन्त्र भारत के विभिन्न ग्राम्यांचलों में अनेक गैर-सरकारी स्वैच्छिक संगठनों ने ग्रामीण विकास के क्षेत्र में महती भूमिका निभाई है। जिसकी गम्भीरता को वरिष्ठ राजनीति शास्त्री तथा लोकायन संस्था के संयोजक आचार्य रजनी कोठारी (रूरल डवलपमैन्ट अल्टरनेटिव पर्सपैक्टिव-रमेश के अरोड़ा एवं राकेश हूजा सम्पादित कृति-जयपुर 1996) ने अपने आलेखों में स्वीकार किया है। दिल्ली विश्वविद्यालय के आचार्य डॉ. नूरजहाँ बावा ने विकास में गैर सरकारी या स्वैच्छिक संगठनों की भूमिका, सिद्धांत एवं व्यवहार पर एक दिशाबोधक कृति को सम्पादित किया गया है, जिसमें अनेक राजनीति शास्त्रियों, लोकप्रशासन विशेषज्ञों, समाजशास्त्रियों, विधिशास्त्रियों तथा सामाजिक कार्यकर्त्ताओं ने योगदान दिया है। प्रायः सभी ग्रामीण विकास में लोक सहभागिता की भूमिका को स्वीकार करते हैं और इस प्रसंग में स्वैच्छिक संगठन ही वांछित दिशा-निर्देश दे सकते हैं। आजकल भारतवर्ष में सुन्दरलाल बहुगुणा, चण्डीदास भट्ट, मेधा पाटकर, अन्ना हजारे, वन्दना शिवा, अनिल अग्रवाल तथा बंकर राय के योगदान को कौन नहीं जानता है।

राजस्थान में स्वैच्छिक संगठनों का इतिहास काफी पुराना है। इस प्रदेश में भी भारत की तरह आजादी से पूर्व स्वैच्छिक संगठनों ने अपनी महत्त्वपूर्ण भूमिका

का निर्वाह किया है। राजस्थान में भी स्वैच्छिक संगठनों ने अपनी छाप छोड़ी है। यहाँ बंकर राय के नेतृत्व में 'तिलोनिया' (अजमेर) में किए ग्रामीण विकास के प्रयोग देश तथा विदेश में चर्चित हो चुके हैं। इसी तरह डॉ. मोहन सिंह मेहता तथा किशोर सन्त द्वारा सेवा मन्दिर, उदयपुर के प्रयास प्रशंसित रहे हैं। विगत दिनों राजेन्द्र सिंह द्वारा संचालित तरुण भारत संघ, अलवर ने भी थानागाजी क्षेत्र में लोक सहभागिता के माध्यम से ग्रामीणों के द्वारा बाँध बनाने तक के कदम सफलतापूर्वक उठाए हैं।

इन स्वैच्छिक संगठनों की स्थापना करने का मूल उद्देश्य यही था कि देश ने आजादी तो प्राप्त कर ली है और आगे किस तरह आजादी के बाद के भारत का समग्र विकास किया जा सके। इन संस्थाओं की स्थापना का मन्तव्य था कि गाँधीवादी मूल्यों को अपनाते हुए स्वैच्छिक संगठनों के माध्यम से भारत का विकास किया जा सके। सम्पूर्ण राजस्थान में स्वैच्छिक संगठनों का जाल फैला हुआ है। यह संस्थाएँ अपने क्षेत्र की समस्याओं व आवश्यकताओं के अनुसार कार्य कर रही हैं। राजस्थान में आस्था, सेवा-मन्दिर (उदयपुर), ग्रामीण विकास समिति (जोधपुर), तरुण भारत संघ, उपकार (थानागाजी), मेवाड़ शिक्षा एवं विकास संस्थान, शुभम महिला प्रशिक्षण संस्थान (अलवर), लूपिन (भरतपुर), ग्राम भारती समिति, सिकोन डिकोन (जयपुर), डॉ. कन्हैया लाल गाँधी मेमोरियल फाउण्डेशन (डूंगरपुर), रोग निदान सेवा संघ ट्रस्ट (बीकानेर) आदि संस्थाएँ राजस्थान के ग्रामीण विकास में महत्त्वपूर्ण भूमिका निभा रही हैं।

इस अध्ययन के द्वारा मूल रूप से स्वैच्छिक संगठनों की ग्रामीण विकास में भूमिका का आकलन किया गया है। जिसके लिए राजस्थान की आठ प्रमुख स्वैच्छिक संगठनों की ऐतिहासिक भूमिका का विवरण प्रस्तुत किया है। साथ ही इन संस्थाओं का अनुभवमूलक अध्ययन प्रस्तुत किया है। इन संस्थाओं के कार्यक्षेत्र में से एक गाँव का चयन किया। यहाँ के ग्रामीणजनों से संस्थाओं के बारे में विचारों को जानने का प्रयत्न किया है। सम्बन्धित अध्यायों में मूल्यांकन-परक टिप्पणियाँ यथा प्रसंग की गई हैं, अतः उनके विस्तारपूर्वक अध्याय में प्रस्तुतीकरण में पुनरावृत्ति की आशंका है तथापि अध्याय के निष्कर्षों का सारतः प्रतिवेदन प्रस्तुत अध्याय में प्रासंगिक है।

प्रथम अध्याय परिचयात्मक है जिसके अन्तर्गत विषय का परिचय, शोध का उद्देश्य, महत्त्व व उपलब्ध साहित्य की समीक्षा की गई है। द्वितीय अध्याय में ग्रामीण

विकास, विकेन्द्रीकरण, जन-सहभागिता के अर्थ को बताया गया है। ग्रामीण विकास अवधारणा में इसके सभी पक्षों पर प्रकाश डालने का प्रयास किया है जिसके विभिन्न पहलू इस प्रकार हैं– गाँधी की नजर में ग्रामीण विकास के मॉडल, भारतीय संविधान में ग्रामीण विकास की मान्यता, ग्रामीण विकास की समस्याएँ व समाधान आदि। विकेन्द्रीकरण का अर्थ बताया गया है जिसमें सम्मिलित है हाइट, ओ. पी. गाबा के विचार, आधुनिक भारतीय चिन्तन में विकेन्द्रीकरण के विचारों को प्रस्तुत किया है जिसमें सम्मिलित हैं विनोबा भावे, जयप्रकाश नारायण, गाँधी के विचार आदि। जनसहभागिता का अर्थ बताया है जिसमें मार्क्स के विचार को बताया है, सहभागिता के लाभ बताये गये हैं, स्वैच्छिक संस्थाओं का सहभागिता के सन्दर्भ में योगदान का उल्लेख किया है। अध्याय के अन्त में तीनों की पारस्परिकता को बताया है जिसमें स्वीकार किया गया है कि ग्रामीण विकास, विकेन्द्रीकरण, सहभागिता तीनों जुड़कर ही विकास कर सकते हैं। इन तीनों को एक-दूसरे से अलग नहीं किया जा सकता।

अध्याय तृतीय में भारत में स्वैच्छिक संगठनों के इतिहास को बताने का प्रयास किया है जिसमें प्राचीन काल, मध्य काल, ब्रिटिश काल व आजादी के बाद स्वैच्छिक संगठनों के इतिहास को बताया गया है जिससे यह निष्कर्ष निकला है कि हर काल में भारत में स्वैच्छिक संगठनों की महत्ता रही है। किसी न किसी रूप में यह भारत में विद्यमान रहे हैं। हर युग में इन संगठनों ने अपने आपको समाज की सेवा के लिए प्रस्तुत किया और आधुनिक युग में केन्द्र व राज्य सरकार ने इनकी महत्ता को स्वीकारा है।

अध्याय चतुर्थ में राजस्थान में स्वैच्छिक संगठनों की ऐतिहासिक भूमिका का विवेचन किया है जिसमें अध्ययन के लिए आठ स्वैच्छिक संगठनों को शामिल किया है जो इस प्रकार हैं लूपिन (भरतपुर), शुभम महिला प्रशिक्षण संस्थान (अलवर), तरुण भारत संघ (थानागाजी), ग्राम भारती समिति, सिकोन डिकोन (जयपुर), आस्था, सेवा मन्दिर (उदयपुर), सामाजिक अनुसन्धान केन्द्र (तिलोनिया) आदि। अध्ययन में प्रत्येक स्वैच्छिक संगठन की ऐतिहासिक पृष्ठभूमि, अन्तः प्रेरणा, उद्देश्य, सिद्धान्त, कार्य के दौरान आने वाली समस्याएँ, योगदान व उपलब्धियों का विस्तृत विवरण दिया गया है।

पंचम अध्याय में उपर्युक्त स्वैच्छिक संगठनों की अनुभवमूलक जानकारी प्राप्त की गई है जिसके अन्तर्गत शोधार्थी ने प्रत्येक स्वैच्छिक संगठन के कार्यक्षेत्र का

गाँव चुना है जहाँ जाकर शोधार्थी ने ग्रामीणों से सम्पर्क किया और प्रश्नावली का प्रयोग किया गया है। इस सम्पर्क का मूल उद्देश्य शोधार्थी का यह रहा है कि ग्रामीण विकास में इन संस्थाओं की स्थिति क्या है? इस सम्पर्क के दौरान शोधार्थी ने यह जानकारी प्रास की कि ग्रामीण विकास की वे कौनसी योजनाएँ हैं जो सरकार द्वारा बनाई जाती हैं परन्तु वो पूरी तरह इसलिए सफल नहीं हुईं, क्योंकि ग्रामीणों व सरकार में दूरी बनी हुई है और इस दूरी को स्वैच्छिक संगठन कम कर सकते हैं। अध्ययन के दौरान यह जानकारी प्राप्त हुई कि आज स्वैच्छिक संगठनों को शासन व प्रशासन के सहयोग की आवश्यकता है।

अध्याय छठे में शोधार्थी ने प्रस्तुत शोध का सार प्रस्तुत किया है जिसमें शोधार्थियों ने स्वैच्छिक संगठनों के सन्दर्भ में कतिपय सुझाव प्रस्तुत किए हैं। इन सुझावों को प्रस्तुत करने का उद्देश्य यह है कि यदि इन सुझावों का क्रियान्वयन हो जाता है तो भविष्य में यह आशा की जाती है कि ग्रामीण विकास का स्वरूप कहीं अधिक अच्छा होगा क्योंकि आज केन्द्र व राज्य सरकार के पास इतने संसाधन नहीं हैं कि वह अपने बलबूते पर समग्र ग्रामीण विकास कर सकें अतः आज ग्रामीण विकास, स्वैच्छिक संगठनों, सरकार व जनता तीनों के सहयोग से हो सकता है।

प्रमुख सुझाव

स्वैच्छिक संगठन आगे और अधिक प्रभावी हों, इसके लिए निम्न सुझाव दिए जा सकते हैं–

प्रशासन का सहयोग मिलना चाहिए

यह देखने में आया है कि बहुत से स्वैच्छिक संगठनों को प्रशासन से सहयोग नहीं मिलता, छोटी-छोटी बातों के लिए संस्था को परेशान किया जाता है, उनकी उपेक्षा की जाती है जो उचित नहीं है। प्रशासन के द्वारा स्वैच्छिक संगठनों के साथ अच्छा व्यवहार किया जाना चाहिए, क्योंकि दोनों का उद्देश्य जनता की सेवा करना है।

जनसहयोग मिलना चाहिए

स्वैच्छिक संगठन जनता की सेवा करते हैं अतः जब तक विकास के कार्यों में जनता का सहयोग नहीं मिलेगा संस्था अपना कार्य नहीं कर सकती। जनता इस संदर्भ में अपने विचार बता सकती है, अपनी परेशानियाँ बता सकती है, जिससे संस्था अपना कार्य आगे बढ़ा सकती है।

आर्थिक सहयोग मिलना चाहिए

स्वैच्छिक संगठन समाज को नई दिशा देने के लिए बहुत कुछ करना चाहते हैं परन्तु आर्थिक कमजोरी के कारण संस्थाओं की योजनाएँ कागजी रह जाती हैं जो उचित नहीं है अतः आर्थिक सहायता जनता, राज्य व केन्द्र सरकार द्वारा मिलनी चाहिए। जिससे स्वैच्छिक संगठन अपनी योजनाओं को क्रियान्वित कर सकें।

भ्रष्ट संस्थाओं का पता लगाना चाहिए

आज फेशनेबल स्वैच्छिक संगठनों का अस्तित्व तेजी से सामने आ रहा है। बहुत सी संस्थाएँ सिर्फ कागजी हैं जो सिर्फ पैसा ऐंठना चाहती हैं करना कुछ नहीं चाहती है। साथ ही वे संस्थाएँ जो प्रसिद्धि के लिए अस्तित्व में आई हैं समाज के लिए कुछ नहीं करना चाहतीं। ऐसी संस्थाओं की पहचान करके उनकी मान्यता रद्द की जानी चाहिए।

मार्गदर्शन मिलना चाहिए

समय-समय पर केन्द्र व राज्य सरकार द्वारा स्वैच्छिक संगठनों का मार्गदर्शन किया जाना चाहिए। देखने में आया है कि केन्द्र व राज्य सरकार द्वारा इन संस्थाओं को मार्गदर्शन नहीं मिल रहा है जो उचित नहीं है क्योंकि केन्द्र व राज्य सरकार के मार्गदर्शन द्वारा स्वैच्छिक संगठन अपना कार्य प्रभावी रूप से करेंगे।

विभागों में तालमेल

ग्रामीण विकास से संबंधित सभी विभागों एवं अधिकारियों में उचित समन्वय और तालमेल की जरूरत है, जिससे स्वैच्छिक संगठनों को बढ़ावा मिले, क्योंकि यह देखा गया है कि ग्रामीण विकास से सम्बन्धित सभी विभागों एवं अधिकारियों में उचित समन्वय और तालमेल नहीं होता जिसका दुष्परिणाम स्वैच्छिक संगठनों को भुगतना पड़ता है।

प्रशिक्षण की सुविधा

आवश्यकता पड़ने पर इन एजेन्सियों के लिए विशेष कार्यों का प्रशिक्षण व इसके लिए सुविधाएँ दी जानी चाहिए, क्योंकि इन संस्थाओं के पास अपने कार्यकर्ताओं को प्रशिक्षण देने के लिए धन का अभाव होता है अतः केन्द्र व राज्य सरकार द्वारा इन संस्थाओं को प्रशिक्षण के लिए सुविधाएँ दी जानी चाहिए।

सरकार की ओर से सहायता

सरकार की ओर से इन्हें पैम्प्लेट्स, पुस्तिकाएँ जैसी प्रचार सामग्री मिलनी चाहिए। लेकिन प्रचार माध्यमों, पत्र-पत्रिकाओं व अन्य माध्यमों से प्रचार का काम सरकार को करना चाहिए। प्रचार का काम काफी महँगा होता है और यह खर्च केवल सरकार ही कर सकती है।

उत्तरदायित्व

इन एजेंसियों की जवाबदेही की व्यवस्था भी होनी चाहिए। अच्छे काम के लिए उनकी सराहना की जानी चाहिए। साथ ही केन्द्र व राज्य सरकार द्वारा उन संस्थाओं को पुरस्कार दिया जाना चाहिए जिनका कार्य श्रेष्ठ है।

कामकाज की समीक्षा

केन्द्र व राज्य सरकार द्वारा गैरसरकारी एजेन्सियों को आगे आवंटन व कार्य सौंपने से पहले उनके कामकाज की समीक्षा करनी चाहिए। परियोजनाओं की सफलता व धन के सदुपयोग को सुनिश्चित करने के लिए ऐसा करना बहुत आवश्यक है। इस प्रयास से संस्थाएँ सजग होकर कार्य करेंगी।

सरकार द्वारा प्रोत्साहन

सरकार को इन एजेन्सियों का अधिक से अधिक लाभ उठाना चाहिए। जो संगठन अच्छा काम कर रहे हैं, उन्हें मजबूत बनाया जाना चाहिए व समयबद्ध परिणाम प्राप्त करने के लिए नए स्वैच्छिक संगठनों को प्रोत्साहन दिया जाना चाहिए।

सामुदायिक विकास के नाम से ग्रामीण विकास कार्यक्रम जो 1950 के दशक में जोर-शोर से आजादी के बाद जिस जन-सहयोग से चला था, लगता है वैसे ही माहौल की फिर से जरूरत है। विकास की प्रक्रिया जब स्वैच्छिक संस्थाओं के प्रयास से चलने लगती है, चाहे वह ग्रामीण विकास हो, रोजगार जुटाना हो, पर्यावरण सुधार हो, शिक्षा, स्वास्थ्य, बच्चों व महिला विकास कार्यक्रम पर आधारित हो, तो सभी ग्रामवासी अपने मतभेद भुलाकर एकजुट हो, इसमें शामिल हो जाते हैं। स्वैच्छिक संगठन जाने-अनजाने में गाँवों को एकसूत्र में बाँधने का प्रयास करते हैं। इसी के कारण ग्रामीण विकास में इन्हें भाग लेना चाहिए और सरकार व समाज को उनके प्रयासों में प्रोत्साहित करना चाहिए।

उपर्युक्त विवरण से स्पष्ट है कि सुझावों को जितना अधिक व्यावहारिक बनाया जायेगा व क्रियान्वयन किया जाएगा, स्वैच्छिक संगठन विकास में अपनी उतनी ही भागीदारी निभा पाएँगे। पिछले दशक में स्वैच्छिक संगठनों की भागीदारी बढ़ी है। ये संस्थाएँ ग्रामीण विकास प्रक्रिया में जन-सहयोग के साथ तत्पर हैं। सफलता निर्भर करेगी स्वैच्छिक संगठनों की छवि धूमिल न होने देने के लिए किए गये उन्हीं के प्रयासों तथा सरकार द्वारा उन पर भरोसा व भरपूर सहयोग पर। स्वैच्छिक संस्थाओं को मजबूत बनकर ग्रामीण विकास के प्रभावी क्रियान्वयन में अपनी भागीदारी निभानी ही होगी। सरकार को उन्हें क्षमता निर्माण में सहयोग देकर सभी स्तरों पर साथ लेना ही होगा तभी गरीबी उन्मूलन तथा ग्राम विकास की अन्य समस्याओं पर सफलता पाई जा सकेगी।

सन्दर्भ ग्रन्थ सूची

(अ) ग्रन्थ

1. राजवंशी ज्योत्स्ना, स्वयंसेवी संस्थाएँ : कल और आज, विकास अध्ययन संस्थान, जयपुर, 1996
2. बावा नूरजहाँ, नोन गवर्नमेन्टल ऑरगेनाइजेशन इन डेवलपमेन्ट, कनिष्का पब्लिकेशन, नई दिल्ली, 1997
3. नानावती. मेहरा सी. एनजी. ओज इन दी चेंजिंग सिनेरिया, उप्पल पब्लिकेशन, कुलकर्णी. पी. डी., हाउस, नई दिल्ली,1998
4. नारायन. ई.ए., वोलण्टरी ऑरगेनाइजेशन एण्ड रूरल डेवलपमेन्ट इन इण्डिया, उप्पल पब्लिकेशन हाउस, नई दिल्ली, 1996
5. गार्गीन स्वप्न–ऑरगेनाइजेशन इफेक्टनेस ऑफ नॉन गवर्नमेन्टल ऑरगेनाइजेशन युनिवर्सिटी बुक हाउस, जयपुर, 1995
6. अनूप कुमार, रूरल डेवलपमेन्ट थ्रू एन.जी.ओज, रावत पब्लिकेशन, धर्म सिंह जयपुर, 1995
7. हेरल्ड रूडोल्फ सी, वॉलण्टरी एक्शन एण्ड डवलपमेन्ट, नारंग राय पब्लिकेशन, नई दिल्ली, 1994
8. गुप्ता लक्ष्मीचन्द्र–भारत में स्वैच्छिक सेवा की पुरातन परम्परा, विकास अध्ययन संस्थान, जयपुर, वर्ष 1996
9. नागर, पुरुषोत्तम, आधुनिक भारतीय सामाजिक एवं राजनीतिक चिन्तन, राजस्थान हिन्दी ग्रन्थ अकादमी, 1980
10. मेकमोहन आर्थर डब्ल्यू, डेलीगेशन एण्ड ऑटोनॉमी, बॉम्बे एशिया पब्लिशिंग हाउस, 1961

11. शर्मा, पी.डी., लोक-प्रशासन : सिद्धान्त एवं व्यवहार, कॉलेज बुक डिपो, जयपुर
12. गाबा, ओम प्रकाश, राजनीति विज्ञान कोश, नेशनल पब्लिकेशन हाउस, नई दिल्ली, 2000
13. गैर सरकारी संगठनः उत्तम नीति और व्यवहार के मार्गदर्शी सिद्धान्त, प्रकाशन-वाणी, नई दिल्ली, 1994
14. वॉलण्टरी डेवलपमेन्ट ऑरगनाइजेशन इन इण्डिया, प्रिया द्वारा प्रकाशित, नई दिल्ली, 1991

(ब) पैम्फलेट्स व बुकलेट

1. लोक परम्परा से मिला रास्ता एक दशक तरुण भारत संघ, अक्टूबर 1995
2. दी प्रमोशन ऑफ कम्यूनिटी सैल्फ रिलाइन्स, तरुण भारत संघ, जून 1998
3. अरवरी नदी के पुनर्जन्म की कथा, तरुण भारत संघ, दिसम्बर 1997
4. ग्राम-स्वराज्य की राह पर, तरुण भारत संघ, 2000
5. साझा श्रम, बाघ की दहाड़ व समाज की खुशहाली, तरुण भारत संघ, 1998
6. शुभम महिला प्रशिक्षण संस्थान एक परिचय, शुभम महिला प्रशिक्षण संस्थान द्वारा प्रकाशित, 1996
7. प्रयास, अनुभव साझेदारी में समाज कार्य एवं अनुसंधान परिषद् अजमेर, कपार्ट द्वारा प्रकाशित, मई 2003
8. भरत डोगरा, मेरे गाँव के लोग, समाज कार्य एवं अनुसंधान परिषद् अजमेर 2003
9. ग्राम भारती एक परिचय, ग्राम-भारती द्वारा प्रकाशित, 1981
10. गाँधीवन, पैम्फलेट, ग्राम भारती द्वारा प्रकाशित, 1994
11. रिस्क एज्युकेशन इन राजस्थान, ग्राम-भारती द्वारा प्रकाशित, 1997
12. राजनट जनजातीय संस्कृति का सर्वेक्षण, प्रलेखन तथा शहरी शिक्षित वर्ग में प्रसार, ग्राम भारती द्वारा प्रकाशित, 1999
13. आस्था, पैम्फलेट, आस्था, उदयपुर द्वारा प्रकाशित
14. आस्था-वैकल्पिक विकास एवं स्वयंसेवी संस्थाएँ आस्था द्वारा प्रकाशित, 1997
15. सेवा मन्दिर-एन ओवर व्यू, सेवा मन्दिर, उदयपुर द्वारा प्रकाशित, 2003
16. स्वाधीनता स्वर्ण जयन्ती विशेषांक 1987, लूपिन भरतपुर द्वारा प्रकाशित

17. महिला विकास के नये आयाम–लूपिन, भरतपुर(राज.), द्वारा प्रकाशित
18. स्वच्छता के सूत्र, लूपिन, भरतपुर(राज.), द्वारा प्रकाशित
19. आओ मिलकर करें विकास–लूपिन, भरतपुर (राज.), द्वारा प्रकाशित
20. भारतीय आस्था एवं पर्यावरण रक्षा, तरुण भारत संघ, थानागाजी (अलवर) द्वारा प्रकाशित

(स) लेख

1. पद्मनाभन वी. एस., ग्रामीण विकास योजना, जनवरी 1991
2. चित्तरंगी वी.एम., ग्रामीण विकास का सैद्धान्तिक पक्ष कुरुक्षेत्र, मार्च 1999
3. लल्लन त्रिवेदी–ग्राम्य विकास: समस्याएँ और समाधान, कुरुक्षेत्र, जुलाई 1995
4. प्रतापमल देवपुरा, ग्रामीण विकास में स्वयंसेवी संगठनों की भूमिका, कुरुक्षेत्र, अक्टूबर 2003
5. सुरेन्द्र कुमार कटारिया, ग्रामीण विकास में कपार्ट की भूमिका, कुरुक्षेत्र, मई 1999

(द) वार्षिक प्रतिवेदन

1. वार्षिक प्रतिवेदन, 2002–2003, लूपिन, भरतपुर (राज.)
2. वार्षिक प्रतिवेदन, 2002–2003, तरुण भारत संघ (थानागाजी), अलवर (राज.)
3. वार्षिक प्रतिवेदन, 2002–2003, सेवा–मन्दिर, उदयपुर (राज.)
4. वार्षिक प्रतिवेदन, 2002–2003, आस्था, उदयपुर (राज.)
5. वार्षिक प्रतिवेदन, 2002–2003, सिकोन–डिकोन, जयपुर (राज.)
6. वार्षिक प्रतिवेदन, 2002–2003, ग्राम–भारती समिति, जयपुर (राज.)
7. वार्षिक प्रतिवेदन, 2002–2003, शुभम महिला प्रशिक्षण संस्थान, अलवर (राज.)
8. वार्षिक प्रतिवेदन, 2002–2003, सामाजिक कार्य एवं अनुसंधान केन्द्र, अजमेर (राज.)

(य) समाचार पत्र

1. दैनिक भास्कर
2. राजस्थान पत्रिका

●●●